Reconocimientos para
Starbucks, la fórmula del éxito

"Starbucks Coffee and Tea Company empezó a sólo unas cuantas cuadras de mi negocio, Pike Place Fish Market. Joseph Michelli me ayudó a contar la historia de cómo creamos experiencias fuertes y cautivadoras en Pike Place Fish. También otros han confiado en él para que trabaje y comparta los principios de negocios de empresas como Starbuks, The Ritz-Carlton Hotel Company y Zappos. En *Starbucks, la fórmula del éxito*, Joseph le echa un incisivo vistazo a la excelencia en liderazgo de Starbucks. A diferencia de su libro anterior acerca de esta empresa de café, *Starbucks, la fórmula del éxito* te ayuda a aprovechar la conexión que construyes de persona a persona, al mismo tiempo que realizas una expansión global de tu trato con los clientes, mediante elementos como la tecnología e incluso tus productos y bienes. ¿Qué esperas? Compra el libro, sumérgete en él, obtén herramientas prácticas, ¡y transfórmate!"

JOHN YOKOKYAMA
Propietario del mundialmente famoso Pike Place Fish
Market y coautor de *When Fish Fly*

"Joseph Michelli ofrece interesantes reflexiones sobre los fundamentos de la creación de la cadena de café más grande del mundo. Como negociante, conocerás la forma en que los líderes de Starbucks guían al éxito y aprenden de las complicaciones. Al leer *Starbucks, la fórmula del éxito* podrás sobreponerte a muchos inconvenientes de los negocios y reestructurar tu búsqueda de los objetivos de negocios que deseas cumplir."

MARTIN LINDSTROM
Autor de *bestsellers* como *Buyology* y *Brandwashed*

"¡La cultura lo es todo! Este ágil y fascinante libro te ofrece incontables ideas prácticas que puedes aplicar de inmediato para crear un clima empresarial inspirador y leal."

BRIAN TRACY, autor de *Full Engagement*

"En *Starbucks, la fórmula del éxito*, Joseph Michelli nos muestra cómo una pequeña cadena de tiendas de café de Seattle se convirtió en una de las marcas más amadas del planeta. Los encantadores ejemplos de la vida real sobre la verdadera cultura del servicio se mezclan con estrategias corporativas de entrenamiento del interior de la empresa y forman una lectura agradable e interesante. Así que, toma una taza de café, acomoda los pies en el taburete, ¡y lee este libro!"

KEN BLANCHARD
Coautor de *The One Minute Manager* y *Leading at a Higher Level*

"Como habitante de Seattle que recuerda cuando sólo había una tienda de Starbucks en el planeta, sigo fascinado por el viaje evolutivo de la empresa para convertirse en icono corporativo. Michelli identifica los principios con los que Howard Schultz y su equipo se desempeñan apasionadamente en una cultura que ama, respeta y recompensa tanto a los proveedores como a los empleados, clientes, accionistas y a la comunidad."

ROBERT SPECTOR
Autor de *The Nordstrom Way* y coautor de *What's Love Got to Do with It?: Courting, Catching, and Caring for the Ideal Costumer*, libro que pronto será publicado

"*Starbucks, la fórmula del éxito* ofrece los factores clave del éxito de una marca que define el estilo de vida, que tiene alcances globales y relevancia local, y que está impulsada por la pasión de la cultura Starbucks."

JOHN TIMMERMAN, PH.D
Estratega *senior* de Experiencia con el cliente e innovación de Gallup

STARBUCKS

la

FÓRMULA

del

ÉXITO

STARBUCKS

la

FÓRMULA

del

ÉXITO

5 principios probados para crear sinergia
con tus clientes, tus productos y tu personal

JOSEPH A. MICHELLI

AGUILAR

AGUILAR®

Starbucks, la fórmula del éxito
D.R.© Joseph A. Michelli, 2014
Título original: *Leading the Starbucks Way.*

De esta edición:
D. R. © Santillana Ediciones Generales, S.A. de C.V., 2014.
Av. Río Mixcoac 274, Col. Acacias.
México, 03240, D.F. Teléfono: (55) 54 20 75 30
www.librosaguilar.com/mx
t: @AguilarMexico
f: /aguilar.mexico

Primera edición: junio de 2014
ISBN: 978-607-11-3165-2

Traducción: Alejandra Ramos.
Diseño de cubierta: Adaptación de la edición original realizada por Tom Lau.
Fotografía del autor: © Hunter Ryan Photo / www.hunterryanphoto.com
Ilustración de cubierta: © istock.com

Impreso en México

PRISA EDICIONES

Este libro está dedicado a la memoria de mi esposa, Nora Leigh Michelli (7 de septiembre de 1961 a 11 de febrero de 2013), la mujer con quien compartí más de la mitad de mi vida.

Ya te liberaste de tu batalla de seis años contra el cáncer de mama y sé que ya te dijeron: "Bien hecho, sierva buena y fiel." Nora, ¡llegó tu momento de disfrutar de la felicidad del Creador!

Índice

Prólogo

Muchos líderes de negocios del presente se enfrentan a una serie dinámica de desafíos. ¿Cómo elegir empleados con el talento y las cualidades interpersonales necesarios para crear una experiencia memorable para el cliente? ¿Qué tienen que hacer los líderes para reclutar, entrenar y culturizar a los miembros del equipo para que ellos también desarrollen pasión por la excelencia del producto? ¿Cómo asegurarse de que tengan las habilidades necesarias para convertirse en consumados profesionales del servicio? ¿Cómo aprovechar la tecnología para fortalecer la entrega del servicio personal en vez de debilitarla?

Si tú tienes la suerte de ser gerente o líder de una empresa con un alcance global como el Hotel Ritz-Carlton o Starbucks, seguramente te enfrentas a los desafíos adicionales de mejorar tus productos y servicios de manera constante para conectarte con grupos de clientes cambiantes y diversos en el aspecto cultural, al mismo tiempo que tienes que conservar la excelencia en operación y la lealtad de tu base de clientes actual.

Cada uno de los libros del doctor Joseph Michelli ofrece un laboratorio de aprendizaje, rico en ejemplos tomados de los líderes que se enfrentan a las oportunidades y desafíos antes mencionados. Estos libros nos brindan información, reflexiones y análisis sobre la forma en que los líderes tratan de crear una organización de alto desempeño que opere por medio de un enfoque humano. Este libro muestra tanto los inconvenientes como los logros que los líderes de Starbucks han enfrentado en su camino para que sus productos y su gente ofrezcan experiencias consistentes y cautivadoras que incrementen la lealtad.

Conocí al doctor Michelli hace seis años aproximadamente, cuando aportó sus antecedentes como profesional de experiencia del cliente, asesor de negocios y autor para The Ritz-Carlton Hotel Company, e hizo una crónica de nuestro compromiso permanente con "nuestras damas y nuestros caballeros" y con los huéspedes a los que tenemos la fortuna de servir en nuestros hoteles y centros vacacionales en veintisiete países hoy en día.

Como presidente de The Ritz-Carlton Hotel Company, creo que la cultura de una empresa es fundamental para su éxito. En The Ritz-Carlton nos esforzamos para anticipar y exceder las expectativas de nuestros huéspedes en un ambiente cálido, relajado y refinado. Estamos en una búsqueda constante de formas para inferir e ir más allá de los requerimientos, las necesidades y los deseos de nuestras damas y nuestros caballeros, así como de los huéspedes. Diariamente, todas las damas y los caballeros del Ritz-Carlton (incluyéndome) ponemos mucho empeño en nuestro cimiento cultural y nos comunicamos en relación con éste.

El autor estadounidense M. Scott Peck comentó que debíamos "compartir nuestras similitudes y celebrar nuestras diferencias." Aunque el Ritz-Carlton y Starbucks son organizaciones distintas en muchos aspectos, *Starbucks, la fórmula del éxito* es un recordatorio fuerte y útil de que todos nosotros (sin importar la función que desempeñemos o la industria a la pertenezcamos) podemos contribuir de alguna manera a mejorar la calidad del producto y la entrega del servicio, así como a crear experiencias cautivadoras, participar en la comunidad y enriquecerla.

Espero que tu lectura sea gozosa, y te envío un cálido saludo.

HERVE HUMLER
Presidente y Jefe de Operaciones
The Ritz-Carlton Hotel Company, L. L. C.

Agradecimientos

El médico, filósofo y teólogo Albert Schweitzer alguna vez escribió: "Ocasionalmente nuestra luz se apaga y luego se vuelve a encender con la chispa de otra persona. Todos tenemos una razón para pensar con gratitud profunda en aquellos que encendieron la llama en nuestro interior." En los siguientes párrafos enfrento el desafío de expresar lo profundo de mi gratitud para tanta gente que bendijo mi vida con su disposición a volver a encender la llama que hizo posible este libro.

Starbucks, la fórmula del éxito no existiría de no ser por el apoyo de Howard Schultz y el equipo de líderes de Starbucks. A pesar de que en la bibliografía se puede encontrar una lista de los *partners* de la empresa que contribuyeron, debo reconocer en particular a Gina Woods, directora de Comunicaciones Ejecutivas, y a Heidi Peiper, gerente de programas de Comunicaciones Corporativas. Tanto Gina como Heidi se involucraron en todas las tácticas y los aspectos estratégicos necesarios para hacer que *Starbucks, la fórmula del éxito* dejara de ser una idea y se convirtiera en realidad. Gracias por su paciencia, entusiasmo, reflexiones y diligencia.

Lynn Stenftenagel ha trabajado en cinco libros conmigo, empezando por *La experiencia Starbucks*. Después de años de escribir libros, de tener un éxito inimaginable en los negocios y de enfrentar una buena dosis de viento en contra, puedo decir sin lugar a dudas que no hay alguien a quien respete y admire más que a Lynn. Aunque seguimos creciendo y mejorando nuestra relación de negocios, el impacto transformador que ha tenido en mi vida y en mi carrera resulta innegable. En lo que se refiere a nuestra labor, Lynn es una verdadera "guardiana de la llama".

En ese mismo período de cinco libros, he tenido la suerte de trabajar con Donya Dickerson y Lloyd Rich. Lloyd, mi abogado editorial, es el paradigma del profesionalismo, un experto en su tema y, además, posee una asombrosa habilidad para crear soluciones en las que todos salen ganando. Donya, editora ejecutiva de McGraw-Hill, tiene la envidiable capacidad de animar a la gente para que se desempeñe a niveles inesperados. Donya establece expectativas claras de desempeño y luego se involucra para ayudar a que los objetivos se cumplan; pero lo que en realidad motiva a la gente a ir más allá de lo que cree que es capaz de hacer es la motivación constante, el temperamento ecuánime y el ingenio de esta profesional.

Aunque este libro está dedicado a Nora Michelli, debo ofrecer un breve contexto para que el resto de los agradecimientos tengan sentido. Nora y yo nos conocimos en 1987, nos casamos en 1989 y nos separamos en la etapa final de la realización de este libro. De hecho, mi tiempo en la tierra con Nora finalizó en 2013, cuando nuestros hijos y yo nos sentamos en su lecho y ella exhaló por última vez.

A lo largo de nuestro viaje, Nora y yo trajimos dos hijos al mundo: Andrew y Fiona. Reímos, peleamos, nos deleitamos, nos enojamos, oramos y batallamos contra el cáncer… juntos. Me alegra decir que Nora supo todo acerca de mí y, de todas maneras, me amó y toleró, y por eso yo estaré eternamente agradecido.

Durante la extensa lucha contra el cáncer, y en su muerte, mucha gente volvió a encender la llama de mi vida. Andrew y Fiona, ustedes son la inspiración más significativa. Sé que sus vidas fueron alteradas por la pérdida de su madre, pero prometo ser el mejor padre posible para continuar con esa parte de ella que se deleitaba y creía en su grandeza y en su capacidad de cambiar al mundo. Andrew, que tu carrera en la enfermería te permita transmitir tu amoroso espíritu mediante actos de curación. Fiona, felicitaciones por entrar a Loyola y por tu viaje a una vida en que aprovecharás el liderazgo en los negocios para hacer un bien que tenga efecto en el mundo.

Jim Collins habla acerca de la gente a la que uno colocaría en la junta directiva de su vida. Las siguientes personas se han ganado ese lugar para mí debido a sus sabios consejos, su avasalladora profundidad en la compasión, su visión de liderazgo y por su amistad incuestionable, particularmente en los desafíos más recientes. Gracias, Rob Graf, Bob y Judy Yarmuth, Tommy y Diane Nance, Jeff Woodell, Barry y Lori Torman, Matt Lurz, Paul Prouty, Leanne Hadley y Michael Pollard.

Gracias también a aquellos que, con su ejemplo, me han enseñado tanto acerca de servir a otros. Entre ellos incluyo a Kim Blankenburg, Carolyn Churchill y a muchas otras personas de Janus Capital Group, así como a Christie Schatz y al personal de Sonny's Franchise Company. De la misma manera, le ofrezco mi gratitud y encomio al Sistema de Salud de Saint Peter en New Brunswick, Nueva Jersey, a Jackie Houston, y a las tan especiales enfermeras de Suncoast Hospice.

Como siempre, concluiré con unas palabras de gratitud para ti, lector. *No hay nada que juegue un papel tan importante en el reavivamiento de mi llama como el hecho de que te des el tiempo necesario para leer, aprender y crecer.* El filósofo Eric Hoffer dijo, "En tiempos de cambio, quienes aprenden heredan la tierra; y quienes saben descubren que ya tienen lo necesario para lidiar con el mundo que dejó de existir." Te hago extensivo mi agradecimiento de corazón por permitirme aprender a compartir contigo. Es mi deseo que *Starbucks, la fórmula del éxito* ¡nos ayude a seguir avanzando en esta gran aventura!

Capítulo 1

La conexión Starbucks

Una pareja en Suiza visita una tienda de Starbucks® por primera vez y es recibida con entusiasmo. Cuando les preguntan qué desean tomar, ambos responden que no están ahí para comprar una bebida: sólo quieren ver "de qué se trata toda esa fascinación por Starbucks." Luego se vuelven clientes frecuentes de la tienda.

Un *partner* —o socio— (así se les llama a los empleados en Starbucks) nos narra lo "conmovido" que se sintió al asistir al funeral de un cliente frecuente. En la lectura de los panegíricos, el hijo del fallecido mencionó la importancia de la convivencia que su padre había tenido con ese *partner*.

Un hombre se sienta solo en su sucursal favorita de Starbucks a la hora del almuerzo, le dice al barista con mandil verde (la persona que prepara el café) que la tienda es su refugio al mediodía y señala: "En Starbucks tú me tratas con amabilidad, me recuerdas y pareces estar genuinamente agradecido de que esté aquí."

Estas historias de la vida real son ejemplo de una empresa cuyos líderes establecen una visión convincente y manifiestan comportamientos que no sólo culminan en la venta de producto, sino en conexiones humanas fuertes y llenas de lealtad. Es probable que en las páginas de este libro busques entender "de qué se trata toda esa fascinación por Starbucks", en esencia. ¿Qué hacen los líderes de Starbucks para resguardar, de una forma estratégica y con tácticas, a la gente y los productos de la empresa con el objetivo de provocar en el cliente compromiso, lealtad, apoyo, e incluso amor por la marca? ¿Cómo modelan e inspiran la excelencia en la entrega del producto, la creación de momentos de servicio auténtico, la valoración —en el ámbito empresarial— de la importancia del accionista y las contagiosas demostraciones de conciencia social? Es posible que también te interese saber qué están haciendo los *partners* de Starbucks para fomentar las relaciones más allá del ambiente del café, cómo aprovechan la tecnología para mejorar las experiencias del cliente y las formas en que personalizan su oferta para cumplir los deseos locales en todo el mundo. Finalmente, las enseñanzas de los líderes, gerentes y *partners* en la línea de batalla te enseñarán a crear conexiones con la gente a la que le sirves para enriquecer tu negocio y tu vida personal de una forma eficaz.

Starbucks: punto de referencia en liderazgo

A Starbucks se le reconoce de manera constante como una de las marcas mejor dirigidas y más queridas del mundo. La revista *Entrepreneur*, por ejemplo, coloca a la empresa entre los diez negocios "más confiables" y la revista *Fortune*, entre las marcas globales "más admiradas". Antes de dar un importante discurso sobre el empleo, el presidente de Estados Unidos, Barack Obama, le llamó por teléfono al presidente, jefe de la junta directiva y director ejecutivo de Starbucks, Howard Schultz, porque quería hablar con él sobre su liderazgo en la creación de empleos. La revista *Fortune* nombró a Schultz hombre de negocios del año, y otras revistas han insinuado que él se encuentra entre los líderes globales más importantes, en lo referente a su impacto en la ética de negocios. El liderazgo en todos los niveles de la empresa le ha dado a ésta como resultado, 54 millones de amigos en Facebook y millones más que la siguen en Twitter y Pinterest.

Lo más importante es que los líderes de Starbucks son responsables de un sustancial impacto económico y social a nivel global, y del cuidado de una fuerza de trabajo considerable. Los líderes de esta empresa guían a más de 200 000 personas que sirven, semanalmente, a más de sesenta millones de clientes en las más de 18 000 tiendas de más de sesenta países en todo el mundo.

Mi anterior libro sobre esta empresa, *La experiencia Starbucks: cinco principios para convertir lo ordinario en extraordinario*, se enfocó en la manera en que los líderes colocaron a Starbucks en posición de tener un crecimiento meteórico durante buena parte de la década de 1990 y principios del 2000. Tras la publicación del libro, los líderes enfrentaron los cambios generados por su vertiginosa expansión; las decisiones que tomaron para mantener sus cifras de ventas año tras año, los efectos de una economía global que se resbalaba y una disminución en las visitas que solían hacer los clientes frecuentes a las tiendas de Starbucks en Estados Unidos. En 2008, Howard Schultz, quien había estado desempeñando el cargo de jefe de estrategia global, retomó el mando al asumir el puesto de director ejecutivo de la empresa. En la conferencia telefónica para dar a conocer las ganancias del segundo trimestre fiscal de 2008, mientras Howard explicaba el declive del veintiuno por ciento en ganancias con relación a ese mismo período el año anterior, señaló: "Aunque resulta evidente que nuestros resultados financieros están sufriendo el impacto de la reducción en la frecuencia de visitas a las tiendas en Estados Unidos, creemos que si continuamos ejecutando las iniciativas generadas por nuestra agenda de transformación, podremos revigorizar la experiencia Starbucks para nuestros clientes y, en ese proceso, también podremos incrementar el valor para los accionistas."

La "agenda de transformación" de Howard se detalla en su libro de 2011, titulado *Onward: How Starbucks Fought for Its Life without Losing Its Soul*. En esencia, los líderes de la empresa diseñaron un plan de transición que proponía una visión a largo plazo para mejorar la misión ya establecida. Si bien la misión de Starbucks era "inspirar y nutrir el espíritu humano: una persona, una taza de café y una comunidad a la vez", la visión de transformación estableció un objetivo más desafiante y vigoroso: "llegar a ser una gran empresa sólida con una de las marcas más reconocidas y respetadas del mundo, conocida por inspirar y nutrir el espíritu humano."

Desde una perspectiva estratégica, los líderes identificaron "siete pasos audaces" para enfocarse en las fortalezas ya existentes y detectar las innovaciones y los objetivos para el mejoramiento de los procesos que deberían poner a la empresa en el camino de la viabilidad a largo plazo. Los siete pasos se articularon de la siguiente manera:

1. Ser la autoridad indisputable en el ámbito del café.
2. Involucrar e inspirar a nuestros *partners*.
3. Encender el apego emocional con nuestros clientes.
4. Expandir nuestra presencia global al mismo tiempo que hacemos que cada tienda se convierta en el corazón del vecindario.
5. Ser líderes en abastecimiento ético e impacto ambiental.

6. Crear plataformas innovadoras de crecimiento, dignas de nuestro café.
7. Ofrecer un modelo económico sustentable.

El apego a estos siete pasos audaces ha generado los resultados esperados tal como lo muestran los trece trimestres consecutivos de crecimiento mayor al cinco por ciento en ventas en tiendas comparables a nivel global. Mientras Starbucks estaba propiciando su cambio de rumbo, los factores económicos globales empezaron a detonar las más altas tasas de fracaso en negocios. Dun & Bradstreet lo reportó de esta manera: "El número de declaraciones formales de bancarrota en los doce meses que terminaron en junio de 2010 aumentaron en un diez por ciento, y el incremento, de año a año, entre 2008 y 2009, fue de cincuenta por ciento." A diferencia de los líderes de los negocios fracasados que proliferaron en 2008, 2009 y 2010, los de Starbucks lograron situar a la empresa en una posición de rentabilidad duradera y de respeto por la marca.

Este libro, *Starbucks, la fórmula del éxito*, delinea los principios fundamentales que han guiado a los líderes de la empresa a través de períodos sostenidos de crecimiento meteórico y de declive económico, recuperación y transformación. Como en el caso de la agenda de transformación, *Starbucks, la fórmula del éxito* se enfoca en estrategias y herramientas clave que los líderes están empleando para lograr éxito sostenido, particularmente en las áreas de creación de producto, crecimiento en categoría, expansión internacional, innovación tecnológica y en redes sociales. Tales principios y estrategias se presentan en un lenguaje que coincide con la cultura Starbucks, a pesar de que los términos puedan resultar poco usuales en la mayoría de las discusiones sobre liderazgo. El fundamento del liderazgo de Starbucks se refleja en términos como *conexión, humanidad, humildad, pasión*, incluso, *amor*.

¿Qué tiene que ver el amor?
Liderazgo de una organización de alto desempeño

Si uno se sienta frente a Howard Schultz, verá que no le toma mucho tiempo llegar al centro de la excelencia en liderazgo. Desde su perspectiva, mucho del liderazgo se resume en tres rasgos: "Toma el amor, la humanidad y la humildad, y luego colócalos frente a una organización impulsada por el desempeño; a primera vista, parecen entrar en conflicto, pero yo creo que el desempeño se incrementa de forma significativa con este tipo de liderazgo. Estoy convencido de ello porque a nosotros nos impulsa el desempeño más que nunca antes en nuestra historia y los valores de la empresa están en un punto muy alto. Si logramos infundir amor, humanidad y humildad en el ámbito global e imbuir estos valores a una organización cuyo motor es el desempeño, seremos imparables."

A pesar de que las opiniones de Howard respecto a las conexiones emocionales y los estándares de alto desempeño son poco usuales entre los directores ejecutivos de las grandes corporaciones, su perspectiva es congruente con una oleada de opiniones y hallazgos de los expertos e investigadores del liderazgo. Por ejemplo, James Autry, autor enfocado en esta área, señala: "La buena administración es, en gran medida, un asunto de amor. Pero si esta palabra te resulta incómoda, puedes usar la palabra 'cuidado' porque una administración adecuada implica cuidar a la gente, no manipularla." El profesor Leonard Berry, de Texas A&M, resume décadas de investigación sobre consumidores con esta idea: "Las grandes marcas siempre hacen una conexión emocional con el público al que intentan llegar. Van más allá del nivel puramente racional o económico y llegan a transmitir sentimientos de cercanía, afecto y confianza. Los consumidores viven en un mundo emocional y sus emociones influyen en sus decisiones. Las grandes marcas trascienden los rasgos y beneficios específicos del producto, y logran penetrar las emociones de la gente."

Sin embargo, los consumidores no son los únicos "que viven en un mundo emocional", también los empleados lo hacen. Starbucks demuestra —y la investigación lo confirma— que cuando los supervisores penetran de forma positiva en las emociones de las personas a quienes dirigen, se producen altos niveles de compromiso, retención y productividad entre los *partners* (empleados).

En Starbucks, los líderes son campeones en la conexión humana en todos los aspectos del negocio. Además, construyen sus estrategias de negocios con base en oportunidades que surgen de los vínculos con los *partners*, los clientes, las comunidades y los accionistas. Finalmente, estos líderes dirigen la empresa con un enfoque humano y altas expectativas de desempeño.

Estándares, oportunidad y conexión: La construcción de un enfoque integral de liderazgo

Este libro comparte principios esenciales que usan los líderes de Starbucks para forjar conexiones emocionales que impulsan la innovación y el crecimiento de nuevas líneas de productos, y fomentan la lealtad de clientes y empleados. Estos principios son particularmente relevantes en un mundo de servicio que sufrió una revolución debido a la tecnología móvil, las redes sociales y el incremento en opciones para el consumidor. Cada principio se enfoca en los resultados y se puede aplicar de forma sencilla sin importar en qué etapa de desarrollo se encuentre tu negocio. Los principios de *Starbucks, la fórmula del éxito* son el resultado de más de dos años de investigación en todas las regiones en donde esta empresa sirve a sus clientes. Para su redacción, se tuvo acceso a líderes y *partners* en todos los niveles de la empresa, y se obtuvieron más de quinientas horas de entrevistas e investigación. Éstos son los cinco principios del liderazgo:

1. Saborea y eleva.
2. Nos encanta que nos amen.
3. Encuentra los rasgos en común.
4. Moviliza la conexión.
5. Celebra y desafía tu legado.

La ejecución de estos principios produce vínculos sólidos con empleados, clientes, proveedores, incluso con quienes no son clientes. A su vez, estos vínculos emocionales y operativos le ayudarán a cualquier líder a obtener ganancias sustentables, a incrementar el patrimonio de la marca y a generar anécdotas de lealtad y amor en línea y fuera de ella.

En una de estas anécdotas aparece Diana Kelly, una gerente de distrito de Starbucks que se enfrentó a una circunstancia que rara vez se había presentado en su sucursal suburbana en Fredericksburg, Virginia: un indigente en la tienda. En lugar de tratar a aquel hombre llamado Dominic como un intruso en la operación de su tienda, Diana le compró un chocolate caliente y le preguntó acerca de su vida. Para sorpresa de la gerente, el hombre le contó que vivía en un improvisado campamento para indigentes en un bosque cercano. Diana y otros gerentes y baristas de Starbucks decidieron ir al bosque a crear una "conexión" y a servir a Dominic y a otras muchas personas como él.

Tras esa experiencia, Diana y su equipo compartieron historias del campamento de indigentes con los clientes y aprovecharon sus conexiones con cestos que colocaron en cada una de las catorce tiendas del distrito de Diana. Los cestos se convirtieron en un depósito de artículos como cepillos dentales, artículos de baño y ropa, los cuales se distribuyeron en el campamento. Un negociante de la localidad (cliente de Starbucks), donó los fondos necesarios y buscó un abogado para ayudarle a esa comunidad local a establecerse como una organización sin fines de lucro llamada Proyecto Dominic.

¿Por qué se interesó Diana en Dominic? ¿Qué bien podría salir de tal acto, en particular si lo relacionamos con las ganancias sustentables, el patrimonio de marca y amor de Starbucks? Aunque tengo la sospecha de que las intenciones iniciales de Diana sólo se basaban en una preocupación genuina por Dominic y no tuvieron nada que ver con su capacidad para generar un impacto visible en la caja registradora de la tienda, Starbucks se benefició de la disposición de Diana para ofrecerle a Dominic un momento de conexión humana.

De manera específica, los *partners* de Starbucks en Fredericksburg han recibido el beneficio de marcar una diferencia tangible en su comunidad e involucrarse con los clientes regulares. Estos *partners* y clientes se enriquecieron gracias a la oportunidad de trabajar juntos para bien. Finalmente, aunque Diana y su equipo no se propusieron que esto produjera beneficios, ahora la gente que está cerca y la que está lejos de Virginia puede leer al respecto e inspirarse para participar en acciones como las que comenzaron de una forma tan modesta en Fredericksburg. La columnista, Petula Dvorak, de *The Washington Post*, señaló: "El Consejo de la ciudad organizó audiencias y pidió soluciones. Algunos residentes exigieron que los indigentes fueran arreados y encarcelados, los líderes de Micah Ministries, un programa cristiano de alcance que ofrece servicios sociales, solicitó calma y entendimiento… [Diana y el Proyecto Dominic] llevan cientos de bolsas con suministros y, en cada entrega, tratan de convencer a los indigentes de visitar alguno de los centros de la ciudad en donde se brinda asesoría, cuidado médico y refugio. Están ayudando a más de doscientas personas." Puedes llamarlo como gustes, amabilidad, compasión o amor, pero yo lo llamo, ¡la conexión Starbucks y liderazgo al estilo Starbucks!

Espero que este libro te ayude, como líder de tu organización, a construir y hacer crecer tu negocio mediante una genuina estrategia de relaciones guiada por la excelencia de liderazgo de individuos como Howard Schultz y su equipo en Starbucks. De esta manera, no sólo impulsarás el éxito y la rentabilidad, también desarrollarás un negocio valioso y con propósito, con prácticas de liderazgo compasivas como cimiento.

Principio 1

Saborea y eleva

Antes de iniciar nuestra profunda exploración de Starbucks, te reto a pensar en tu propio negocio. Algo te llevó a vender esos productos u ofrecer esos servicios. Con suerte, esa atracción original proviene de las conexiones positivas que hiciste con tu producto o industria, y esos favorables sentimientos crecieron con el tiempo y llegaron a las personas que diriges y a quienes sirves.

"Saborea y eleva" es un principio de negocios que destaca la importancia de maximizar el entusiasmo por los productos, los servicios y las experiencias que ofrece tu empresa. Refleja la importancia de ayudarle a tu gente a que, de manera autónoma, domine el conocimiento del producto, desarrolle conexiones emocionales fuertes con éste, e innove con soluciones oportunas y experiencias que se construyan a partir de la fortaleza de la variedad de productos que ofreces.

Como todos los principios de este libro, "Saborea y eleva" se explora en dos capítulos. El Capítulo 2, "Si tú no tienes pasión por tu producto, ¿por qué debería tenerla el cliente?", se enfoca en la forma en que los líderes de Starbucks se comunican y demuestran su pasión personal por el producto. Explora las maneras en que se impulsa la pasión por medio de entrenamiento formal, rituales de la empresa, experiencias de inmersión y estrategia corporativa.

El Capítulo 3, "De duplicable y consistente, a mágico y único", establece la pasión por el producto y la ejecución consistente del servicio como las bases para promover experiencias del cliente deseables. Al definir una nueva serie auténtica y asequible de experiencias deseadas, y al involucrarse en un diálogo activo y continuo, los líderes de Starbucks han inspirado y les han otorgado poder a los empleados para que entreguen productos y servicios en el contexto de las conexiones humanas genuinas que tienen como resultado estimulantes momentos con el cliente. El Capítulo 3 explora las formas en que los líderes de Starbucks se comunican con los *partners* y les brindan poder para crear experiencias extraordinarias. Cuando lo bueno no es suficiente, es porque llegó la hora de guiar a tu gente para que "saboree y eleve".

Capítulo 2

Si tú no tienes pasión por tu producto, ¿por qué debería tenerla el cliente?

Solamente las pasiones, las grandes pasiones, pueden elevar el alma a las grandes cosas.

DENIS DIDEROT, filósofo francés

Muchos libros y artículos insinúan que, con las técnicas adecuadas, cualquiera puede vender cualquier cosa. Parecería que los autores de estas obras quieren dar a entender que tú puedes tener éxito en la venta de cualquier producto, incluso si no te gusta del todo. Y, ciertamente, algunos empresarios logran el éxito sin establecer una conexión emocional positiva con sus bienes o servicios. Steve Chou, fundador de Bumblebee Linens, reporta que su tienda en línea pasó de tener cero ganancias, a obtener más de 100 000 dólares en un solo año a pesar de que: "no me apasionaba muchísimo la mantelería para bodas. Para ser honesto, las piezas decorativas de tela no me emocionan. No estoy enamorado de lo que vendemos. Cuando mi esposa y yo comenzamos en el negocio, todo tenía que ver con las cifras y con saber si el negocio podría generar suficientes ingresos para que ella renunciara a su empleo."

Incluso Tony Hsieh, director ejecutivo de Zappos —una empresa sobre la que escribí en mi libro, *The Zappos Experience: 5 Principles to Inspire, Engage and WOW*—, señala: "no me apasionan los zapatos en absoluto." A pesar de dirigir una empresa que tiene un inventario de más de 50 000 variedades de zapatos, Tony ha dicho que él sólo tiene tres pares. Sin embargo, el ejecutivo admite que "le apasiona el servicio a clientes y la cultura de la empresa", razón por la que, quizá, Zappos alcanzó un nivel de éxito que ninguna otra zapatería ha podido igualar.

Aunque tal vez no se requiera de pasión por el producto para tener ventas exitosas, este aspecto es el que puede diferenciar a los líderes en ventas de la mayoría de sus competidores. Además, la pasión del empleado por el producto impulsa el apego emocional de los clientes y facilita la sostenibilidad. El asesor de ventas Troy Harrison define el vínculo entre la pasión del empleado y el apego del cliente al decir: "La pasión es eso indefinible que crea y construye interés y emoción por parte del cliente." Desde la perspectiva de Troy, la emoción del cliente surge cuando tu gente tiene "la necesidad de hacer que los compradores sientan la misma emoción" que ellos. Para lograr ese nivel de entusiasmo en el cliente, Troy dice que primero te tienes que vender a ti mismo "tus productos o servicios". Si estuvieras en la posición del cliente al que le quieres vender, ¿te comprarías? "Eso es lo único que importa."

Howard Schultz, director ejecutivo de Starbucks, explica la transferencia de pasión de una forma ligeramente distinta: "Tú puedes entrar a cualquier tienda y percibir si el dueño, el comerciante o la persona que está detrás del mostrador tiene una buena sensación respecto a su producto. En la actualidad, si entras a una tienda departamental, lo más probable es que tengas que hablar con un individuo que no fue entrenado; ayer estaba vendiendo aspiradoras y hoy está en la sección de ropa. Así no funciona."

Howard transfiere su emoción por la oferta de Starbucks de manera constante y ancla ese entusiasmo en el producto que es fundamental para la empresa: el café. El ejecutivo explica que su encanto con el café aumentó en 1982, cuando se unió a Starbucks. Como lo describió en su libro *Onward*, un año después alcanzó una conciencia enriquecida de la "magia" del café y de su ritual cuando visitó Milán, Italia, y convivió con los artesanos del café que "parecían ejecutar un delicado baile mientras molían los granos de café, calentaban la leche, sacaban *shots* de *espresso*, hacían capuchinos y conversaban con los clientes al mismo tiempo que trabajaban hombro con hombro en la barra." Al reflexionar acerca de sus experiencias en Italia, Howard llegó a la conclusión de que la creación del *espresso*, el café y el capuchino no era un "trabajo" sino una "pasión".

Para lograr la misión de la empresa —"inspirar y nutrir el espíritu humano: una persona, una taza de café y una comunidad a la vez"—, los líderes de Starbucks diseñaron una serie de principios que se deben aplicar cotidianamente; el primero involucra a la pasión:

> Nuestro café. Siempre ha tenido y siempre tendrá calidad. Nos apasiona abastecernos de forma ética con los granos de café más finos, tostarlos con gran cuidado y mejorar la vida de la gente que los cosecha. Nos importa profundamente todo lo anterior; nuestro trabajo nunca termina.

Para apoyar este principio, los líderes de Starbucks han desarrollado una serie de mecanismos para ayudar a todas las personas que trabajan para la empresa (no solamente a quienes tienen que tratar con los clientes), a entender y, con suerte, a crear una conexión sólida con la rica historia del café; el viaje del producto de una granja hasta los vasos de Starbucks; los aspectos económicos, sociales y ambientales de la industria del café; y también a tener un sofisticado respeto por los ligeros matices de los sabores de cada perfil de café. En pocas palabras, los líderes de Starbucks han producido distintas herramientas para ayudar a los *partners* a desarrollar o incrementar una genuina pasión por el producto.

En lo que resta de este capítulo echaremos un vistazo a las muchas herramientas que tiene Starbucks para aumentar la pasión por el producto desde el interior, y analizaremos la forma en que dichas herramientas fomentan la emoción en los clientes. En el proceso se te pedirá que pienses de qué manera podrían, el entrenamiento, los rituales corporativos, las experiencias para la inmersión de los empleados y las estrategias alineadas para la excelencia del producto, estimular la pasión en tu gente y tus clientes.

La preparación del escenario por medio del conocimiento

Cuando piensas en alguien que trabaja en Starbucks, lo más probable es que imagines a un barista. De hecho, muchos tenemos una conexión personal con la marca gracias al contacto frecuente con este grupo de servidores. No obstante, como sucede en muchas organizaciones de gran tamaño, el barista es solamente una parte esencial de la compleja diversidad de profesionales que trabajan en todas las instancias corporativas, internacionales, regionales y en la tienda.

Aunque muchos empleados quieren trabajar en Starbucks porque les interesa el café o por la experiencia que tuvieron como clientes, una gran cantidad de personas solicitan el empleo a pesar de *no* haber probado el producto principal de la empresa. Virgil Jones, director de Servicios para *partners* de Starbucks, hace su presentación de la empresa señalando: "Cuando estaba en la universidad, solía pasar por la tienda Starbucks de Capitol Hill, en Seattle, y no sabía nada sobre el café ni sobre la empresa. Un día decidí entrar y me quedé confundido al ver tantos productos en el pizarrón. Cuando el gerente me preguntó si era cliente nuevo y le respondí que sí, me dijo: 'Le voy a preparar un moca', y me lo entregó. Luego agregó: 'Yo invito por esta ocasión, pero me gustaría que regresara; la próxima vez le presentaré algunos de nuestros cafés.' Ese día salí de ahí muy impresionado. Entonces investigué un poco sobre la empresa y, en mi primer año en la universidad, decidí que quería trabajar en Starbucks. Cuando me gradué hice solicitudes para entre quince y veinte puestos en la empresa y, al final, me contrataron como ayudante temporal de tiempo completo para la temporada navideña en la bodega." Al igual que muchos otros *partners* de Starbucks, Virgil siguió desarrollándose y creciendo profesionalmente desde aquel empleo temporal en bodega, hasta construir su carrera como director del equipo de Servicios para *partners*.

Si bien para obtener un empleo en Starbucks no se requiere tener pasión por el café, a los nuevos *partners* de la empresa siempre se les da una sólida introducción sobre el significado, la particularidad e importancia del café. En la tienda, por ejemplo, Starbucks involucra a los baristas mediante la "primera impresión" que se produce en la entrevista con el gerente de cada sucursal. Normalmente, en esta visita el barista prueba el café preferido del gerente y luego realiza actividades, se genera una conversación en la que se destaca la importancia del café y la deseada "experiencia Starbucks".

En los días y semanas siguientes, los baristas nuevos aprenden bastante sobre las regiones en que se produce el café, las prácticas de comercio en la compra de éste, los métodos de procesamiento para sacar el grano de la cereza del café, los perfiles de tostado, las habilidades necesarias para producir un *shot* de *espresso* de alta calidad, los fundamentos de la preparación del café, los pasos para catar café, las características elementales del sabor y todos los aspectos relacionados con la preparación de la amplia variedad de bebidas y otros productos que se venden en la tienda. Este entrenamiento combina un programa formal con discusiones para el desarrollo individual y sesiones de práctica en el trabajo con el gerente del recién reclutado y otro barista que actúa como entrenador.

Esta educación en torno al café refleja un crecimiento del 70/20/10 y un enfoque en el desarrollo. Lo anterior significa que, con base en la investigación que se ha hecho sobre la forma en que la gente integra y utiliza la información recién aprendida, los baristas nuevos de Starbucks reciben aproximadamente el setenta por ciento de su educación inicial sobre el café por medio de la experiencia, es decir, trabajando en la tienda. El veinte por ciento siguiente del entrenamiento es resultado de la interacción y el respaldo que reciben de sus colegas, el entrenador y la gerencia de la tienda, y el diez por ciento restante proviene de un programa modular en línea. (En el siguiente recuadro se muestran los bloques específicos de aprendizaje que forman parte del entrenamiento para certificar a los baristas de Starbucks.)

Para recibir la certificación como barista, el nuevo *partner* debe cubrir el siguiente programa:

Bloque de aprendizaje 1: primeras impresiones y experiencia del cliente; experiencia Starbucks, preparación y cata de café; rudimentos de la barra de *espresso* y calentamiento de alimentos.

Bloque de aprendizaje 2: elementos esenciales de las bebidas; bebidas frías; cultivo y procesamiento del café y punto de venta.

Bloque de aprendizaje 3: preparación de bebidas, elementos esenciales del servicio al cliente y tostado y empacado de café.

En ciertos intervalos entre el entrenamiento para la certificación y el proceso de desarrollo, los nuevos *partners* deben aprobar un examen de conocimientos y demostrarle al gerente de la tienda que tienen la capacidad necesaria para tareas como la preparación de un capuchino. Aunque un conocimiento amplio y la educación con base en las habilidades no necesariamente garantizan que los baristas certificados tendrán pasión por los productos que preparen y sirvan, la educación y el crecimiento personal incrementan la conciencia del barista y su aprecio por el café. Ryan, un barista de Denver Colorado, señala: "Después de que empecé a trabajar en Starbucks desarrollé el gusto por el café de grano. Aprendí mucho acerca de las distintas mezclas y regiones. Ahora adoro el café asiático; de hecho, mi preferido es el de Sumatra. Yo no sabía realmente cuánto podía cambiar el sabor de un tipo de café a otro."

En Starbucks, los líderes también les ayudan a los nuevos *partners* reclutados a entender la importancia de las comunidades que cultivan el café y los problemas que enfrentan. En las primeras experiencias de entrenamiento se identifica al café como un producto con un fuerte impacto social (de hecho, el café es uno de los insumos de la agricultura más comercializados del mundo, y sobre él se apuntalan las economías de varios países ecuatoriales). Los nuevos *partners* de Starbucks escuchan reflexiones sobre la importancia del comercio justo y de la transparencia de precios a todo lo largo de la cadena de abastecimiento del café.

Además de brindarles un contexto sobre el impacto social, económico y político del producto, los líderes exhortan a los baristas (tanto a los nuevos como a los veteranos) a que se consideren a sí mismos artesanos de un producto hecho a mano. Una persona puede apasionarse no solamente por el café, sino también por los elementos artesanales involucrados en su creación. En *Onward*, Howard Schultz señala: "Verter un *espresso* es un arte que exige que al barista le importe la calidad de la bebida. Si el barista sólo repite los movimientos, si no le interesa y si produce un *espresso* de mala calidad porque está demasiado diluido o resulta muy amargo, entonces Starbucks pierde la esencia de lo que nos propusimos lograr hace cuarenta años: inspirar el espíritu humano. Me doy cuenta de que ésta parece una causa demasiado elevada para una taza de café, pero eso es lo que hacemos los comerciantes. Tomamos lo ordinario… y le infundimos vida nueva con la creencia de que lo que creemos tendrá el potencial para tocar las vidas de otros porque ya tocó las nuestras."

¿Puedes imaginar lo diferentes que serían nuestras vidas si la mayoría de los dueños de los negocios trabajara para infundir la pasión por el producto en toda su fuerza de trabajo? ¿Qué pasaría si esos propietarios también estuvieran convencidos de que su misión es mejorar o elevar el nivel de los productos con los que están en contacto? Si eso sucediera, tu siguiente visita a la tintorería, la oficina de correos, la tienda de artículos electrónicos o el supermercado, ¿sería diferente? Y aún mejor, imagina cómo se sentirían tus clientes si todo tu equipo sintiera pasión por los productos y asumiera la responsabilidad de elevar su calidad en cada ocasión.

REFLEXIÓN SOBRE LA CONEXIÓN

1. ¿Tú promueves el conocimiento del producto y certificas la excelencia en el servicio desde el principio del reclutamiento?

2. ¿Cuál es el grado general de pasión por el producto de tu equipo? ¿Es comparable a los niveles de pasión de los mejores proveedores de servicios que conoces?

3. ¿Cuáles son las primeras impresiones que les ofreces a los empleados recién reclutados para intrigarlos con los productos que ofreces? ¿Cuáles son los matices o los aspectos más importantes de tus productos?

Aunque la oportunidad de desarrollar la pasión por el café y por la experiencia artística de su preparación surge desde las experiencias de formación iniciales que tienen los *partners* recién contratados, los líderes de la empresa entienden que esta pasión se tiene que reforzar, sostener y profundizar por medio de rituales corporativos, oportunidades de aprendizaje en inmersión y estrategias de negocio esenciales. Antes de echar un vistazo al enfoque de Starbucks, definiremos los rituales corporativos y exploraremos su relevancia en el desarrollo de una cultura de pasión por el producto.

Rituales corporativos

Para algunas personas, la palabra *ritual* suele evocar imágenes de comportamientos religiosos o personales, sin embargo, S. Chris Edmonds, asesor *senior* de Ken Blanchard Companies, y coautor de *Leading at a Higher Level*, define los rituales corporativos como "sucesos que comunican y refuerzan el desempeño y los valores deseados." Chris cree que, "Pocos líderes *senior* aprovechan los rituales corporativos como una estrategia con la intención de definir y reforzar la cultura deseada de la empresa."

Edmonds ofrece una estructura para ver los rituales y los criterios necesarios para evaluar su eficacia. De manera específica, divide los rituales de liderazgo en los orientados a celebrar y los orientados a comunicar. Chris comenta que, al evaluar la eficacia de cualquiera de estos enfoques, se deben realizar esfuerzos deliberados para "asegurarse de que todos los rituales corporativos produzcan un vínculo común, inspiren el compromiso y la innovación y sirvan para crear ese 'fino tejido' de una cultura eficiente." Ahora veremos la manera en que los líderes de Starbucks construyen una cultura de pasión por el producto por medio de los rituales de celebración y comunicación, y definiremos las maneras en las que tú puedes hacer lo mismo.

Rituales de celebración

Cuando describí las primeras impresiones que se producen cuando se conocen el nuevo barista de Starbucks y el gerente, te di también un anticipo de uno de los rituales de celebración clave de la empresa: el ritual de la cata del café. Al celebrar el primer día de un barista recién reclutado con una cata de café, el gerente propicia un suceso que comunica la importancia de conocer los perfiles únicos de sabor del café y demuestra los valores que sustentan la pasión por el producto.

El ritual de la cata del café también es un rasgo fundamental de los eventos culturales más importantes de Starbucks. En la Conferencia de Liderazgo de octubre de 2012, por ejemplo, Dub Hay, quien entonces era vicepresidente *senior*, Autoridad Global de Café, y se acercaba a su retiro después de diez años de trabajar en Starbucks (incluso tuve la oportunidad de hacer catas con él en Costa Rica), fue el guía para un grupo de gerentes de tienda y otros líderes, en una cata de la Mezcla de Acción de Gracias de Starbucks® (Starbucks® Thanksgiving Blend) que acababa de ser presentada al público. Al hablar con los asistentes, Dub dijo: "No les puedo decir lo sobrecogedor que es estar en este escenario… porque sé todo el trabajo, cuidado y amor que se le infundió al café que sostienen ustedes ahora en sus manos. Creo que ésta es una de las catas más numerosas que he hecho en toda mi carrera en Starbucks. No se me ocurre una mejor situación que la de hacer una cata de la Mezcla de Acción de Gracias con 10 000 gerentes de tienda, los doscientos *partners* de Houston que les entregaron a ustedes este café y, como ya lo notaron en el escenario, el equipo *senior* de liderazgo y los directores ejecutivos de todo el mundo." Después del discurso, Dub dirigió la cata masiva. Piensa tan sólo en la logística que se necesitó para que 10 000 *partners* de Starbucks probaran una taza de café de manera simultánea. Algunos podrían decir que esta hazaña es un ejercicio sin sentido, sin embargo, los líderes de Starbucks la ven como un ritual que refuerza la esencia de la marca.

Tisha Kimoto, gerente de distrito de Starbucks, explica la forma en que ella integra la cata de café a su ritual de liderazgo: "Cuando uno ocupa el puesto de gerente de distrito, siempre tiene que estar fuera de la oficina, trabajando en campo. Yo debo reunirme con los gerentes de las tiendas, y esas reuniones las comenzamos con catas. ¿Qué no sabemos acerca del café? ¿Qué más podemos aprender? En realidad, todo se trata de saber, ¿cuánto podemos apasionarnos por el producto que vendemos?" Para Howard Schultz, Dub Hay; para los líderes y los gerentes de distrito que se reúnen con los gerentes de tiendas, para los gerentes de tienda que se reúnen con los nuevos *partners* reclutados y sus equipos… para todos, el ritual de la cata del café se mantiene vivo en Starbucks.

Este ejercicio de convertir la cata del café en ritual se sustenta todavía más con los lineamientos que se han establecido en la empresa para los empleados. A los *partners* que acaban de ser reclutados, por ejemplo, se les exhorta a llenar un "Pasaporte del Café" en los primeros noventa días de su labor en la empresa. El Pasaporte del Café (ver página siguiente), es una especie de mapa y diario que les ayuda a los nuevos *partners* a probar todos los cafés que ofrece Starbucks. Un barista de Nueva York, comenta: "Hace tres años, cuando empecé a aprender sobre el café en un Starbucks de Connecticut, probé el Caffè Verona®. El *partner* que hizo la cata vertió un poco más de jarabe de moca en la taza. Olimos el jarabe y el Verona, y fue como una experiencia nueva y llena de gozo. Ahí me di cuenta de que el café tenía distintos niveles de sabor que yo desconocía. Yo creía que el café era solamente algo que te mantenía despierto cuando estabas cansado. Así comenzó mi relación amorosa con el café. Los *partners* tenemos que completar el Pasaporte del Café como parte del entrenamiento… Tenemos que probar y describir cada uno de los cafés que ofrecemos. Yo llené mi pasaporte en las primeras dos semanas que estuve en Starbucks. Durante ese proceso descubrí cuáles eran mis cafés favoritos y los que no me gustaban tanto, y a partir de entonces no pude dejar de contarle a la gente acerca de la vasta variedad de sabores que existían. Era un mundo completamente nuevo. Era emocionante; me parece que mi gerente entendía bien por qué yo estaba tan entusiasmado. Ella siguió nutriendo mi pasión por el café y yo ya no me detuve."

De una manera muy similar, Samantha Yarwood, directora de comercialización en Suiza y Austria, nos cuenta que ha visto que los baristas no solamente se emocionan con los cafés que prueban, sino que también guían a otros en las catas: "Conocí a una barista nueva que sólo llevaba dos semanas en la empresa cuando tuvo que dirigir ella misma una cata. Me gustaría tener una fotografía para mostrar la asombrosa presentación que preparó. Fue increíble. Presentó chocolates, galletas, pasteles y fruta que reflejaban el café y se llevaban bien con los tipos de café que nos estaba dando a probar. En realidad estaba involucrada y nos hizo participar. Más adelante me enteré de que había pasado toda la noche despierta preparando los alimentos que presentó. Esa cata me dejó pensando, '¡Vaya!'"

El ritual de la cata del café y la herramienta del Pasaporte del Café sirven para generar una exploración estructurada de la riqueza y la complejidad de la maestría del café que a muchos *partners* de Starbucks les abre la puerta a una fascinación y pasión genuina por el producto. Al mismo tiempo, estos rituales inculcan la importancia del café y la forma en que se hacen las cosas en la empresa.

STARBUCKS®

CAFÉ PIKE PLACE ROAST

Sabor balanceado con sutiles notas de cacao y nueces tostadas que equilibran la sensación suave en la boca.

NOTAS DE SABOR
SUAVE Y BALANCEADO

REGIÓN DE ORÍGEN
LATINOAMÉRICA

TOSTADO

CLARO · MEDIO BALANCEADO, SUAVE, COMPLEJO · OSCURO

DISFRÚTALO CON
CLASSIC COFFEE CAKE, PANQUÉ MARMOLEADO

CUERPO
MEDIO

ACIDEZ
MEDIA

PROCESAMIENTO
LAVADO

MÉTODO DE PREPARACIÓN
○ **DRIPPER**
○ **POUR OVER**
○ **PRESS**
○ **OTRO**

MÁS COSAS BUENAS ACERCA DE ESTE CAFÉ:

Recién hecho todos los días en nuestras tiendas, este tostado suave honra a la rica herencia de nuestra primera tienda en Pike Place Market en Seattle.

Página del Pasaporte del Café de Starbucks

Rituales de comunicación

Los líderes de Starbucks también han convertido la narración corporativa en un ritual. En lugar de ofrecer mensajes que únicamente describan el "qué" y el "cómo" de los productos, los líderes escuchan y comparten historias que les ayudan a los *partners* a conectarse con los agricultores y con el viaje que el café realiza antes de ser servido en Starbucks. Al hablar con Howard Schultz acerca de los rituales de comunicación de la empresa, él me dijo, "La narración es una de las fortalezas de Starbucks, esa capacidad de enriquecer una historia auténtica y genuina sobre el viaje del café: de dónde viene o la manera en que hacemos las cosas. A estas historias se les ha infundido la pasión y el sentimiento que tenemos con relación a lo que hacemos. Eso no se puede fingir. El cliente es demasiado inteligente y nuestra gente también. Si tus empleados no creen en lo que podrías describir —con cierta libertad— como la historia de amor del café o la verdad detrás de éste, esto se acaba antes de empezar."

Aunque en Starbucks hay varios métodos para narrar historias (de una persona a otra, en grupo o en video), los temas de comunicación por lo general destacan la travesía del café, la experiencia del cultivo y el impacto del abastecimiento ético en las vidas de los proveedores.

Clarice Turner, vicepresidenta *senior* de Negocios en Estados Unidos, nos dice, "Cuando les brindamos educación sobre el café a nuestros *partners*, siempre hablamos de la forma en que la venta de este producto modifica la vida de los agricultores del mundo; tenemos numerosos ejemplos específicos que usamos para demostrar la importancia del precio justo y la transparencia." Los líderes de Starbucks aprovechan la narración de historias para sensibilizar a los *partners* de la empresa y conectarlos con el impacto real del apoyo a los agricultores y los esfuerzos que se hacen para mantener un abastecimiento ético, como la práctica Café y Equidad para el Agricultor, también conocida como C.A.F.E. (Coffee and Farmer Equity). Las prácticas C.A.F.E. fueron creadas en conjunto con Conservation International (una organización ambiental sin fines de lucro dedicada a beneficiar a la humanidad mediante la biodiversidad y la protección de la naturaleza) para definir lineamientos que ayudarían a cultivar café de una forma sustentable para los agricultores y para el planeta. Gracias a la implementación de objetivos cuantificables —como los estándares de Starbucks, transparencia de pagos verificados a lo largo de toda la cadena de abastecimiento, comprobación de las medidas que toman terceros con relación a las condiciones de trabajo justas, seguras y humanas, y el liderazgo ambiental—, Starbucks está en condiciones de trabajar en conjunto con los agricultores para incrementar la sustentabilidad.

Kelly Goodejohn, directora de abastecimiento ético de la empresa, nos da un ejemplo de la eficacia de la narración de historias: "Hace poco fui a Costa Rica para visitar algunas granjas pequeñas que formaban parte de las prácticas C.A.F.E. Debido a que muchos de los agricultores sólo cuentan con un par de hectáreas de tierra, tienen que aprovechar todo lo que puedan ganar para que sus familias prosperen." Kelly señala que, como siempre, quedó muy conmovida por las inspiradoras historias que compartieron los agricultores con relación al impacto de los suplementos económicos que paga Starbucks de acuerdo con el nivel de participación del agricultor en las prácticas C.A.F.E. Muchos mencionaron que los suplementos económicos habían permitido que sus hijos recibieran educación de calidad y, en algunos casos, incluso que asistieran a la universidad.

Tras comentar que esa visita la realizó después de un período de lluvia en las empinadas colinas y montañas de la región de Tarrazú, Kelly habló de su preocupación por un agricultor en particular que confesó que había participado en las prácticas C.A.F.E., pero de forma limitada. Kelly nos dice, "El agricultor señaló una colina en donde un enorme deslizamiento de tierra había desprendido varios árboles de café. Luego me dijo que, como no les había prestado suficiente atención a las medidas de control de erosión, perdió la tercera parte de sus árboles durante la época más lluviosa del año. Ahora no iba a poder cultivar café ahí entre tres y cinco años; había perdido la tercera parte de sus ingresos. En su rostro se podía ver el arrepentimiento y la pena por el impacto que habían tenido sus decisiones. Me sentí muy conmovida. Luego preguntó si Starbucks podría ayudarle a manejar su tierra de una manera más eficaz, y ahora nuestros agrónomos están trabajando para brindarle las herramientas técnicas necesarias para que, en el futuro, pueda mitigar algunos de los severos impactos del cambio climático. Estas experiencias no sólo promueven la pasión por el café, sino también una compasión profunda por la gente y las familias que trabajan con nosotros a lo largo de todo el proceso."

Las anécdotas sobre el cultivo del café, la travesía de los granos y el abastecimiento ético (como la que narró Kelley) involucran a los *partners* de Starbucks de una manera muy clara. Katie McMahon, ejecutiva de cuenta a nivel nacional de Branded Solutions, nos dice, "Una de las imágenes que más impacto tiene en mí es la del agricultor. Si ves sus manos, notarás que están cubiertas de tierra. Creo que eso es parte del fundamento de quiénes somos como empresa, y por eso, cuando trabajo con otros *partners* y con los clientes todos los días, pienso en los agricultores." La barista Ruth Anderson señala: "Nuestros cafés viajan desde muy lejos antes de llegar a nosotros. A menudo escucho historias sobre los tres primeros metros de viaje del producto y sobre las vidas de los agricultores. Me interesa mucho que el abastecimiento de nuestro café sea ético y que la gente que participa al principio de su travesía, y a todo lo largo, esté bien cuidada. Como barista, necesito estar en la mejor forma posible para cuidar de los últimos tres metros del viaje del café y hacerlo llegar a los clientes. Considero que mi trabajo no consiste solamente en preparar una bebida, me parece que lo que hago tiene un impacto en el mundo a través de este producto."

Aristóteles dijo: "Somos lo que hacemos cada día. De modo que la excelencia no es un acto sino un hábito." Aunque los rituales de celebración y comunicación de tu empresa de seguro son diferentes a los de Starbucks, ¿no valdría la pena evaluar los hábitos, rituales y mensajes que empleas? ¿Éstos facilitan las conexiones emocionales, la noción de comunidad y la excelencia en la pasión por el producto? Si diseñas rituales auténticos de forma eficaz en tu negocio, también podrás definir aspectos específicos de tu cultura y reforzar el propósito más amplio de tu empresa, particularmente si a los rituales los sustenta el aprendizaje enriquecido por la experiencia y una estrategia de negocios congruente.

Experiencias de inmersión

Una cosa es que los líderes narren historias que ayudarán a vincular a los miembros del personal con la pasión por el producto, y otra muy distinta, exponer a los empleados a situaciones en que ellos mismos podrán acumular sus propias historias. Los líderes de Starbucks han presentado varios enfoques en lo que se refiere a las conversaciones sobre la agricultura del café y el impacto del abastecimiento ético. Entre dichos enfoques se encuentran las visitas de agricultores a las tiendas de Starbucks y un programa bastante peculiar llamado la Experiencia Origen. Si deseas echarle un vistazo a uno de los viajes de la Experiencia Origen, por favor visita la página http://tinyurl.com/mrrk5wr, o dirige tu lector QR a este código:

Valerie O'Neil, vicepresidenta *senior* de recursos de *partners* y liderazgo de marca, nos comparte la idea que sustenta la Experiencia Origen: "Mi equipo y yo dirigimos el lanzamiento del programa piloto con que llevamos a entre treinta y cinco y cuarenta *partners* de Estados Unidos y toda Latinoamérica a Costa Rica. A los *partners* de Asia-Pacífico los llevamos a Indonesia; y a los de Europa y Medio Oriente, a Tanzania. Los *partners* vivieron una inmersión de una semana, durante la que vieron cómo se cultiva, se produce y se procesa el café, y luego cómo es enviado a las plantas de tueste. Esta experiencia no sólo infundió pasión por el producto, también les ayudó a nuestros *partners* a entender lo que sucede en la vida de los agricultores y de la demás gente involucrada en los procesos, así como todo lo que hacemos para apoyar a esas comunidades. No se trata de lo que compramos y de lo que les damos a los agricultores únicamente, sino también de las escuelas y los programas de apoyo que existen en esas áreas de cultivo. Los *partners* participantes también plantan semillas y recogen cerezas de café por sí mismos en el programa de inmersión."

Como podrás imaginar, la selección para estas oportunidades regulares de vivir la Experiencia Origen es un proceso muy competitivo. La mayoría de los participantes ejecuta funciones en la tienda, donde tratan cara a cara con el cliente. Los criterios para participar incluyen el desempeño general en el trabajo, el conocimiento sobre el café y las habilidades de comunicación de cada *partner*. Valerie señala, "Los participantes deben poder y tener el deseo de compartir las historias que se produzcan en su experiencia. Aunque nos gustaría enviar a los 200 000 *partners* a estas regiones, eso no sería respetuoso para las comunidades ni práctico para nosotros. Por eso esperamos que quienes vayan transmitan sus experiencias a los otros integrantes de la organización."

En una cultura en que la narración es todo un ritual, las ricas experiencias de inmersión ofrecen oportunidades únicas para reforzar mensajes muy importantes. En el caso del conocimiento del café, Starbucks también ha creado un intenso programa de entrenamiento que produce apasionados expertos en el tema, a los cuales se les conoce como "maestros y embajadores del café". Antes de que hablemos sobre los maestros y los embajadores, echemos un vistazo a la importancia de crear oportunidades para que los *partners* alcancen "la maestría".

Creación de las condiciones para alcanzar la maestría en el producto

Muy buena parte de la investigación acerca de la motivación humana sugiere que la maestría es un estímulo clave para el desempeño, y que los programas de recompensa innecesarios pueden debilitar el gozo intrínseco del crecimiento y el desarrollo personal. Daniel Pink, autor del libro *Drive: The Surprising Truth About What Motivates Us*, señala, "Las recompensas pueden producir una extraña alquimia en el comportamiento: son capaces de transformar una tarea interesante en una carga. Pueden convertir el juego en trabajo. Y como disminuyen la motivación intrínseca, provocan que el desempeño, la creatividad y el comportamiento honorable se desplomen como fichas de dominó." Con este contexto en mente, los líderes de Starbucks estimulan el desarrollo de la maestría en el café mediante un enfoque de excelencia y reconocimiento social, y no de soluciones monetarias u otro tipo de recompensas. El primero de los dos niveles de este programa de conocimiento del café se llama Coffee Master. El segundo es Coffee Ambassador.

Carrie Dills, quien trabajó en Starbucks como barista, comparte su viaje para llegar a ser maestra del café: "El gerente que me contrató era Coffee Master, y cada vez que hablaba del producto, transmitía un amor y pasión que logró infundirme. Yo ya ni siquiera trabajo para Starbucks y, en realidad, no tengo ningún incentivo para hablar del café, pero cada vez que hablo de cómo se cultivan los granos, de los agricultores o de la forma en que Starbucks cuida a esas personas, los ojos se me desorbitan." Carrie señala que ha conocido gente que duda de la autenticidad de su pasión por el producto. "Me han dicho: 'Sólo repites la retórica de la empresa', pero yo les digo que es algo que siento y creo, y que incluso lo he visto por mí misma cuando he entrevistado a los agricultores." Carrie cuenta que cuando era barista fue a Costa Rica como parte de sus vacaciones personales. "Visité una granja en donde cultivan granos para Starbucks. Les dije a los agricultores que trabajara para la empresa y se quedaron muy sorprendidos. Busqué esa experiencia como parte de mi participación en el programa Coffee Master por el nivel de interés que generaba en mí."

Pero las oportunidades para llegar a ser Coffee Master no se limitan a las tiendas que operan en Estados Unidos ni a la gente que prepara y vende café en Starbucks. Wang Bin Wolf, *partner* de la empresa y supervisor de la sucursal Jianwai Soho Beijín, China, nos cuenta que él no se sentía inspirado por su empleo anterior en una imprenta y con frecuencia terminaba exhausto al final de su jornada laboral. Wolf nos dice que su negativa experiencia de trabajo era un contraste rotundo con la amabilidad y el conocimiento de los baristas que conoció personalmente en Starbucks, y que por eso tomó la decisión consciente de trabajar en la empresa. Después de ser contratado se involucró en el programa Coffee Master.

Como resultado de su participación en el entrenamiento, ahora Wolf puede apreciar que "la preparación del café es todo un arte". "Yo jamás había bebido café en Starbucks, y por eso su sabor me parecía amargo. A lo largo del proceso tuve que continuar probando y aprendiendo de otros para acumular más experiencia. Poco a poco descubrí la complejidad de los sabores. A pesar de que el café alguna vez fue un extraño, ahora es muy buen amigo mío. Mejoré gracias al aprendizaje y al esfuerzo. Finalmente llegué a usar el mandil negro y ostentar el título de Coffee Master. En lo personal, estoy muy contento y orgulloso."

Como muchos de los *partners* cuya labor no implica un trato directo con los clientes, Jenny Cui, gerente de análisis de negocios en el Centro de Apoyo Starbucks de Seattle, Washington, nos cuenta lo peculiar de su viaje para llegar a ser Coffee Master: "Yo crecí tomando té, el café realmente no era lo mío. Cuando me uní a Starbucks de pronto tuve varias experiencias y recibí mucha información relacionada con las regiones en donde se cultiva el café, los distintos perfiles de sabor y los procesos para preparar bebidas. Era un mundo totalmente nuevo para mí, pero lo disfruté. Y ahora tengo mi certificación de Coffee Master." Con base en las primeras experiencias de aprendizaje que tuvo al llegar a Starbucks, Jenny nos cuenta qué decidió inscribirse para aprender más acerca del café y de la manera en que se forja la conexión humana a través de éste: "Gracias al trabajo que realicé para llegar a ser Coffee Master y a la cultura general de la empresa, ahora participo de forma regular en grupos que hacen catas de las distintas mezclas y hablan sobre café. También asisto a los eventos de tueste para entender mejor la elaboración del producto." Cuando le pregunté a Jenny por qué invertía tanto tiempo para aprender sobre el café si en realidad era una profesional de las finanzas, me respondió, "Me provoca un agradable sentimiento aprender acerca del producto en que se funda nuestro negocio y desarrollar una apreciación más profunda de las complejas características del café y de la forma en que se comercia."

Aunque la designación de Coffee Master representa un desafío de crecimiento importante para muchos de los *partners* de Starbucks, los líderes de la empresa crearon un nivel adicional de conocimiento del producto: Coffee Ambassador. Andrea Bader, Coffee Ambassador de Starbucks en Suiza, usa un mandil muy especial y ofrece sus reflexiones sobre cómo obtuvo el título: "Diez Coffee Masters y los gerentes de nuestra tienda participaron en un evento en el que el equipo de liderazgo del distrito fungió como panel de jueces para nuestra región en Suiza. Cada uno de los Coffee Masters tuvo que presentar dos cafés y proponer maridajes perfectos con alimentos. Después de que fui seleccionada para representar a mi distrito, me uní a los representantes de los otros distritos en el desafío Coffee Ambassador para Suiza. En esa ocasión, todos los gerentes de las tiendas del país y el equipo completo evaluaron nuestras presentaciones y los maridajes. Me da gusto haber sido elegida como Cofee Ambassador de Suiza." Al preguntarle a Andrea si recibió alguna recompensa económica (es decir, si había recibido motivación externa) por alcanzar ese nivel de maestría, ella respondió: "Yo hice esto para tener un impacto mayor en el conocimiento sobre el café de mi empresa. De hecho, hace poco tuve la alocada idea de hacer catas de café en Skype y Facebook. Literalmente, 1 000 personas del mundo se unieron a la sesión. Se le pidió a la gente que preparara una mezcla específica de café y usamos la llamada en Skype para discutir las experiencias de sabor de los participantes."

Los líderes de Starbucks han diseñado sistemas para que los miembros del personal se sumerjan en ricas experiencias de aprendizaje que provocan oportunidades para desarrollar la pasión por el producto. Asimismo, han encontrado distintas formas de motivar la maestría en el conocimiento, las cuales se basan en un sentido intrínseco de logro que proviene del aprendizaje avanzado y de la habilidad de enseñar a otros. ¿Qué oportunidades de inmersión y fuentes para el reconocimiento de quienes se ofrecen como voluntarios para participar en entrenamiento deberías tomar en cuenta para incrementar la pasión por el producto entre tu gente?

Una estrategia congruente con la pasión por el producto

Jim Collins, autor del *bestseller* de negocios, *Good to Great: Why Some Companies Make the Leap and Others Don't*, afirma que a las empresas visionarias las dirigen individuos que constantemente evalúan la estrategia para asegurarse de que "coincida con la preservación de los valores fundamentales de la organización, refuerce su propósito y estimule el progreso continuo hacia las aspiraciones. Si dicha coincidencia sí existe, podría visitarte alguien de otro planeta e inferir tu visión sin siquiera tener que leerla."

A pesar de todo el esfuerzo de los líderes por valorar la calidad del café, la pasión y el conocimiento, hubo un tiempo en la historia de Starbucks en que las decisiones estratégicas fallaron en su objetivo de apoyar la pasión por el producto. De hecho, los líderes se enfocaron tanto en impulsar cifras de ventas positivas (que se reflejaron en los reportes comparativos —o *comps*— de la misma tienda, de año tras año), que la excelencia del café quedó comprometida. Howard Schultz reconoce sin reparos que los comparativos "fueron un enemigo peligroso en la batalla para transformar a la empresa. Habíamos tenido casi doscientos meses consecutivos de comparativos positivos —lo cual es asombroso en la venta al menudeo—, y cuando empezamos a crecer a un ritmo cada vez más rápido en 2006 y 2007, tratamos de mantener esa misma historia de crecimiento positivo, lo cual nos hizo tomar malas decisiones que nos alejaron de los aspectos fundamentales." Howard nos explica eso a lo que llama "el efecto comparativo" con una anécdota sobre una visita a un tienda en donde se encontró con un montón de animales de peluche a la venta: "'¿Qué es esto?', le pregunté con frustración al gerente, al mismo tiempo que señalaba el montículo de animalitos de peluche de enormes ojos, que no tenían nada que ver con el café." El gerente dijo que los peluches eran benéficos para los comparativos de su tienda porque incrementaban las ventas y generaban altos márgenes de ganancias. Lo anterior hizo que Howard llegara a la conclusión de que el efecto comparativo había producido una "mentalidad que prevalecía en la empresa y era peligrosa."

En su libro *Onward*, Howard detalla una serie de pasos estratégicos que se tomaron a líderes *senior* para retener el "alma" de Starbucks. Algunos de esos esfuerzos demostraron con claridad la pasión por el café que tenían los líderes, y fueron una declaración de que Starbucks "reclamaba su autoridad en el producto". Algunas de estas estrategias específicas enfocadas en el café incluyeron el cierre de todas las tiendas Starbucks de Estados Unidos por una tarde, con el objetivo de volver a entrenar a los baristas para preparar el *shot* perfecto de *espresso* y todas las bebidas que tienen como base este elemento; la creación y el lanzamiento del Pike Place® Roast (un tueste equilibrado y transformador de café que le devolvió a las tiendas el aroma del molido de granos frescos de café), y la adquisición y utilización sensible del sistema Clover® de preparación (un sofisticado sistema de preparación que crea café personalizado de alta calidad por medio de la filtración de agua a través del café finamente molido para retener los aceites de mayor sabor).

Desde aquel giro que dio la empresa, los líderes han mantenido la congruencia con la importancia del café. Esto se hace evidente gracias a innovaciones de producto como el Tueste Rubio Starbucks® (Starbucks® Blonde Roast). Durante años los líderes de la empresa han estado conscientes de que una gran cantidad de consumidores de café (aproximadamente cuarenta por ciento) rechazaba el café de tueste oscuro o prefería tuestes más claros. Las evaluaciones de los perfiles de sabor de tueste habían mostrado de manera constante que los tuestes más claros eran herbosos y tenían un sabor amargo que producía calificaciones de calidad bastante más bajas que las de los tuestes más oscuros.

Brad Anderson, uno de los tostadores responsables del tueste rubio, nos explica cómo, después de ochenta intentos, surgió el tueste más claro. "Queríamos que el tueste rubio tuviera una dulzura ligera y notas de sabor a cereal. No sabíamos cómo obtener ese resultado con los estilos de tueste que ya teníamos, por eso empezamos de cero y modificamos las cosas una y otra vez. Para mí fue un desafío técnico y personal; pasamos mucho tiempo desarrollando ese café. Cada vez que el producto volvía a nosotros, nos preguntábamos cómo mejorarlo. Estoy extremadamente orgulloso del producto final y de la gente de los equipos que mostró tanta devoción para crearlo."

Los *partners* en las tiendas siempre valoran el hecho de que las estrategias que se basan en los productos coincidan con los valores. Pero lo más importante es que perciban el impacto positivo de esa coincidencia en las vidas de sus clientes. La barista Elisha nos dice, "Me gusta el café oscuro pero creo que ofrecerles café rubio a los clientes es maravilloso porque ellos no beben del otro tipo. El café rubio es una forma de mantener nuestro compromiso con la excelencia en el producto, pero también es adecuado para el mercado de clientes nuevos. Al atraer a esos clientes tenemos la oportunidad de hablar con ellos acerca del café y acercarlos a una experiencia que otras personas han disfrutado durante años."

REFLEXIÓN SOBRE LA CONEXIÓN

1. ¿Cómo le ayudas a tu personal a vivir tus productos o servicios al máximo? ¿Tienes algún programa similar a la Experiencia Origen de Starbucks?

2. ¿Has incorporado a tus programas de entrenamiento el elemento de maestría y el reconocimiento social? ¿De qué forma?

3. ¿Qué tanto coinciden tus estrategias y tus valores establecidos con respecto a excelencia del producto? Según el autor Jim Collins, "Si dicha coincidencia existe, podría visitarte alguien de otro planeta e inferir tu visión sin siquiera tener que leerla." ¿Esto sucede en tu organización?

La combinación de productos innovadores que añaden nuevos segmentos a la base de clientes leales te ofrece la receta perfecta para el éxito y la sustentabilidad en los negocios.

La conexión de los clientes a la pasión

Debido a que los líderes de Starbucks invierten una gran cantidad de energía para crear un ambiente en que los *partners* puedan apasionarse por el café, es importante definir cuál debe ser la retribución para dicha inversión. Los *partners* que ya sienten pasión por el producto, ¿en realidad pueden infundírsela a los clientes?

En este capítulo vimos que alimentar la pasión de un cliente por el café puede contribuir a que demuestre un interés en ser *partner* de Starbucks. Aunque la mayoría de los clientes no se sentirá tan motivado como para solicitar empleo en la empresa, muchos fortalecerán el vínculo que ya tienen con ella e incrementarán la frecuencia, profundidad y amplitud de sus compras. El barista Paul Quinn, por ejemplo, nos cuenta cómo cambió el patrón de compras de una clienta cuando él compartió con ella su pasión por el café: "Estoy en proceso de convertirme en Coffee Master, y me he dado cuenta de que eso ha revigorizado mi pasión por el grano entero y ha mejorado mi habilidad para vender. Todos tienen clientes regulares, pero con el conocimiento que he obtenido gracias a mi Diario de Coffee Master, logré transformar a una de mis clientas que normalmente nos visitan el viernes por la noche, en una especie de *amiga del café*." Paul cuenta que él y su clienta hablaron acerca de una variedad de café tostado de Starbucks y de los alimentos adecuados para el maridaje. Luego él preparó una pequeña prensa francesa de Guatemala Casi Cielo® y lo acompañó con una rebanada de panqué de limón. Paul dice que "el rostro de la clienta se iluminó en cuanto empezó a entender a qué me refería cuando le dije que el cítrico realza el sabor del café. Ahora la veo casi todos los viernes, entre 10:30 y 11 p.m., y conversamos sobre lo que se está preparando o sobre bocadillos y pastelillos que van bien con ciertos cafés." Paul señala que él también le recomienda, por ejemplo, la Mezcla Gold Coast® con una barra de Snickers. Como resultado de esta relación, "Ella casi siempre se lleva medio kilo de café. Hay una conexión genuina con el cliente, lo cual es fantástico; y además, el programa Coffee Master me está ayudando a tener mayores conocimientos y a ser un mejor barista."

Algunas de las consecuencias deseables de encender la pasión de los miembros del equipo son: incremento en la frecuencia de visitas, mayor penetración del producto, participación de los clientes, venta constante del producto, desarrollo profesional y sentimiento de orgullo de los empleados. ¿Te parece positivo dar a tus clientes una razón para apasionarse con tus productos? ¿Qué harás específicamente para fortalecer la pasión por el producto en tu negocio? Gracias a la gran cantidad de evidencia que han arrojado las investigaciones, sabemos que los "empleados con conocimientos" son uno de los elementos más importantes para los clientes en la actualidad. Imagina lo que pueden hacer los empleados apasionados que saben de lo que hablan, no sólo para los clientes sino para el ánimo y entusiasmo general de tu negocio. ¡En Starbucks no solamente imaginamos!

PUNTOS DE CONEXIÓN

- Si los integrantes del personal que interactúan con los clientes tienen pasión por los productos, pueden ser capaces de generar interés y emoción en los clientes.

- Los empleados apasionados no solamente venden productos, también tienen un impacto positivo que sirve para que los clientes deseen trabajar en la empresa o se conviertan en seguidores de la marca.

- Las investigaciones sugieren que, por lo general, el crecimiento efectivo del personal y el desarrollo tienen un enfoque de proporciones 70/20/10, es decir, el setenta por ciento de educación se recibe a través de la experiencia en el trabajo, el veinte por ciento del entrenamiento es por parte de mentores y el diez por ciento proviene de un programa formal.

- Los rituales corporativos son una excelente herramienta para crear vínculos, inspirar el compromiso y la innovación, y construir una cultura integral y eficiente.

- Los rituales corporativos auténticos también definen aspectos particulares de tu cultura y fortalecen el propósito general de la empresa, en especial si se complementan con el aprendizaje basado en la experiencia y una estrategia de negocios congruente.

- En lugar de ofrecer mensajes que solamente describen el "qué" y el "cómo" de tus productos, escucha y comparte historias que le ayudarán a tu gente a vincularse con los matices de los productos y/o los aspectos específicos del viaje de cada cliente.

- Aristóteles dijo: "Somos lo que hacemos cada día. De modo que la excelencia no es un acto sino un hábito."

- Las recompensas pueden transformar una tarea interesante en una carga y disminuir la motivación intrínseca. En lugar de depender de recompensas, favorece el valor de la autonomía, la maestría y el propósito.

- Evalúa todas las estrategias para asegurarte de que coincidan con tus valores esenciales, que refuercen tu propósito y estimulen el progreso continuo hacia las aspiraciones establecidas.

- La combinación de productos innovadores que añaden nuevos segmentos a la base de clientes leales te ofrece la receta perfecta para el éxito y la sustentabilidad en los negocios.

Capítulo 3

De duplicable y consistente, a mágico y único

Los hombres sólo son ricos si dan. Quien ofrece un gran servicio, obtiene grandes resultados.

ELBERT HUBBARD

Aunque la pasión por el café siempre ha sido y continúa siendo esencial para Starbucks, los líderes como Howard Schultz destacan que las experiencias humanas son parte del corazón de la marca. Howard señala, por ejemplo: "El mejor momento de Starbucks es cuando creamos relaciones duraderas y conexiones personales." Al ahondar más sobre ese tema, en 2008, cuando se estaba tratando de diseñar una estrategia para cimentar el resurgimiento de Starbucks, Howard les comunicó a los *partners* lo siguiente: "La agenda de transformación incluye volver a encender nuestro apego emocional con nuestros clientes por medio del vínculo que ellos tienen con ustedes, nuestro café, la marca y las tiendas. A diferencia de muchos otros negocios que venden café, Starbucks construyó el patrimonio de la marca por medio de la experiencia Starbucks. Esta experiencia revive día a día en la relación que tiene nuestra gente con los clientes. Al enfocarnos en la experiencia Starbucks crearemos un nuevo nivel de originalidad con significado y haremos crecer la distancia de mercado entre nosotros y las otras empresas que tratan de vender café." La gente puede copiar tus productos y tus servicios, pero un negocio rara vez puede ejecutar, de manera eficaz o consistente, una oferta de experiencia distinta. Lo anterior se puede verificar tanto en una visita a una Apple Store, como en una visita a Starbucks.

Entonces, ¿cómo puede una empresa como Starbucks tomar un producto que se puede comerciar como un insumo básico y ofrecerlo de tal forma que genere una distinción anclada en relaciones duraderas y conexiones personales? Este capítulo presenta aspectos multifacéticos de la excelencia en la experiencia del cliente y nos dice qué hacen los líderes para:

- Definir y comunicar la deseada y original experiencia Starbucks.
- Seleccionar individuos con el talento necesario para recrear la experiencia de forma constante.
- Entrenar a los *partners* con relación a los pilares necesarios para involucrar a los clientes de manera cotidiana.

Lo más importante es que este capítulo te permitirá ver los esfuerzos estratégicos basados en la experiencia del cliente que se implementan en Starbucks para que puedas considerarlos e identificar de qué manera encajan con los desafíos y las oportunidades que tú mismo enfrentas en tu negocio.

¿Qué experiencia quieres que tengan tus clientes?

Earl Nightingale, el pionero estadounidense del desarrollo personal, afirma: "El éxito es el logro progresivo de un objetivo o ideal digno." De la misma forma que sucede con la pasión por el producto, los ideales de una experiencia del cliente digna se expresan en la misión de la empresa (inspirar y nutrir el espíritu humano: una persona, una taza de café y una comunidad a la vez), y están respaldados por los principios de cómo se vive esta misión día a día:

Nuestros clientes

Cuando estamos perfectamente involucrados, nos conectamos, reímos y animamos las vidas de nuestros clientes —aunque sólo sea por un instante—. Claro, todo comienza con la promesa de una bebida perfectamente preparada, pero nuestra labor va más allá de eso. En realidad, todo tiene que ver con la conexión humana.

Nuestras tiendas

Cuando nuestros clientes tienen la sensación de pertenencia, las tiendas se convierten en un refugio, un lugar al que pueden acudir para olvidar las preocupaciones del exterior, un sitio en donde se pueden reunir con los amigos. Esto tiene que ver con gozar a la velocidad de la vida, que a veces es lenta y tiene sabor, y otras es vertiginosa, pero siempre está llena de humanidad.

Los principios son breves y claros. Los líderes de Starbucks saben que los clientes, los productos y las experiencias son los cimientos y el propósito del negocio.

En busca de los creadores de la experiencia

Con el uso de palabras como *inspirar*, *nutrir* y *animar*, los líderes de la empresa definen la experiencia Starbucks como algo que va más allá de la eficiente y certera preparación de bebidas de alta calidad. Los *partners* deben aspirar a brindar momentos, productos y ambientes que eleven y transformen a la gente a la que atienden. La conexión humana es la magia en que se construye la marca Starbucks, pero para que esa magia suceda, la empresa tiene que buscar *partners* que estén interesados en los demás de una forma auténtica y consistente. Este interés puede interrumpir el caos y la imprevisibilidad que hay en la vida de los clientes, y así, producir experiencias confiables y positivas para el negocio. La información sobre el consumidor que se refleja de manera consistente en estudios como el American Express Global Customer Service Barometer, validan la perspectiva de que el servicio al cliente es una actividad caótica e impredecible que, además, está en declive. Pero, entonces, ¿cómo selecciona una organización a los individuos que están interesados en servir a otros de una manera "auténtica y consistente"?

Charles Douglas III, asistente jurídico de Starbucks, cree que el elemento clave para la selección es la observación. En las entrevistas se debe buscar entusiasmo y talento para servir. De hecho, Charles cree que a él lo eligieron para su primer empleo como barista en Starbucks precisamente con base en esos factores. Según el abogado, "yo estaba buscando un lugar que coincidiera con mis valores personales, en el que me sintiera orgulloso de trabajar." Charles revisó los principios de la empresa y sintió que se reflejaban de una manera creíble en las experiencias que él había tenido como cliente. Charles también comenta que se puso una camisa y una corbata verde y, "con una sonrisa en el rostro, corrí hasta la gerente de una tienda cuando estaba abriendo el local a las cuatro de la mañana. Noté que se asustó, pero me esforcé y le dije 'Estoy aquí porque en verdad quiero este empleo, y le apuesto que lo deseo más que cualquier otra persona'." Charles añade, "Los gerentes de las tiendas Starbucks son muy buenos para contratar gente; se basan en tu entusiasmo, tu deseo de servir a otros y tu disposición para aprender. Realmente buscamos gente que esté dispuesta a comprometerse con lo que la empresa considera importante y la entrenamos a partir de esa idea." A pesar del currículo, la historia laboral previa e incluso las recomendaciones, observar e interactuar con los prospectos es lo que sirve para decidir si tienen disposición, si se les puede enseñar y si en realidad están interesados en los demás.

La guía para crear la experiencia

Muchos negocios orientan a los empleados que acaban de reclutar enseñándoles las labores que tienen que realizar en el trabajo, pero olvidan proveerles de las habilidades para ofrecer un servicio excelente y/o explicarles cuál es la experiencia que quieren que produzcan de manera constante. En Starbucks, sin embargo, el entrenamiento inicial se dirige a cursos como "Rudimentos del servicio a clientes" y "La experiencia Starbucks".

En estas sesiones de entrenamiento a los nuevos empleados se les ofrece una guía sobre lo que significa la "experiencia del cliente" en Starbucks y se les coloca en situaciones en que pueden observar la experiencia desde la perspectiva del cliente. A los baristas, por ejemplo, se les expone a un proceso llamado "caminata por la tienda", el cual les permite moverse en el ambiente del lugar para observar y registrar los aspectos más destacados que puede encontrar el cliente en la tienda, desde que llega hasta que se va. Los líderes tienen la expectativa de que, después de ese entrenamiento inicial, los recién contratados serán parte de estas caminatas con la perspectiva del cliente, las cuales se realizan una vez por turno en cada tienda. Como sucede con todas las herramientas de esta naturaleza, los gerentes de tienda tienen que reforzar de manera constante la importancia y el valor de ver las situaciones desde la perspectiva del cliente y asegurarse de que este proceso no se vuelva trivial y rutinario.

Además de esta herramienta para generar empatía con el cliente (caminata por la tienda), el servicio al cliente y el entrenamiento para ofrecer la experiencia deseada, les ayudan a los nuevos *partners* a reflexionar sobre su historia personal de experiencias para el cliente (dentro o fuera de Starbucks), y así identificar aquellas que fueron memorables, vigorizantes, inspiradoras o fortificantes. El entrenamiento afina el concepto de experiencias "de marca" y establece la forma en que se le debe asegurar al cliente que en todos los encuentros que tenga con la marca recibirá productos, procesos y elementos cautivadores de manera consistente. La ejecución en el aspecto de marca y constancia se refleja en los comentarios de clientes como Jenny, quien señala: "Siempre que viajo, trato de encontrar un Starbucks. Sirve para conectarte un poco con tu hogar sin importar en qué parte del mundo te encuentres. La marca conlleva una serie de expectativas respecto a los productos, las sensaciones y la forma en que te van a tratar." Incluso si un negocio opera desde una sola tienda, el asunto siempre es el mismo: ¿tendré una experiencia parecida la próxima vez que venga? Las expectativas que se crearon hoy ¿serán igualadas o superadas en el futuro? ¿O sólo tendré una colección de encuentros aleatorios y poco confiables que erosionen el concepto de la marca?

Para crear experiencias consistentes en Starbucks, los líderes ofrecen una visión definida del servicio, la cual describe cuáles son las necesidades que se deben cubrir en dichas experiencias. Asimismo, ofrecen cuatro comportamientos de servicio al cliente que les ayudan a los *partners* a entender cómo se debe cumplir la visión. La declaración de la visión la para experiencia del cliente es la siguiente: "Creamos momentos inspirados para los clientes todos los días." Para lograr este objetivo, a los *partners* se les exhorta a enfocarse en los siguientes comportamientos:

- Anticipar
- Conectarse
- Personalizar
- Adueñarse

En pocas palabras, los líderes les explican a los *partners* el resultado que se desea obtener de las experiencias de servicio ("momentos inspirados", así como las acciones clave para lograrlas). Por ejemplo, si un barista detecta la necesidad del cliente, puede anticipar, conectarse, personalizar y adueñarse de la experiencia para crear un momento inspirado para cada persona. Para ser más específicos, si un cliente parece no tener mucha prisa, el barista puede anticipar y asumir la responsabilidad de entregarle una bebida de forma precisa y expedita, con un momento personal pero breve de conexión (puede ser algo tan sencillo como una sonrisa genuina). Por el contrario, si el cliente visita la tienda con regularidad y le gusta conversar, el *partner* puede hacer la conexión tratando de recordar su bebida preferida, llamándolo por su nombre y asumiendo la responsabilidad de personalizar la bebida o la conversación de tal suerte que se produzcan momentos significativos, o incluso inspirados, en la vida del cliente.

Los clientes a menudo comparten la alegría que sienten cuando los baristas ejecutan la visión de servicio de la empresa. Alli Higgins, una cliente de diez años de Starbucks, nos dice: "Los baristas recuerdan mi bebida y mi nombre. Es asombroso porque sólo les toma una o dos visitas aprender cómo me llamo. Eso es destacable en un mundo en el que a la gente no le importa mucho lo que suceda con los demás. Los baristas también recuerdan cuando salgo de vacaciones y me preguntan al respecto. Como me gusta la forma en que me tratan en Starbucks, a veces horneo galletas para la gente de la tienda. Y ahora me dicen en broma: 'Oye, Alli, ¿y nuestras galletas?' Es el tipo de cosas que me gusta hacer porque los considero parte de mi familia." Al ofrecerles a los *partners* la meta y las herramientas para alcanzarla, les ayudas a los equipos a desarrollar vínculos particularmente fuertes con los clientes (como dijo Alli, "los considero parte de mi familia"). Dichos vínculos diferencian a tu empresa de la competencia de manera importante.

REFLEXIÓN SOBRE LA CONEXIÓN

1. Si te preguntaran, "¿qué porcentaje de tus empleados podría articular tu visión de la experiencia del cliente o la forma en que quieres que se sientan los clientes como resultado de las experiencias que tengan con tu marca?", ¿cuál te gustaría que fuera la respuesta?

2. ¿Tú ofreces herramientas como la "caminata por la tienda" para ayudar a tus empleados a desarrollar empatía con los clientes y ver la situación desde su perspectiva?

3. ¿Ya delineaste comportamientos básicos como anticipar, conectar, personalizar y adueñarse, los cuales le puedan ayudar a los miembros de tu equipo a entender cómo crear la experiencia deseada?

La creación del ambiente limpio y austero

Bien, ya vendes productos excelentes, ya encendiste la pasión por el producto en toda tu organización, y tus empleados ya saben crear la experiencia deseada de la marca, de forma auténtica y constante. Ya dominaste el desafío de la experiencia del cliente, ¿es verdad? No del todo. Para tener la misma trayectoria de los proveedores de servicios de clase mundial como aquéllos sobre los que escribo (Starbucks, Zappos o The Ritz-Carlton), necesitas realizar por lo menos tres acciones más: (1) La maximización de la participación de los clientes por medio del diseño del ambiente, (2) la integración de factores sensoriales clave y (3) capacidad para escuchar y adaptar tu oferta para que cubra los cambiantes deseos y necesidades de tus clientes.

A finales de los noventa, los teóricos de los negocios y los economistas, como B. Joseph Pine y James H. Gilmore, empezaron a hablar sobre el hecho de que estábamos entrando a una era en que las "experiencias memorables" servían como factores clave para el crecimiento económico. En lugar de sólo enfocarse en los beneficios y los atributos de los productos, o en las ventajas financieras de un servicio eficiente, estos pioneros abrieron un debate sobre los beneficios acumulables que se producían al "representar" experiencias sensoriales ricas en el "escenario" de un negocio. Con conceptos tomados del ámbito del teatro, los teóricos ofrecieron una guía sobre cómo construir experiencias que no sólo cautivaran a los clientes, sino que también los "transformaran". Las metáforas teatrales para el diseño de experiencia del cliente pueden ser problemáticas, sobre todo al referirnos a conceptos como "representar" o "crear un guión" (porque pueden implicar falta de autenticidad o actos mecánicos como de robot). Sin embargo, estas referencias aluden a la importancia de los elementos sensoriales y a la atención que se necesita para construir el ambiente adecuado o la plataforma en que se desarrollan las experiencias de servicio.

Como una variación al verso inmortal de Shakespeare que dice Jacques en *A su gusto*, "El mundo es un escenario, y todos los hombres y mujeres, meros actores": todos los negocios son un escenario en donde surgen las experiencias. En Starbucks, el diseño del escenario (es decir, el ambiente de la tienda) y los elementos sensoriales que de ahí emanan se ponderan cuidadosamente para que enriquezcan la experiencia del cliente.

Los líderes de Starbucks entienden que el diseño de experiencias extraordinarias involucra una disposición para ver el ambiente desde la perspectiva de los clientes y para atender las necesidades de ciertos segmentos fundamentales de éstos.

Si bien muchos líderes buscan formas de mejorar las experiencias, como añadir elementos al ambiente, por lo general, los mejores resultados se producen al eliminar piezas negativas que le puedan restar valor a una experiencia memorable. Howard Schultz, por ejemplo, eliminó los productos para desayuno de las tiendas hasta que se aseguró de que ningún aroma negativo de la preparación de éstos (como pan demasiado tostado o queso quemado) interfiriera con el elemento sensorial clave de la tienda: el aroma del café.

En esta batalla, los líderes tuvieron que estar dispuestos a no recibir ganancias por la venta de desayunos hasta que las tecnologías de la preparación de alimentos estuvieran suficientemente desarrolladas para abatir aromas indeseables. La decisión que tomaron los líderes de reducir la mercancía que no estuviera relacionada con el café (como los animales de peluche que se mencionaron en el capítulo anterior), incluso a pesar de que su venta implicaba un incremento en los márgenes, también es un reflejo del compromiso para eliminar elementos que pongan en riesgo la experiencia ideal. Finalmente, las mejores experiencias del cliente dependen tanto de la adición como de la eliminación de estímulos emocionales y elementos de diseño ambiental.

Es posible que creas que los elementos de diseño del "escenario" sólo tienen que ver con la fachada de tu local, pero, en realidad, todos los puntos de contacto entre tus clientes y tu negocio representan una oportunidad para cautivar a los primeros con una presentación muy bien pensada. Mike Peck, director creativo de empaques de Starbucks Global Creative Studio, por ejemplo, fue quien dirigió al equipo que rediseñó el icónico logo de Starbucks y vio la oportunidad de mejorar la experiencia del cliente y de modernizar a la marca con la actualización del símbolo.

El logo original de 1971 incluía la frase "Starbucks Café y Té", la cual rodeaba a la ninfa marina (sí, con frecuencia, la gente confunde al mítico personaje que aparece al centro del logo con una sirena). En los logos revisados de 1987 y 1992 se dejó de usar la palabra *té*, pero todavía se incluía a la ninfa rodeada de las palabras *Starbucks* y *Café*.

Logo de Starbucks presentado en 1992.

De acuerdo con Mike, "A pesar de que no había una razón específica para actualizar el logo, nos pareció que las palabras provocaban confusión en la experiencia del cliente. Teníamos, por ejemplo, helados de sabor vainilla, chocolate y fresa, pero no de café." Debido al logo que existía entonces, era posible que la gente se asomara a los contenedores de helado y diera por hecho que estos productos contenían café. "La idea de poner en cada bote de helado una enorme etiqueta que dijera 'No contiene café' era muy poco elegante porque uno siempre necesita que el diseño sea lo más pulcro y puro posible. Cuando los consumidores echaban un vistazo, sólo veían fresas y café, la cual no es una combinación óptima de sabores. Tanto en las tiendas nacionales como en las internacionales, tenemos otras bebidas que no tienen como base el café, sin embargo, debido al logo, la palabra *café* aparece en sus envases. Finalmente, nuestro rediseño abrió la imagen de la ninfa marina, le permitió ser la protagonista, abatió algunos obstáculos e incluso sirvió para modernizar la experiencia del cliente." Si observas todos los puntos de contacto que tiene tu empresa, del logo a las políticas de devolución, ¿en dónde existe la posibilidad de limpiar elementos y eliminar la confusión?

Logo de Starbucks presentado en 2011.

Debido a que la eliminación de elementos desordenados y el incremento en la claridad pueden mejorar las experiencias del cliente, Starbucks entró a un proceso de transformación "austera", el cual se enfoca en un cambio de los esfuerzos tradicionales para incrementar el valor y en la adopción de una disciplina basada en los elementos esenciales de manufactura, con el objetivo de minimizar el desperdicio e incrementar el valor para el cliente.

Durante el período de transformación, los líderes de Starbucks han hecho que los individuos de todos los niveles de la organización observen de una manera global los procesos para que identifiquen los problemas e incrementen la eficacia. Troy Alstead, director financiero y director administrativo, declara lo siguiente: "Aunque fuimos muy buenos para forjar conexiones humanas de forma espontánea, nos costó trabajo eliminar el desperdicio y crear procesos que maximizaran la eficiencia y el valor para el cliente al mismo tiempo que les facilitábamos a nuestros *partners* la labor de servir a los clientes." En el pasado reciente hemos dado grandes pasos en estas disciplinas, así que ahora la idea es eliminar los elementos que en realidad no son cruciales en el valor para el cliente. Nosotros no debemos colocar a nuestros *partners* en situaciones en que tengan que ser creativos con los procesos. Es decir, vamos a aprovechar las mejores prácticas con que podamos maximizar la eficiencia tanto para el *partner* como para el cliente. Tenemos que alentar a nuestros *partners* a invertir toda su creatividad en la forma en que interactúan con los clientes, pero la calidad y la ejecución tienen que diseñarse y medirse con el beneficio que le dan a los *partners*, a los clientes y al negocio." Este enfoque para la reducción de los contratiempos ofrece, de forma esencial, el entendimiento de que, para ser realmente eficiente, la eliminación de obstáculos debe producir rutinas que liberen a la gente y a los recursos para que se generen conexiones interpersonales más sólidas.

A diferencia de muchos otros negocios que implementan estrategias de "austeridad", Starbucks toma un enfoque que empodera a la gente en la línea de batalla para que ésta pueda lograr sus objetivos. John Shook, antiguo ejecutivo de Toyota (la empresa donde surgió la práctica austera de manufactura conocida como "Lean"), y antes asesor de Starbucks, compara la estrategia que se tomó para incrementar la eficiencia de esta empresa con las metodologías que usó McDonald's: "El mismo modelo de negocios de Mcdonald's busca un enfoque altamente duplicable. Por lo tanto, puede tener éxito al implementar ingeniería industrial típica (taylorismo y ese tipo de tendencias que no incluyen la austeridad) en una forma bastante tradicional, detallada y programática."

En contraste, John nos dice que, "Hace no mucho tiempo, Starbucks decidió —y hasta la fecha sigue confirmando— que el enfoque de tiendas duplicables no era el camino adecuado al éxito de su producto, dado que éste en realidad es una experiencia. Cada tienda Starbucks es distinta. La marca que deja es diferente, la experiencia del cliente, también. Creo que Starbucks quiere que la experiencia sea consistente en todas las tiendas, pero única al mismo tiempo. McDonald's quiere que la experiencia sea exactamente la misma en todas sus sucursales."

Debido a que la combinación de las bebidas y los jarabes de Starbucks le permiten al cliente ordenar más de 80 000 bebidas distintas, John dice que en Starbucks, "El objetivo es lograr que la mayor cantidad posible de procesos sean rutinarios para que los *partners* puedan pasar algunos instantes platicando con los clientes. No existe ninguna forma de darle la vuelta a la situación cuando la fila se hace más larga, tampoco hay atajos porque cada orden es única y se maneja de esa forma, paso a paso y sin cargas. A la entera satisfacción del cliente." Si buscas crear experiencias consistentes pero también únicas, el enfoque de austeridad de Starbucks te puede servir como base. Desarrolla la maestría en estrategias que promuevan la sencillez y entabla un diálogo con quienes desempeñen labores operativas importantes. Esas conversaciones y observaciones te permitirán crear rutinas eficaces. Al final, como resultado, este esfuerzo debe darle a tu gente más tiempo para que pueda crear experiencias personalmente cautivadoras.

Añadir, errar y persistir

Muy a menudo, en lo que se refiere a la experiencia del cliente, las mejoras se llevan a cabo como ajustes a prueba y error con los que se intenta dar con los ingredientes y las cantidades adecuados para crear una experiencia óptima. En muchas ocasiones, los elementos clave son de naturaleza sensorial, como es el caso de la música. El autor y periodista Nick Chiles señala, "La música continúa siendo una de las herramientas más confiables para las empresas que buscan hacer una conexión emocional con sus clientes. Tomemos el caso de Starbucks, que se empeñó en convertir sus tiendas en un campo de experiencias para adultos, con las que acariciaron y cosquillearon todos los sentidos de los clientes para que éstos desearan quedarse ahí todo el día. Una buena parte de esta sensación la conformó la música: hallazgos interesantes, ágiles y poco convencionales que cautivaron a los clientes y les hicieron sentir que habían descubierto algo nuevo."

Como los clientes se vincularon tanto con la música que se tocaba en las tiendas y con los momentos de descubrimiento que asociaban a ella, Starbucks empezó a vender recopilaciones y discos compactos de los artistas que se escuchaban en las sucursales.

¿Qué papel juegan los elementos sensoriales en tu negocio? ¿Qué es lo que escuchan tus clientes en los momentos clave de su viaje en tus instalaciones? ¿Existe la posibilidad de incorporar elementos sensoriales (auditivos, olfativos, visuales o táctiles) que de verdad mejoren la experiencia del cliente?

Al centro y en evolución

Como lo exploramos anteriormente, las experiencias extraordinarias del cliente dependen de procesos de simplificación y de la disposición para experimentar con el enriquecimiento sensorial. El camino a la excelencia también exige la habilidad de mezclar elementos de diseño en una forma que sea congruente con la marca. Arthur Rubinfeld, jefe creativo de Starbucks y presidente de Innovación Global y venta al menudeo de Evolution Fresh, señala, "Como arquitecto, creo que todo mundo debe tener una impresión y una opinión sobre cómo crear la experiencia de una tienda de café. Sin embargo, la clave es respaldar la posición de la marca con el diseño físico, pero sin que se noten 'las costuras'. La parte más difícil del diseño de una tienda al menudeo es conectar la entidad, la misión y la cultura de la empresa con la solución física. Con frecuencia digo que, al juzgar el diseño de un local, uno debe preguntarse si después de quitar por la noche los discos del logo y los letreros del frente, la gente que entrará a ese espacio al día siguiente sabrá que está en un Starbucks."

A lo largo de la década de los noventa, Starbucks parecía estar mezclando los ingredientes correctos para ofrecer en sus tiendas de café experiencias que contribuían al meteórico crecimiento de la marca. Como los espacios sirven a las necesidades cambiantes de la gente, no pueden mantenerse estáticos. Además de hablar sobre la importancia de los factores ambientales en el diseño de las tiendas (tema que se abordará con mayor detalle en el Capítulo 11), Arthur menciona que la creación de los ambientes de Starbucks ha cambiado muchísimo. "En los noventa nuestros conceptos se basaban en el diseño temático; usábamos una paleta de colores de vanguardia y mucha iconografía. Usamos, por ejemplo, una maravillosa serie de iconos que nos dieron la oportunidad de presentar a la ninfa marina y otros elementos gráficos de diseño náutico en diseños fijos."

Arthur indica que, en contraste, ahora sus equipos de diseño se esfuerzan por proveer enfoques flexibles que les permitan a los diseñadores individuales de cada zona aprovechar a los artistas y los materiales locales para que las tiendas tengan un ambiente más relevante para la comunidad. También comenta que los clientes buscan autenticidad, opciones para sentarse y lugares en donde se puedan conectar con la comunidad. Según Arthur, "Promovemos la interacción y la reunión de la gente de la localidad con elementos únicos y específicos. La mesa comunitaria es uno de ellos. Esta mesa permite que se desarrollen reuniones de grupos y conversaciones sobre lo que cualquiera de las personas tenga en mente. Además, estamos tratando de ofrecer la mayor cantidad posible de alternativas para sentarse porque sabemos que nuestros clientes de la mañana, la tarde y la noche, tienen distintas necesidades. Tal vez se sienten en una silla cómoda, un silloncito agradable o en una mesa comunitaria. También estamos incorporando mesas de un metro para complementar las de setenta y cinco y noventa centímetros. Si vienes a trabajar en una laptop, la mesa de un metro es mejor para ti desde la perspectiva ergonómica porque incluso te puedes parar. También es una alternativa para la gente a la que le gusta vivir "el ambiente" de la tienda desde una posición privilegiada en lugar de acurrucarse en un silloncito al frente o en la parte anterior de la tienda."

Los líderes de Starbucks están muy cómodos con su experimentación con los elementos de diseño que creen que atienden las cambiantes necesidades de los clientes de la empresa. Para perfeccionar el escenario en que se ofrecen las experiencias, toman en cuenta las tendencias y observan el comportamiento de sus clientes.

Sin importar si se trata de la conexión del diseño del espacio físico con la misión, visión y valores de la empresa; de la estructuración de la eficiencia para mejorar la experiencia del cliente; o de la adición de elementos sensoriales, siempre hay un componente unificador: la necesidad de ejecutar los detalles. Arthur lo explica así: "Uno de mis mantras es 'La diferencia entre la mediocridad y la excelencia radica en la atención al detalle'. La atención que le pongamos a todos los detalles de nuestro negocio está encaminada a mantenernos en la vanguardia del diseño y a ofrecer la experiencia más poderosa y original en nuestras tiendas."

Lo que mejor le funciona a Starbucks es la ejecución de los detalles para alcanzar experiencias del cliente al más alto nivel. ¿Tú qué tan bueno eres para perfeccionar los detalles de las experiencias que deseas para tus clientes?

REFLEXIÓN SOBRE LA CONEXIÓN

1. Toma un momento para colocarte en el lugar de tu grupo clave de clientes. Mientras caminas por su experiencia, ¿cuáles son los elementos triviales o confusos que destacan frente a ti? ¿Qué se puede hacer para eliminar los elementos opuestos a dicha experiencia? Repite el ejercicio con otro grupo importante de clientes.

2. Si realizaras una "auditoría sensorial" de tu negocio, ¿cuáles serían tus puntos fuertes, tus debilidades y tus oportunidades? ¿Qué elementos visuales, sonoros, olfativos y táctiles viven tus clientes cuando efectúan contactos fundamentales con tu marca?

3. ¿Alguna vez has usado, o estás usando, procesos disciplinados como la estrategia de austeridad (Lean o Six Sigma) para incrementar la eficiencia, mejorar la experiencia del cliente o incluso para definir la causa de las fallas en el servicio? Si no tienes un enfoque disciplinado aún, ¿qué es lo que te haría explorar ese tipo de procesos?

Sé coautor de la experiencia al lado de tu cliente

Para ofrecer la experiencia del "más alto nivel" a la que se refiere Arthur, los líderes de Starbucks hacen mucho más que observar, probar, evaluar y perfeccionar las ofertas. La empresa se involucra con los clientes para ayudarles a los líderes a darles prioridad a los objetivos de mejoramiento de la experiencia. En 2008, Starbucks estaba al frente del movimiento en línea de "coautoría con los clientes". Cecile Hudon, *community manager* en internet de Starbucks, explica: "En marzo de 2008 lanzamos el sitio de internet My Idea Starbucks, porque sentimos que estábamos perdiendo parte de la conexión que teníamos con nuestros clientes. Howard Schultz dirigió nuestro esfuerzo para hacerles saber a los clientes que los estábamos escuchando. Lo hicimos por medio de la creación de uno de los primeros sitios de ideas más exitosos: MyStrabucksIdea.com."

Los miembros de My Starbucks Idea pueden compartir, votar y discutir acerca de productos, experiencias y participación. Después de que se comparten las ideas, los visitantes del sitio votan e interactúan con

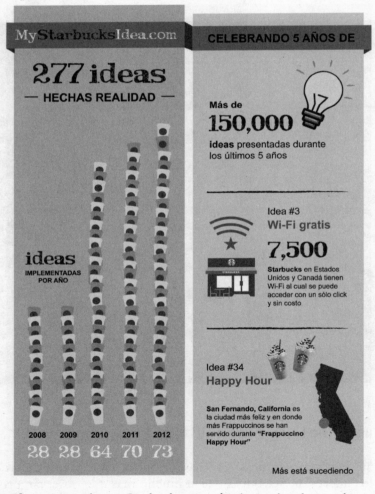

Infográfico preparado por Starbucks para el aniversario número cinco de My Starbucks Idea.

partners de Starbucks que pueden evaluar las propuestas y realizar cambios. Según Cecile, "El secreto del éxito del sitio radica en que nuestros clientes pueden hablar con expertos que fungen como moderadores. Por lo tanto, cuando los clientes presentan ideas sobre alimentos, o sugieren productos libres de gluten, por ejemplo, un *partner* del equipo de alimentos de Starbucks revisa las propuestas. Si hubiéramos tratado de respaldar este sitio con la participación de una sola persona del departamento de comercialización, esa persona podría no haber reconocido una idea buena y relevante porque no habría estado familiarizada con el trabajo que se hacía en cada departamento y, en consecuencia, el proceso para el movimiento de ideas habría sido más lento. Actualmente tenemos cuarenta moderadores de los distintos departamentos de la empresa, los cuales trabajan en el sitio escuchando las ideas que

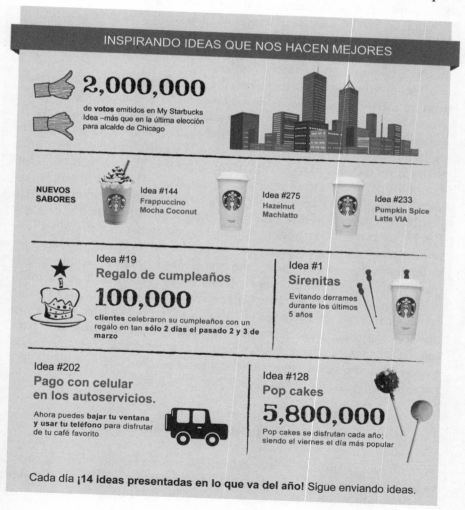

INSPIRANDO IDEAS QUE NOS HACEN MEJORES

2,000,000
de **votos** emitidos en My Starbucks Idea –más que en la última elección para alcalde de Chicago

NUEVOS SABORES

Idea #144
Frappuccino Mocha Coconut

Idea #275
Hazelnut Machiatto

Idea #233
Pumpkin Spice Latte VIA

Idea #19
Regalo de cumpleaños
100,000
clientes celebraron su cumpleaños con un regalo en tan **sólo 2 días** el pasado 2 y 3 de marzo

Idea #1
Sirenitas
Evitando derrames durante los últimos 5 años

Idea #202
Pago con celular en los autoservicios.
Ahora puedes **bajar tu ventana y usar tu teléfono** para disfrutar de tu café favorito

Idea #128
Pop cakes
5,800,000
Pop cakes se disfrutan cada año; siendo el viernes el día más popular

Cada día **¡14 ideas presentadas en lo que va del año!** Sigue enviando ideas.

pueden ser relevantes para su labor. La interacción de los clientes con los *partners* de Starbucks en áreas que les interesan les ayuda a sentir que son parte de la empresa y que su opinión importa."

Conforme las ideas van ganando popularidad gracias a los votos de los miembros de la comunidad, los moderadores se involucran en un diálogo sobre esos temas. Cecile explica: "Alentamos a los moderadores a comentar y a buscar respuestas para las ideas más populares de cada semana, y también buscamos esas propuestas que son como diamantes en bruto: ideas innovadoras que tienen bajos puntos porque, tal vez, el concepto es demasiado nuevo para que la gente reconozca su valor."

Pero más allá de hablar sobre las ideas, los moderadores catalogan las opciones en una serie de categorías posibles: "en revisión", "revisadas", "por venir" y "ejecutadas". Cuando las ideas comienzan a revisarse, los equipos funcionales verifican si son innovadoras, si servirían para diferenciar a Starbucks, con qué rapidez podrían aplicarse en el mercado y si funcionarían para generar más negocios. En el infográfico de las páginas anteriores se presentaron algunas de las ideas que se lanzaron desde la página de My Starbucks Idea.

Para el momento en que se escribe este libro, la gente ha enviado más de 150 000 ideas al sitio, de las cuales, 265 se han puesto en práctica. My Starbucks Idea ha servido para darle forma al programa de lealtad de Starbucks, asimismo inspiró el programa de tarjetas de regalo, Starbucks Card eGift, y estimuló a la empresa para que vendiera mangas reciclables para los vasos calientes y le diera prioridad a los esfuerzos para reciclar. Después de varios años del lanzamiento, la comunidad sigue viva y activa, y algunos de los usuarios visitan el sitio más de doscientas veces al mes. Los clientes siguen compartiendo sus ideas con los *partners* de Starbucks y los líderes continúan escuchando y respondiendo. Los *partners* participan en el sitio de clientes, pero también se ha diseñado un sitio aparte para que ellos ofrezcan ideas que tienen que ver con su vida laboral y la experiencia de los clientes de sus tiendas.

Aunque Starbucks ha desarrollado varias herramientas para recibir las sugerencias e ideas de los clientes, My Starbucks Idea demuestra que los clientes y los *partners* pueden participar en un programa para sugerir, priorizar e invertir esfuerzos en la evolución de las experiencias que se ofrecen. ¿Con cuánta eficacia estás estimulando a tus clientes para que te hagan saber sus deseos y necesidades?

Permiso para construir una plataforma de experiencia

Si tú ofreces productos de alta calidad en ambientes vinculados a experiencias, y si tus empleados tienen conocimiento y pasión, los clientes no sólo apoyarán tu crecimiento por medio de la línea de productos, también es posible que exploren otras ofertas con que innoves en el contexto de las ventajas que ya ofreces. Para los líderes de Starbucks, esto ha significado diseñar un plan de crecimiento que implica que en sus ambientes de café también se sirvan otras bebidas de alta calidad: las tiendas Evolution Fresh™ y las tiendas de té, Tazo®.

A finales de 2011, Starbucks anunció que había adquirido Evolution Fresh, Inc., "como parte de su compromiso para evolucionar y mejorar la experiencia del cliente con productos innovadores e integrales." Este paso fue un indicador de que Starbucks llevaría su experiencia al mercado del jugo recién hecho de la más alta calidad —el cual tiene un valor de 3.4 mil millones de dólares—, y al sector de la salud y el bienestar —valorado en 50 mil millones de dólares—.

Después de anunciar la adquisición, Howard Schultz señaló: "Nuestra intención es construir una marca nacional de salud y bienestar aprovechando nuestras dimensiones, recursos y experiencia en productos de alta calidad. El hecho de traer Evolution Fresh a la familia Starbucks señala un paso importante en este sentido." Antes de la adquisición, Evolution Fresh vendía productos de jugo de alta calidad por medio de supermercados de salud como Whole Foods. Evolution Fresh, que fue creada por el fundador de Naked Juice, utiliza tecnología patentada para pasteurizar la mayoría de sus jugos sin exponerlos al calor, el cual puede mermar sus nutrientes.

Al adquirir los productos de jugo embotellados de Evolution Fresh, los líderes de Starbucks extendieron su presencia al espacio de los productos para el consumidor (tema del que se hablará en detalle en el Capítulo 9, "Las relaciones personales se traducen: comparte el amor de la gente a los productos") y también creó una nueva plataforma de experiencias: las tiendas al menudeo Evolution Fresh. Estas tiendas se enfocan en los mismos principios de experiencia del cliente que se propician en un ambiente típico Starbucks, pero adaptan la experiencia para coincidir con los productos de salud y bienestar que distribuyen.

Starbucks inauguró sus primeras tiendas Evolution Fresh en el área de Seattle. El tema central de estas tiendas es la "pared de los grifos", la cual provee jugos fríos de temporada recién hechos y exprimidos a mano, como Field of Greens (una mezcla de jengibre, hojas verdes, manzana orgánica y pepino baja en calorías) y *smoothies* de ingredientes naturales. Las tiendas también ofrecen experiencias con alimentos personalizados e inspirados en la globalidad. Estos alimentos se sirven fríos o calientes, e incluyen desayunos, *wraps* para la comida y la cena, sopas, sándwiches y cuencos (como el que contiene una preparación de menos de trescientos calorías de quinoa, col rizada orgánica y puré de calabaza de castilla. Naturalmente, en las tiendas Evolution Fresh también se vende café Starbucks y té de Tazo).

Kevin Petrisko, director de operaciones de negocios de Evolution Fresh, describe la experiencia que quiere que tengan sus clientes en las tiendas: "Nuestra visión es que el cliente salga y diga, 'Vaya, fue una experiencia fantástica. Aprendí algo nuevo, tuve una sorprendente conexión humana con el *partner* de jugos que me guió a través del proceso; la comida o la bebida realmente sabe al vegetal o la fruta del que proviene, tengo que regresar. Les tengo que contar a mis amigos lo alta que es la calidad de la comida y las bebidas. Aprendí algo y entendí que esto me va a ayudar a pensar de una manera distinta acerca de lo que le doy a mi cuerpo'."

Además de la mención que se hace al café Starbucks en el pizarrón del menú, en realidad no hay ninguna señal que vincule a Evolution Fresh con su empresa madre. A pesar de ello, en las reseñas de los clientes en línea, la conexión aparece con frecuencia. Por ejemplo: "Evolution Fresh es la nueva propuesta de Starbucks para la comida saludable. Aunque es un poco costosa, la experiencia vale totalmente la pena. Los *partners* que te atienden en el mostrador tienen amplios conocimientos y son muy alegres." Aunque Evolution Fresh ofrece una experiencia como marca independiente, la conexión humana en las tiendas sirve como vínculo con la esencia de Starbucks.

A diferencia de Evolution Fresh, que representa una variedad añadida recientemente a la categoría ya existente de bebidas, las tiendas de té Tazo son un concepto al menudeo completamente desarrollado,

Tienda Tazo, Seattle, Washington, Estados Unidos.

pero que tiene sus orígenes en Starbucks. En 1971, cuando se fundó Starbucks, la empresa era conocida como Starbucks Coffee and Tea Company. A medida que la empresa creció, los líderes hicieron que el café fuera el protagonista, pero en 1999 compraron una marca de té de la más alta calidad. En un artículo del *New York Times* se describió la adquisición de la siguiente manera: "Tazo, la empresa de Oregon que alguna vez aspiró a ser el Starbucks del té, acaba de ser adquirida por Starbucks Corporation. La empresa, con base en Seattle, espera atraer nuevos clientes con Tazo."

Así es, a partir de una compra de 8.1 millones de dólares en 1999, Starbucks transformó a Tazo en una marca con ventas por más de 1.4 mil millones de dólares; y hace poco propuso un concepto de venta al menudeo con el que hizo crecer la marca a través de las tiendas de té de Tazo. La primera tienda se inauguró en Seattle en noviembre de 2012 y en la actualidad ofrece una experiencia en la que los clientes pueden comprar más de ochenta variedades de tés de hojas sueltas, o disfrutar de una taza de té recién hecho: caliente, helado o preparado como *latte*. De hecho, los clientes trabajan con los *partners* de Tazo para crear sus propios sabores de té y luego poder comprar esas mezclas personalizadas por onza o por taza.

Según Charles Cain, vicepresidente de promoción y operaciones, "En nuestra tienda Tazo al menudeo queremos crear una experiencia y un lugar en donde los clientes puedan disfrutar una noción rica de nuestros extraordinarios tés. Asimismo, queremos asumir un papel como líderes al darle a conocer a la gente este té de alta calidad. Estamos anticipando que, en cuanto realicemos estas operaciones con mayor confianza, el veinticinco por ciento de nuestras ventas provendrá de las bebidas de té y el resto será de la compra de tés de hojas sueltas y suministros similares para que los clientes puedan preparar sus propias bebidas en casa."

La tienda Tazo de té tampoco se promueve con el icónico logo de Starbucks. Aunque el énfasis en las bebidas preparadas es menor que el que se hace en la compra de insumos para llevar a casa, a las tiendas Tazo las caracteriza la misma pasión por el producto y la atención a los detalles de la experiencia que se mencionó en este capítulo.

Annie Young-Scrivner, vicepresidenta ejecutiva y presidenta de Starbucks Canadá, nos expresa la intención que tienen los líderes respecto a la relevancia comercial que hay en decisiones como la creación de las tiendas Tazo de tés: "La categoría de los tés está teniendo un auge en este momento; está en ese punto en que estuvo el café hace algunos años. La mayoría de los tés se venden en bolsita, no en hojas sueltas, y por eso esperamos elevar las experiencias respecto a esta bebida en todo el panorama mundial. Debido al compromiso que tenemos de ofrecer té en países donde esta bebida es muy popular, como China e India, esta oportunidad resulta muy importante para nosotros. Con suerte, nuestros esfuerzos colectivos representarán una enorme ganancia complementaria a lo que ya estamos haciendo con el café." Stacy Speicher, directora de administración de categoría de marca de Tea, añade: "Ahora que estamos trabajando en tiendas diseñadas para otros productos que no son café, tenemos que permitir que el denominador común más importante guíe nuestras decisiones: el cliente. Las opiniones y la información que tenemos sobre el cliente son el centro de todo lo que hacemos. Necesitamos entender quiénes compran té, en dónde se encuentran, e incluso tenemos que llegar a ellos a través de las redes sociales o de la publicidad. Necesitamos entender a nuestros consumidores de pies a cabeza para poder hacer lo que mejor nos sale: conectarnos con ellos."

Aunque el verdadero éxito de Evolution Fresh y del concepto de la venta de té al menudeo en las tiendas Tazo no será evidente sino hasta dentro de algunos años, es obvio que el éxito de Starbucks en ejecución de producto, conexión con el cliente y diseño de experiencias, es lo que le ha permitido a la empresa explorar categorías adyacentes. Los líderes de Starbucks exploran las nuevas oportunidades de trabajo haciéndose las siguientes preguntas:

- ¿Cómo podemos traducir nuestras capacidades principales en oportunidades futuras para los clientes que ya tenemos y los prospectos?
- ¿Qué factores externos o tendencias de consumo pueden guiarnos en el aprovechamiento de nuestras fortalezas?
- ¿De qué manera le serviría esta posibilidad a nuestra misión para elevar la experiencia de los clientes y de los accionistas?
- ¿De qué manera podría esta oportunidad mejorar la conexión de confianza y amor que tenemos por las personas a las que atendemos?

En mi opinión, estas preguntas son relevantes para todos los líderes de negocios. La pregunta final, "¿De qué manera podría esta oportunidad mejorar la conexión de confianza y amor que tenemos por las personas a las que atendemos?", se explora de forma directa en los siguientes capítulos bajo el principio: "Nos encanta que nos amen".

PUNTOS DE CONEXIÓN

- Las experiencias humanas son el corazón de tu marca.

- La gente puede copiar tus productos y servicios, pero rara vez podrá construir relaciones sólidas con los clientes gracias a experiencias bien diseñadas como las que tú ofreces.

- Observa e interactúa con tus prospectos de empleados para definir si tienen disposición, si pueden aprender y si en realidad les interesa la demás gente.

- Define tu visión de servicio de tal manera que describa qué es lo que se necesita lograr en las experiencias de servicio.

- Las experiencias bien diseñadas implican una disposición para ver el ambiente desde la perspectiva de los clientes y atender las necesidades de los segmentos fundamentales de clientes.

- Las grandes experiencias del cliente dependen tanto de la adición como de la eliminación de estímulos emocionales y elementos ambientales de diseño.

- En lo que se refiere a la experiencia del cliente, con mucha frecuencia, las mejoras se realizan con ajustes a prueba y error con los que se intenta encontrar las cantidades y los ingredientes necesarios para ofrecer una experiencia óptima.

- El componente unificador del éxito en las experiencias del cliente —ya sea respecto a la unificación del diseño del espacio físico con la misión, la visión y los valores de la empresa; o a la modernización de las capacidades—, es la necesidad de ejecutar bien los detalles.

- Sé coautor de la experiencia con tus clientes.

- Si ofreces productos de alta calidad en ambientes vinculados a experiencias, y si tus empleados tienen conocimiento y pasión, los clientes no sólo apoyarán tu crecimiento por medio de la línea de productos, también es posible que exploren otras ofertas con que innoves en el contexto de las ventajas que ya ofreces.

Principio 2

Nos encanta que nos amen

No necesito decirte que vivimos en tiempos desafiantes para los líderes. Todos queremos que nuestro personal se involucre, ofrecer productos innovadores, satisfacer a los clientes e impulsar la lealtad a la marca a pesar de que operamos en un ambiente en que los clientes sufren demasiada ansiedad. La situación se complica porque tenemos que diferenciarnos de la competencia en la forma más eficaz posible en términos de costo, y reaccionar a las crecientes exigencias de servicio que hacen los clientes, quienes esperan respuesta inmediata mediante los canales de comunicación y de sus plataformas preferidas de redes sociales. El hilo de plata alrededor de esta oscura nube es el hecho de que todos los líderes tienen exactamente las mismas oportunidades y enfrentan las mismas condiciones del mercado. Los líderes de empresas como Starbucks han encontrado la forma de mantener vínculos sólidos con sus clientes y de alcanzar sus objetivos de negocio, a pesar de que se enfrentan a un panorama en que tanto el poder del consumidor como el cinismo corporativo son muy altos. En el centro de estos vínculos emocionales hay un principio de liderazgo que he bautizado "Nos encanta que nos amen".

"Nos encanta que nos amen" se presenta en el Capítulo 4, "Es cuestión de confianza y amor", y en el Capítulo 5, "Tiene que prosperar en el interior para que se viva en el exterior". En el Capítulo 4 se explora la naturaleza jerárquica de la participación del cliente y se muestra la forma en que los líderes de Starbucks construyen integridad para asegurarse de que cuentan con la confianza de los accionistas. Además se analiza el papel que juegan los líderes en el diseño del camino hacia la pasión por la marca.

En el Capítulo 5 se presenta un panorama amplio de los distintos esfuerzos que los líderes han realizado para maximizar la conexión entre la empresa y los *partners*. Debido a la diversidad y a la naturaleza internacional de la fuerza laboral de Starbucks, este capítulo ofrece reflexiones sobre varios métodos efectivos de comunicación que protegen la intimidad y el trato personal.

En estos dos capítulos verás que la satisfacción de los clientes y los empleados es lo que mantiene a tu empresa en movimiento. Lo más importante es que te darás cuenta de que para convertirse en una fuerza viable en el futuro es necesario que "te encante que te amen."

Capítulo 4

Es cuestión de confianza y amor

La confianza es el lugar de inicio, el cimiento sobre el que más se puede construir. En donde hay confianza, el amor florece.

BARBARA SMITH

El 5 de enero de 1914, Henry Ford incrementó a más del doble el salario mínimo de muchos de sus empleados con una escala de pagos mínimos de cinco dólares diarios para los empleados de Ford Motor Company. Ese mismo día, Ford les empezó a ofrecer reparto de utilidades a sus empleados y redujo los turnos laborales de nueve a ocho horas. James Couzens, tesorero de Ford en aquel entonces, explicó los cambios de la siguiente manera: "Creemos que la justicia social comienza en casa. Queremos compartir nuestra prosperidad con quienes nos han ayudado a construir y a mantener esta gran institución."

Noventa y ocho años después, el 5 de enero de 2012, varios individuos llenos de amargura identificados con el movimiento de la Ocupación del Wall Street, llegaban al día 111 de las protestas que se iniciaron en Zuccotti Park, en el distrito financiero de Wall Street, en Nueva York. Los manifestantes se quejaban de lo que desde su perspectiva era una injusticia económica, resultado de la codicia corporativa. El mantra del grupo, "Somos el noventa y nueve por ciento", reflejaba la falta de confianza en los sistemas financiero, gubernamental y de negocios que, según los manifestantes, además de actuar con cinismo, sacrificaban los intereses del noventa y nueve por ciento de la población del país para favorecer al adinerado uno por ciento. ¿A qué llegamos en un siglo?

Dov Seidman, fundador, presidente y director ejecutivo de LRN —empresa que ayuda a los negocios a desarrollar y a mantener un gobierno corporativo eficiente—, explica: "Esta crisis de falta de confianza en las instituciones básicas es demasiado problemática precisamente porque, en muchos de los casos, las mismas instituciones provocaron la suspicacia. Las promesas rotas, la ofuscación, los giros inesperados, el ocultamiento de información y otras acciones, produjeron la sospecha de que se escondía algo y, tristemente, así era en el caso de varias instituciones."

Debido a estos problemas de confianza a nivel global, LRN ordenó que se realizara una investigación entre los ciudadanos y los ejecutivos de Estados Unidos para evaluar su actitud con relación a la confianza en el ámbito corporativo del país. Según Dov, "Los resultados fueron deprimentes. Más de dos tercios (setenta y uno por ciento) de los estadounidenses encuestados dijeron que ninguna, muy pocas, o sólo algunas empresas operaban de manera justa y honesta. A pesar de que los escándalos recientes en el extranjero indican que se trata de un problema global que desafía las fronteras nacionales, el problema de la falta de confianza es mucho más agudo y está más propagado en las corporaciones de Estados Unidos. En vista del poder, la influencia y el impacto de las corporaciones, se hace obvio que cualquier esperanza de estabilizar y restaurar la confianza, no sólo tendrá que implicar la participación de los negocios. En mi opinión, los negocios mismos y sus líderes tendrán que dirigir dicha estabilización."

Howard Schultz, director ejecutivo de Starbucks, también defiende la importancia de que los líderes den un paso al frente y atiendan problemas sociales como el desempleo, las destructivas prácticas partidistas del gobierno (se hablará más de estos dos temas en el Capítulo 11), y la desconfianza de los empleados y los consumidores en los negocios. Howard nos dice, "La mayoría de la gente que empieza a trabajar para una empresa, ya cuenta con su experiencia previa en otros lugares. Y, como en muchos casos, dicha experiencia ha sido mala, los empleados empiezan a laborar con una actitud cínica. Los líderes tienen la responsabilidad de demostrar que el suyo es un lugar diferente."

Para Howard, el incremento en la desconfianza entre los empleados y los consumidores es un "cambio sísmico" que genera oportunidades para quienes se comportan con conciencia en el aspecto social. Howard nos dice, "El consumidor tiene el anhelo de hacer negocios con empresas a las que les puedan tener confianza, respeto y admiración. Esas empresas, que pueden ser corporaciones como Whole Foods, Costco o Timberland, han hecho las cosas de la forma correcta por algún tiempo y han sobresalido una y otra vez por alguna razón. Todos tenemos competencia y, además, en el mercado existe una disparidad en lo que se refiere a responsabilidad social. Los consumidores son muy inteligentes y, por lo tanto, rechazan a las empresas que no hacen lo necesario para ganarse la confianza o que no son auténticas en su forma de presentarse ante el público." Alli Higgins, una cliente regular de Starbucks en Denver, Colorado, admite que la responsabilidad social es importante para ella. "Si voy a frecuentar una empresa, quiero sentirme bien respecto a la forma en que trata a sus empleados, a los proveedores y al planeta. Creo que todos tenemos que hacer nuestra parte e investigar a las empresas que apoyamos. Yo respaldo los negocios que obtienen buenas ganancias, siempre y cuando hagan lo correcto. Por eso voy a Starbucks."

Para usar los términos de Howard, podría decirse que este capítulo es sobre cómo hacer "depósitos auténticos en la cuenta de la confianza". También explora las ganancias que se pueden recibir gracias a esos depósitos; ganancias como la lealtad en el involucramiento y el tan anhelado estatus de marca. Comencemos con una infraestructura conceptual basada en la competencia y la confianza, la cual nos permitirá analizar la pasión por la marca.

No tiene caso intentar que la gente te ame si no le simpatizas o si no confía en ti

Casi todos conocemos la obra del psicólogo Abraham Maslow. Si piensas en los cursos que tomaste en la preparatoria o en la universidad, es posible que recuerdes su ensayo escrito en 1943, "Teoría de la motivación humana", en el cual se presentaba una jerarquía de cinco necesidades humanas (fisiología, seguridad, pertenencia y amor, reconocimiento y autorrealización). Tiempo después de escribir este ensayo, Maslow expandió su teoría hasta llegar a identificar ocho niveles de necesidades (con la adición de conocimiento, estética y trascendencia).

Aunque el número de niveles de necesidades puede estar sujeto a debate, a Maslow se le atribuye haber reconocido que los requisitos elementales de supervivencia son más importantes que otras necesidades sociales más sofisticadas que tienen que ver con la transformación. En su jerarquía, Maslow identificó que las necesidades biológicas y de seguridad son más importantes que la necesidad de amor. En esencia, el psicólogo sugiere que, antes de buscar la respuesta a la pregunta, "¿soy amado?", los humanos tenemos que contestar la pregunta, "¿me siento seguro?". La visión jerárquica de Maslow ha tenido un renacimiento entre los teóricos de los negocios que estudian la motivación de los clientes y los empleados. Maslow también es relevante en esta exploración porque estamos analizando la naturaleza jerárquica de las necesidades de los consumidores en lo que se refiere a confianza en el negocio, pertenencia y amor.

Los teóricos y los investigadores de Gallup Corporation, por ejemplo, han definido una jerarquía de percepciones que va desde los niveles más bajos hasta el involucramiento total por parte de los consumidores. Tus clientes están contentos con lo que ofreces, y lo más probable es que te vuelvan a comprar por hábito o conveniencia. Tu producto o servicio *no* decepcionó a tus clientes y, por lo tanto, éstos no tienen necesidad de buscar productos similares de forma activa. Por desgracia, tus clientes no tienen razones importantes para seguir siéndote fieles y corren el riesgo de sentirse atraídos por lo que ofrecen tus competidores.

En el umbral del éxito en los negocios, el hecho de que nos consideren competentes es necesario, pero también insuficiente. En gran medida, la competencia y la satisfacción (factores involucrados para definir la capacidad que se percibe) son percepciones basadas en lo intelectual y no ofrecen protección contra las eficaces estrategias de mercado de los competidores ni contra la entrada de nuevos negocios a tu mercado. En pocas palabras, los clientes están a un cupón de descuento de ir a comprar a otro lado.

Si deseas tener una relación más segura con tus clientes, tienes que darles lo necesario para contestar esta pregunta: "¿Puedo predecir que esta empresa será imparcial y consistente en la forma en que ofrezca sus productos y experiencias?" Los clientes deben llegar a la conclusión de que la empresa opera con honestidad e integridad. Ellos determinarán si una empresa cumplirá sus promesas implícitas y las declaradas abiertamente, y lo harán con base en sus experiencias personales, las de amigos, las reseñas de internet y lo que digan los medios de comunicación. ¿Los líderes *senior* actúan de acuerdo con los valores? Cuando surgen problemas, ¿éstos se resuelven de una manera razonable y apropiada? ¿Los representantes de la empresa se manejan de una forma congruente con lo que prometen o con lo que sugiere su material de publicidad?

Si los clientes ven que tu empresa es competente y tiene integridad, será porque lograste crear el ambiente adecuado para la confianza del consumidor. Esta confianza puede ser el escenario para niveles más profundos de involucramiento por parte del cliente, como lo son la pasión por la marca o el estatus de marca amada.

En la jerarquía de Gallup, por ejemplo, que el cliente perciba la integridad ofrece la oportunidad de que experimente un alto nivel de apego emocional: de "orgullo". Para que una relación de negocios devenga en orgullo, los clientes deben responder con un contundente "sí" a preguntas como: "¿Fui inteligente al decidir comprar aquí?", "¿Quiero que sepan que soy cliente de esta tienda?", "¿Quiero contarles a mis amigos y familiares sobre las experiencias positivas que tuve?" El orgullo de los clientes llega cuando éstos ven tu negocio como una fuerza positiva en sus vidas o en la vida de la gente que les importa, y cuando tú te comportas de cierta forma y a ellos les quedan ganas de volver a tratar contigo. En algunos casos, el orgullo viene del estatus que se crea a través de la conexión con tu marca.

El pináculo en la jerarquía del involucramiento del cliente de Gallup es la *pasión*. Para poder determinar la presencia de la pasión del consumidor, la herramienta de medición del nivel de involucramiento (CE-11) hace preguntas encaminadas a saber si la empresa es "perfecta para alguien como" el cliente, o si el cliente puede "imaginarse el mundo sin" el negocio en cuestión. (En mi libro *The New Gold Standard: 5 Leadership Principles for Creating a Legendary Customer Experience Courtesy of The Ritz-Carlton Hotel Company*, se ofrece una exploración detallada de las once preguntas que utiliza Gallup en la herramienta CE-11.)

Para el propósito que aquí tenemos, se puede decir que el modelo Gallup sirve para explicar que la confianza es una entrada de emoción en un viaje hacia los niveles de mayor involucramiento. Como consumidor, yo puedo contentarme con el producto que ofreces hoy, pero necesito saber que, mañana, también lo seguirás ofreciendo en el mismo lugar o en otros locales bajo el mismo nombre de la marca. También necesito saber que, en algunas circunstancias especiales, si algo sale mal, lo corregirás y me compensarás. Finalmente, si es posible, me gustaría sentir estimación por el vínculo que tengo con tu marca, e incluso una noción más profunda de que juegas un papel íntimo y personal en las cuestiones que le dan placer a mi vida. En este contexto de la jerarquía de los umbrales de la participación del cliente, podemos analizar la manera en que los líderes de Starbucks establecen, en primer lugar, la confianza por medio de la integridad. Lo más importante es que vincularemos las acciones de Starbucks con la manera en que a ti te gustaría influir en las percepciones de tus clientes que tienen que ver con tu competitividad, integridad, orgullo y pasión.

No vayas a caer en la tentación

Desde mi perspectiva, la integridad de la marca es resultado de que los líderes se esfuercen de una manera auténtica, en que las expectativas y las acciones coincidan. Valerie O'Neil, vicepresidenta *senior* de recursos para *partners* y liderazgo de marca de Starbucks, respalda esta noción al señalar, "Cuando comencé a trabajar en la empresa me sorprendió la autenticidad de nuestros líderes *senior* y la manera en que apoyan la congruencia entre la sustentabilidad de nuestro planeta y hacer lo correcto para los *partners*, los clientes y los accionistas. El hecho de actuar de acuerdo con una brújula moral que implica 'hacer lo correcto', les permite a los líderes crear el escenario para que los *partners* que también quieran actuar de forma adecuada, puedan integrarse y lo hagan. Estas acciones están arraigadas en el ADN de nuestra marca: impulsan la excelencia operativa, afectan la forma en que cumplimos nuestras promesas, sirven como guía para el respeto que les ofrecemos a los clientes y refuerzan nuestro compromiso de ser buenos guardianes para los accionistas y vecinos."

El esfuerzo de "hacer lo correcto" es la esencia de la excelencia en liderazgo y, en el interconectado mundo en que vivimos actualmente, incluye el comportamiento público y privado de los líderes. Dov Seidman señala, "La virtud siempre ha sido, y seguirá siendo, su propia recompensa. Las mejores empresas entienden bien esto y por eso se han negado a irse por el camino fácil para obtener ganancias a corto plazo y sacrificar el valor y la reputación a largo plazo. Pero también ha habido cambios trascendentales. Las circunstancias se combinaron para recompensar de manera tangible ese apego a la virtud. Ahora ya resulta práctico tener principios. ¿Por qué? Porque las reglas cambiaron y ahora el comportamiento corporativo está al desnudo de forma permanente. El profundo impacto de la tecnología permite una transparencia mayor para la evaluación de los negocios, instituciones y organizaciones. El velo corporativo fue rasgado."

Incluso antes del internet, académicos como Albert Einstein llegaron a sugerir que el éxito no sólo debería medirse con relación a las ganancias a corto plazo, sino también desde una perspectiva moral enfocada en el mejoramiento de la vida de los demás. Einstein opinaba lo siguiente: "El esfuerzo humano más importante es el de empeñarse en infundirle moralidad a nuestras acciones. Nuestro equilibrio interno, e incluso nuestra propia existencia, dependen de ello. Sólo la moralidad de nuestras acciones puede brindarle belleza y dignidad a la vida."

Al basarme en mis observaciones, podría decir que los líderes de Starbucks se esfuerzan en demostrar moralidad en sus acciones por medio de los depósitos que hacen en la cuenta de la confianza de sus accionistas. Esto lo logran de la siguiente manera:

1. Por medio de una perspectiva empática que les permite tomar decisiones de negocios a través de la lente de la humanidad.
2. Con una comunicación directa de sus propósitos, reconociendo sus defectos y manteniendo sus promesas.
3. Con el equilibrio de los intereses competitivos de los accionistas.
4. Mediante la creación de sistemas operativos y procesos para la mejoría de la calidad con los que ofrecen un producto que es confiable en todo momento.
5. Con el entrenamiento y respaldo necesario para que los *partners* puedan realizar recuperación de servicio.

Los primeros tres puntos de esta lista se relacionan con los comportamientos expansivos de los líderes que afectan a los distintos accionistas y que se pueden ejemplificar en Starbucks con una sola decisión significativa de los líderes: la retención de las prestaciones de salud para los empleados y el programa de recompensas de patrimonio Bean Stock. Estos últimos elementos (sistemas, entrenamiento y fortalecimiento) los exploraremos más adelante en este capítulo en el contexto de la excelencia operativa y la previsibilidad de los productos y servicios.

Integridad en tiempos difíciles y la perspectiva a través de un enfoque humano

En 2008, en medio de la toma de difíciles decisiones respecto al futuro financiero de Starbucks, a Howard Schultz se le motivó y, ocasionalmente, se le presionó para que eliminara las prestaciones de salud para los trabajadores de la empresa. De una forma muy abierta, Howard y su equipo de líderes defendieron con fuerza éstas y otras prestaciones. En sus comunicados de aquel entonces, el ejecutivo reafirmó el compromiso que tenían los líderes con los *partners*, reconoció la incertidumbre en los aspectos en los que no se podían hacer promesas y, finalmente, ofreció un discurso que equilibraba las necesidades de los inversionistas y de los empleados. Howard comenta, "Estábamos a punto de realizar cambios importantes y nuestra gente quería saber cuál sería el impacto en ellos y sus empleos. Dejamos claro que ningún empleado de Starbucks perdería su cobertura de salud ni su participación accionaria en la empresa. Ésa nunca fue una opción para mí. La decisión respecto a la seguridad de los empleos, sin embargo, no podía predecirla; yo no podía hacer ninguna promesa." Howard y el equipo de líderes sentían la angustia de tener que recortar empleos en pos de un bien mayor para la organización. También habrían podido eliminar las prestaciones como parte de un esfuerzo de preservación, sin embargo, con base en su promesa, sólo se ejecutaron los recortes indispensables sin tocar la participación accionaria ni las prestaciones de salud de los *partners*.

Si las decisiones difíciles que afectan a la gente y al estado financiero reflejan los valores corporativos, demuestran compasión y sentido común, y son una manifestación de la congruencia entre las palabras y los hechos, entonces pueden inspirar respeto. Corey Lindberg, gerente de contabilidad *senior*, explica, "Mi confianza en los líderes comienza desde la cima. Yo empecé a trabajar aquí hace muchos años y he visto que los líderes se preocupan de manera genuina por las personas y saben bien lo que representa la marca. Ha llegado a suceder que, con el tiempo y la familiaridad, los líderes pierden nuestra confianza, pero cuando equilibran la exigencia de ser una empresa rentable con una disposición a tomar decisiones con las que se cuide a la gente, mi respeto por ellos crece. Como los líderes hacen lo que predican y comunican sus intenciones abiertamente, los *partners* los imitan. La mayoría anhela alcanzar el nivel de integridad que tienen nuestros líderes." La confianza de los empleados crece cuando escuchan tus palabras y ven que tus actos respaldan tu discurso; cuando perciben con claridad tus esfuerzos para equilibrar los intereses en juego y cuando saben que te importan y que también te importa la sustentabilidad a largo plazo de tu negocio.

He mencionado que la integridad, al igual que los otros factores importantes del liderazgo, debe considerarse a nivel operativo y personal. En pocas palabras, tu integridad le ayuda a tu gente a beneficiar a otros. Adrian Levy, fundador de la empresa de mejoramiento de desempeño RLG International, habla sobre la importancia del elemento humano con relación a la gente de la organización, "La gente no es el activo más importante de una empresa. La gente *es* la empresa. Todo lo demás son los activos." En el Capítulo 5, "Tiene que prosperar en el interior para que se viva en el exterior", analizaremos las distintas maneras en que los líderes de Starbucks se comprometen con la *gente* a la que llaman *partners*. Asimismo, exploraremos la forma en que estas personas fomentan el amor y la rentabilidad de la *gente* a la que llaman clientes. La disposición a tomar decisiones difíciles para favorecer a tus empleados puede significar la diferencia para ellos, para los clientes e incluso para los accionistas.

En el libro *The SPEED of Trust: The One Thing That Changes Everything*, Stephen M.R. Covey cita cierta cantidad de estudios que demuestran que la confianza de los empleados y la reputación de la marca generan beneficios financieros para los accionistas. Según Covey, la investigación de "Watson Wyatt muestra que la ganancia total para los accionistas de empresas con un alto nivel de confianza es casi tres veces mayor que la de los accionistas de empresas con bajo nivel en este aspecto. ¡Eso es casi el trescientos por ciento!" Para Starbucks, como para cualquier empresa que cotiza en la bolsa, la confianza de los inversionistas es fundamental, y los líderes consideran que su valor es uno de los principios guía. Desde una perspectiva similar a la investigación de Watson Wyatt, Howard Schultz sostiene que la confianza de los empleados y el valor de los accionistas están vinculados a Starbucks inexorablemente. Howard explica, "En Starbucks trabajan 200 000 personas. Al patrimonio de la marca lo define la relación que tenemos con esas personas y la relación que ellas tienen con nuestros clientes. Creo que, además de estar relacionado con el valor de los accionistas, el éxito que hemos disfrutado

REFLEXIÓN SOBRE LA CONEXIÓN

1. Tomando en cuenta los niveles jerárquicos del involucramiento de los clientes (competitividad, integridad, orgullo y pasión), ¿cómo percibe la mayoría de tus clientes y empleados tu negocio? ¿Eres un empleador "competente"? ¿Tu personal está "orgulloso" de trabajar en tu organización? ¿Los clientes consideran que eres una marca con "integridad" (es decir, haces lo correcto y solucionas los problemas cuando las cosas no salen bien? ¿Eres una marca de "pasión" que ya es perfecta para sus clientes?).

2. La mayoría de tus decisiones de negocios ¿son tomadas con base exclusivamente en las ganancias? ¿O reflejan la "moralidad de la acción" y tu deseo de "hacer depósitos en la cuenta de confianza" de tus accionistas?

3. Como líder, califícate con una letra en cada una de las siguientes áreas. ¿Cuál es tu justificación para calificarte de esa forma?

   • Veo las decisiones de negocios de una forma empática y a través de la lente de la humanidad.

   • Comunico las intenciones de forma directa, reconozco los defectos y cumplo mis promesas.

   • Equilibro los intereses competitivos de los accionistas.

   ¿Te satisfacen tus calificaciones? ¿Qué acciones llevarás a cabo para mejorarlas?

tiene mucho que ver con el hecho de que los empleados estén orgullosos, o no, de la empresa para la que trabajan y de que sientan que son parte de algo más allá de sí mismos. El valor de los accionistas se ha incrementado de forma significativa, en parte porque los administradores han tomado decisiones adecuadas que benefician a toda la empresa. Tenemos electores múltiples y vinculamos el valor de los accionistas a las comunidades a las que servimos y a nuestra gente."

Independientemente de los accionistas, los líderes tienen que entender que la integridad y la confianza provienen de la conjunción de palabras y acciones. Éstas tienen que comunicar las intenciones, los errores y las victorias, y, al mismo tiempo, ser congruentes con los valores y las promesas. El compromiso permanente de "hacer lo correcto", a pesar de los intereses competitivos, es fundamental para desarrollar una organización con alto nivel de confianza que genere numerosos beneficios interpersonales y financieros. Además de transmitir la noción de que la empresa opera con integridad, los líderes deben inspirar a sus empleados a ganarse la confianza de los clientes todos los días y en cada interacción por medio de una excelente experiencia de servicio. En Starbucks, por lo general, la promesa del producto se hace mediante una acción permanente: la excelencia y la constancia en cada taza.

Confianza en cada taza

La gente viene a nuestras tiendas para satisfacer una necesidad. Los clientes no realizan transacciones comerciales sólo para ver cuán amigable puede ser el proveedor de un servicio. En realidad, quieren satisfacer una necesidad funcional, pero si la forma en que los tratas logra que se involucren a un nivel emocional, entonces les estarás ofreciendo un beneficio adicional que te diferenciará de los otros.

Entonces, ¿cómo te puedes asegurar de atender las necesidades funcionales de la mejor manera posible? En Starbucks, la respuesta a esta pregunta incluye el uso de equipos interdisciplinarios de producto, diseño de implementación y disposición para solicitar y responder a los comentarios de quienes tienen la misión de entregar el producto de una forma impecable. Kevin Petrisko, director de operaciones de negocios de Evolution Fresh (la marca que adquirió Starbucks sobre la que hablé en el Capítulo 3), es un *partner* que ha trabajado en Starbucks por dieciséis años y que ha pasado la mayor parte de su carrera trabajando en el lanzamiento de productos y en la entrega constante de éstos. Kevin explica, "Desde la perspectiva de la confianza, el cliente quiere saber que siempre que vaya a un Starbucks en San Antonio, Honolulu o París, obtendrá la misma bebida. Gracias al enfoque de equipo con que abordamos la creación, implementación y prueba del producto, hemos hecho un trabajo bastante bueno con el que hemos podido ganar la confianza de los clientes por medio de de la consistencia."

Starbucks reúne a los equipos interdisciplinarios lo antes posible para desarrollar y mejorar productos, y para implementar protocolos; de esa manera, anticipa y resuelve muchos desafíos que se presentan, mucho antes de que lleguen productos nuevos a las tiendas. Las pruebas en campo motivan a los baristas a reflexionar sobre cómo mejorar la consistencia, eficiencia y calidad en la entrega del producto. Esto, a su vez, asegura que, cuando el producto se lance en todas las tiendas, la ejecución sea ágil y eficaz. Todos estos esfuerzos culminan en una presentación sólida del producto que fortalece la confianza del cliente.

Kevin nos ofrece un ejemplo sobre la forma en que se conceptualizó un nuevo producto desde la perspectiva de la experiencia de un cliente; nos explica cómo se creó y la manera en que las opiniones de la gente en la línea de batalla mejoraron la implementación. Según Kevin, "En Starbucks teníamos té helado pero, en realidad, no era un producto acabado ni suficientemente artesanal como el hermoso *latte*. En las versiones anteriores solíamos verter el té directamente de la jarra a la taza y, por lo tanto, la presentación era bastante ordinaria. Así, pues, el objetivo original fue combinar el té con jugo o limonada para ver si podíamos crear algo muy distinto y ofrecer una experiencia más rica en el proceso." Para darles a los clientes un té licuado, los equipos de implementación tuvieron que diseñar una coctelera de bebidas, definir el proceso óptimo de construcción del producto y establecer herramientas de entrenamiento para incorporarlo a las tiendas.

Kevin señala, "En cuanto probamos el producto, empezamos a escuchar que nuestros clientes habían notado el cambio. Les dimos las cocteleras a los *partners* y les dijimos: 'Mezclen el té con la limonada, añadan los jarabes según la receta y agiten la mezcla durante diez segundos. Luego quiten la tapa de la coctelera y viertan la bebida licuada a mano en la taza. Será una bebida hermosa'." Con el objetivo de aumentar la consistencia y facilitar la preparación del producto, el equipo de *partners* de Starbucks que observaron las pruebas les hizo preguntas a los baristas que prepararon la bebida en las tiendas donde se llevó a cabo la prueba de mercado. Entre otras cosas, a los baristas se les preguntó sobre la facilidad al preparar la bebida, la funcionalidad de las cocteleras recién diseñadas y su percepción sobre el proceso de preparación.

Según Kevin, en el proceso de evaluación surgió un aspecto inesperado. "Nos dimos cuenta de que había inconsistencia porque los *partners* no sabían agitar la bebida", explica. "Puede sonar un poco tonto, pero diez segundos dan un margen amplio de variabilidad; es decir, algunos *partners* agitaban casi veinte segundos, y otros, solamente cinco. La diferencia en tiempo tenía un efecto considerable en el sabor, por eso cambiamos el protocolo para que los *partners* agitaran el té diez veces. Ahora, uno puede entrar a cualquier tienda de Starbucks y ver a los *partners* agitar el té (mientras cuentan del uno al diez). Este ajuste produjo una gran diferencia en la consistencia del producto." Para generar confianza en el producto, los líderes de Starbucks aprovechan equipos de gente talentosa y los motivan a proteger las nuevas ideas y los conceptos necesarios para contar con sistemas de entrega duplicables y efectivos. Estos equipos se coordinan para probar esas ideas con los clientes y con los *partners* de las tiendas de una manera estratégica para perfeccionar aspectos del producto o del método de entrega, y así, eliminar variaciones en el producto mismo o en el servicio.

Constante y más allá de las expectativas

La constancia es crucial para conservar la confianza del cliente, pero, ¿qué hacen los líderes de Starbucks para impulsar un servicio confiable y cautivador que no solamente cumple sino excede las expectativas del cliente? En pocas palabras, los líderes entrenan y fomentan el desarrollo de los *partners* que pueden crear momentos inspirados, definiendo los comportamientos de servicio que "siempre" o "nunca" deben mostrarse en Starbucks. Además, el material de entrenamiento comunica el impacto de los rudimentos del servicio y las expectativas que tienen los líderes respecto al desempeño en el servicio. Por ejemplo, como parte de los rudimentos de servicio de Starbucks, los líderes esperan que, antes de hacer una recomendación de producto, los baristas se conecten con los clientes para entender sus necesidades. Los líderes creen que la lógica detrás de esta expectativa de servicio y los comportamientos de "siempre/nunca" que surgen son una cuestión de confianza del cliente, y señalan que los clientes adquieren confianza cuando la intención detrás de las recomendaciones de los productos está encaminada a satisfacer sus intereses, no del negocio. Los líderes de Starbucks están seguros de que los momentos inspirados comienzan cuando los *partners* exceden sus expectativas básicas de servicio, lo cual, en muchos casos, tiene que ver con ser proactivo al brindar un servicio personalizado, incluso antes de que el cliente pida algo.

Un momento, esto no es lo que yo esperaba

Cuando los productos no alcanzan el nivel que los clientes esperan, se produce un momento crítico para la verdad. Desde la perspectiva del cliente, el diálogo interno es más o menos así: "¿Debería hacerle saber al negocio que esto no está bien o debería dejar las cosas como están?", "¿El negocio me echará la culpa diciendo algo como 'pero esto fue lo que usted ordenó'?", "¿La empresa respaldará este producto o fingirá que es mi problema?" o "¿Qué tantas dificultades enfrentaré si trato de encontrar un remedio a esta situación?" Desde la perspectiva de interacción de la empresa, el diálogo *debería* ser: "¿Qué podemos hacer para aumentar la posibilidad de que nuestra gente nos haga saber si tiene un problema?", "¿Cómo nos aseguramos de que todos los empleados sepan manejar la recuperación del servicio?" y "¿Cómo podemos aprovechar esta falla para demostrar integridad y facilitar mayores niveles de participación del cliente?"

Como las quejas son oportunidades para volver a atraer a los clientes y demostrar integridad, los líderes fuertes deben buscar maneras de motivar a la gente a hablar de sus preocupaciones. En Starbucks, esto comienza ofreciéndole al cliente la promesa que se despliega en las tiendas y en el sitio de iternet de la empresa: "Queremos que su satisfacción sea completa. Si por alguna razón la compra que hizo no es de su agrado, puede solicitar que le den un reemplazo o la devolución de su dinero." Es sencillo hacer una promesa así, pero cumplirla no es tan fácil. John Hargrave, fundador del sitio humorístico zug.com y autor de *Sir John Hargrave's Mischief Maker's Manual*, decidió poner a prueba la promesa de Starbucks. John escribió, "¿Pero Starbucks realmente reemplazaría *cualquier cosa*? Para averiguarlo, decidí comprar el artículo más perecedero del menú, dejarlo en mi garaje varias semanas y luego tratar de cambiarlo."

Aunque pienso reservarme los detalles sobre la condición de la bebida cuando John decidió devolverla, baste decir que el escritor tuvo que colocar los residuos del vaso en un recipiente de plástico. John nos explica, "Entré a Starbucks asqueado por el olor y le entregué el Tupperware al barista. '¿Me puedes reemplazar esta bebida?', le pregunté. 'Creo que se echó a perder'." Según John, después de que el barista superó la confusión al ver lo que le habían entregado, dijo: "'Sí, claro, hombre, no hay problema.' Luego tiró la bebida a la basura y añadió, 'Pero... ¡aaaaaahhhhh!' El barista gimió con los ojos llorosos cuando el hedor de la bebida se propagó por la tienda. Otro barista corrió a tomar la basura y la sacó dando arcadas por la náusea. *Pero debo decir que ni siquiera me pidieron el ticket.* Me prepararon otro Steamy Creamy y me lo entregaron con una sonrisa." ¿Cómo les enseñan los líderes a los empleados a sonreír y aceptar el tipo de cosa que hizo John? En parte, esto se logra asegurándote de que tu personal esté bien entrenado respecto a las herramientas de recuperación de servicio y expectativas.

Desde las primeras etapas de entrenamiento, a los *partners* de Starbucks se les ofrecen los recursos y la autonomía necesaria para resolver los problemas o quejas de los clientes. En el contexto de los rudimentos de servicio al cliente, se les exhorta a ponderar la necesidad del cliente en relación con la queja. En algunos casos esto implica ofrecer una disculpa porque la bebida no cumple las expectativas y volver a prepararla; en otros casos, tal vez se necesite lo anterior, pero también se requiera de una herramienta de recuperación de servicio como un cupón para recibir otra bebida. Desde el entrenamiento inicial del barista, y a lo largo de todo el desarrollo de la carrera, los líderes de Starbucks les transmiten a los *partners* un mensaje muy claro: evalúa la necesidad del cliente, asume la responsabilidad, evita caer en el juego de "¿quién tiene la culpa?", arregla el problema con rapidez y vuelve a conectarte con el cliente para asegurarte de que la resolución lo dejó completamente satisfecho. Los líderes les ayudan a los integrantes del personal a entender que los clientes que quedan "completamente satisfechos" con la experiencia Starbucks (ya sea en las experiencias del servicio tradicional o durante una recuperación), son más proclives a volver a comprar y recomendar a la empresa, que los que sólo quedan medianamente satisfechos. Si pensamos en el concepto de "completamente satisfecho", estamos hablando de que la empresa, además de ser competitiva, *también* tiene integridad. En el caso de que la satisfacción sólo sea hasta cierto punto, lo único que se puede esperar es que el cliente lo siga siendo hasta que encuentre una oferta mejor.

REFLEXIÓN SOBRE LA CONEXIÓN

1. ¿Cuentas con una declaración pública de garantía de servicio como la de Starbucks? Si no es así, ¿por qué no tienes una todavía?

2. Si alguien llegara a algún extremo para poner a prueba las habilidades de servicio de tu organización (esperemos que nadie haga lo que hizo John Hargrave), ¿qué crees que podrías esperar? ¿Cuán alta es la probabilidad de que respondas con un sistema de recuperación de servicio eficaz incluso en la situación más extrema?

3. ¿Cuánto tiempo inviertes en establecer las expectativas y en entrenar al personal respecto al nivel de recuperación de servicio que esperas que haya en tu organización?

Es hora de la pasión y el amor

Bien, tus clientes están altamente satisfechos y te consideran competente y digno de confianza. Ahora, ¿cómo los involucras por completo? Una parte de esta pregunta ya se respondió en los Capítulos 2 y 3. Si seleccionas personal con un talento genuino para servir a otros, le das la oportunidad de saber más y apasionarse más con los productos, e insistes en la excelencia en la experiencia y el producto, ya estás en camino de obtener el orgullo y la pasión de tus clientes. Además, si defines tu experiencia óptima del cliente, entrenas al personal para que pueda crearla, eliminas lo que sobra y mejoras los elementos sensoriales en el viaje del cliente, entonces te estás acercando aún más al estatus de marca amada. ¿Pero qué falta? Con frecuencia, todo se reduce al compromiso de los líderes de comunicar la importancia del valor emocional y a la disposición de establecer la meta de convertirse en una marca amada, y no sólo en una marca que gusta bastante. Hay líderes de negocios eficientes que están acostumbrados a dar pasos muy prácticos y tácticos para lograr el éxito, y por eso consideran que la emotividad es un aspecto negativo para tomar decisiones. O tal vez no son suficientemente versados en la incipiente investigación sobre el valor emocional. Lejos de las razones por las que se resistan a aceptar este elemento, es obvio que si comunicas la importancia del valor emocional y defines

Los consumidores se mueven a lo largo de la "Curva de amor a la marca"

Entender dónde está tu marca en la Curva de amor, te ayuda a elegir las estrategias óptimas para impulsarla a que sea más amada.

Sin opinión
No tiene conocimiento de la marca. Se muestra confundido. Sin interés. Se queda con su marca actual

INDIFERENTE

ME GUSTA

Satisface sus necesidades
Piensa en la marca. La prueba. Es práctico. Le hace sentido.

Lo ansía
Gran experiencia. Su favorito. Elección emocional. Va con su estilo de vida.

LA AMO

Auto expresivo
Gran admirador. Nunca cambiaría de marca. Crea recuerdos. La hace parte de su vida.

AMO LA MARCA DE POR VIDA

Derechos reservados® 2012, Graham Robertson, Beloved Brands Inc.

Curva de amor a la marca

que tu objetivo es llegar a ser una marca "amada" o que genere "pasión", tendrás muchas ventajas en el negocio.

Graham Robertson, presidente de la agencia de estrategias de marca y entrenamiento, Beloved Brands Inc., señala, "Muy pocas marcas como Starbucks y Zappos se vuelven amadas, y tristemente son las únicas. Las marcas que innovan como Starbucks le imprimen cierta magia al trabajo que realizan."

Para ayudarles a los líderes a definir el viaje hacia el amor por la marca, Graham desarrolló una curva del amor con la que los líderes pueden evaluar por sí mismos la conexión emocional de los clientes en el contexto de una de cuatro categorías ("indiferente", "le gusta", "la ama" o "marca amada de por vida").

Desde la perspectiva de Graham, en la medida que los negocios se mueven hacia el estatus de marca amada, adquieren mayor poder en el mercado. Según él, "El amor es una fuente de poder, así que si tengo una base de clientes que me aman, en realidad soy más poderoso. Entre más ejercite ese poder, más rentable me vuelvo. Es por eso que si tengo seguidores, seré más atractivo para los vendedores y los otros socios de negocios. Tendré mayor facilidad para conseguir el apoyo de los vecinos y del gobierno cuando lo necesite. Incluso tendré poder en el contexto de los medios porque la gente será más proclive a hablar sobre lo que hago. Si lanzo un nuevo café bajo en calorías de vainilla, la noticia se propagará de una manera que no podría lograr si fuera una marca que la gente no ama."

Incluso los economistas han cambiado su opinión respecto al papel que juega la emotividad en el comportamiento y la lealtad del consumidor. Durante buena parte de la historia de la economía, teóricos e investigadores han evaluado la toma de decisiones de los consumidores mediante la visión de la "racionalidad ilimitada", es decir, vinculando la razón por la que compramos con factores racionales como la funcionalidad de lo que adquirimos. Sin embargo, a finales de los setenta y principios de los ochenta, los psicólogos Daniel Kahneman y Amos Tversky empezaron una revolución en la economía al enfocarse en el papel que juega el comportamiento emocional del cliente en la toma de decisiones. La exploración realizada en las siguientes décadas respalda varios interesantes e intuitivos hallazgos sobre la forma en que la razón y la emoción afectan los patrones de compra, mejoran la retención del cliente, incrementan la participación de los empleados e incluso fortalecen el fanatismo de la marca.

A pesar de que la gente asegura que hace compras con base en factores objetivos como los beneficios y atributos del producto, sabemos que en esas decisiones influye mucho el valor emocional que los individuos les atribuyen a los productos o marcas. La emotividad también es un factor que influye en la lealtad del cliente, la frecuencia y los patrones de gasto, y se manifiesta en la disposición a recomendar el negocio a amigos o compañeros de trabajo. De hecho, los clientes que establecen conexiones emocionales extremadamente fuertes con una empresa llegan a percibir a sus marcas preferidas como una extensión de su personalidad y las integran a sus rituales, estilo de vida e identidad.

Kate Newlin, autora de *Passion Brands: Why Some Brands Are Just Gotta Have, Drive All Night For* y *Tell All Your Friends About*, describe el beneficio de que la gente se identifique con tu empresa y señala que la marca que provoca pasión es "una marca que recomiendas abiertamente a tus amigos, incluso con fanatismo. Tanto que, si ellos no la adoptan con el mismo fervor que tú, crees que tienen una nube sobre la cabeza que les impide recibir la luz de la marca. La nube se mueve y la amistad prevalece pero, de todas formas, ¿qué sucede?" La prueba que hace Kate es muy sencilla: si tus clientes se sienten desilusionados porque sus amigos no se emocionan tanto con tu empresa como ellos, entonces eres una marca que causa pasión.

Los líderes de Starbucks no se niegan a hablar del amor, de la pasión ni del romance con la marca, pero también saben muy bien que la única manera de ser una marca amada es brindando amor.

Desde la perspectiva de los líderes, el amor es un fenómeno bidireccional: se disfruta cuando se da de forma auténtica. ¿Qué hay de ti? ¿La gente percibe que eres competente y actúas con integridad? Dicho llanamente, ¿te has ganado la confianza de tus clientes? ¿En qué lugar de la curva del amor por la marca de Graham Robertson te encuentras? ¿Tus clientes te recomiendan con tal fervor que se desilusionarían si sus amigos no compartieran su emoción? El éxito a corto plazo se puede alcanzar gracias, exclusivamente, a la excelencia operativa y a la satisfacción. Sin embargo, si deseas involucrar a tus clientes por completo, tal vez llegó el momento de que, de forma auténtica, dirijas la conexión humana a partir del cimiento de confianza y establezcas el camino a seguir para llegar a ser amado.

PUNTOS DE CONEXIÓN

- Si los clientes consideran que tu empresa es competitiva y tiene integridad, ya creaste el ambiente adecuado para ganar su confianza. La confianza es una entrada de emoción en un viaje hacia los niveles de mayor participación.

- La integridad de la marca es resultado de que los líderes se empeñen de forma auténtica en que las expectativas y las acciones coincidan.

- El esfuerzo por "hacer lo correcto" es la esencia de la excelencia en el liderazgo y, debido a que en la actualidad vivimos en un mundo interconectado, eso incluye el comportamiento público y privado de los líderes.

- El éxito no sólo debería medirse con relación a las ganancias a corto plazo, sino también desde una perspectiva moral enfocada en el mejoramiento de la vida de los demás.

- Si las decisiones difíciles que afectan a la gente y al estado financiero reflejan los valores corporativos, demuestran compasión y sentido común, y además son una manifestación de la congruencia entre las palabras y los hechos, entonces pueden inspirar respeto.

- La integridad, al igual que los otros factores importantes del liderazgo, se tiene que considerar a nivel operativo y personal. En pocas palabras, tu integridad le ayuda a tu gente a beneficiar a otros.

- Los líderes deben inspirar a sus empleados a ganarse la confianza de los clientes todos los días y en cada interacción por medio de una excelente experiencia de servicio.

- Las quejas son oportunidades para volver a atraer a los clientes y demostrar integridad, los líderes fuertes deben buscar maneras de motivar a la gente a hablar de sus preocupaciones.

- Si comunicas la importancia del valor emocional y defines que tu objetivo es llegar a ser una marca "amada" o una que genera "pasión", tendrás muchas ventajas en el negocio.

- Los clientes que establecen conexiones emocionales extremadamente fuertes con una empresa perciben a sus marcas preferidas como una extensión de su personalidad y las integran a sus rituales, estilo de vida e identidad.

Capítulo 5

Tiene que prosperar en el interior para que se viva en el exterior

Trata a los empleados como socios y ellos actuarán como tales.

FRED ALLEN, *Personalidad de la radio estadounidense*

¡Las palabras importan! Y por eso, muchos líderes han dejado de usar la palabra *empleado*. Esta palabra tiene una connotación respecto al poder dinámico en la relación de trabajo. El término sugiere que hay una persona que es más poderosa que otra (el *empleador*) y otra menos poderosa (el *empleado*). Además, "empleado" describe una relación financiera o de transacción, es decir, si me empleas, trabajo para ti y tú me pagas. En el discurso laboral han surgido dos populares alternativas en lugar de "empleado": *asociado* y *miembro del equipo*. Estas palabras son más suaves para describir el vínculo entre la gente de una organización y también implican un ambiente más colaborativo o incluyente. Por desgracia, en algunos negocios, en realidad son términos huecos. En ciertos contextos, a los miembros del equipo no se les brinda el respeto, la confianza ni el aprecio que indicaría que en verdad pertenecen a un grupo interdependiente. En cuanto a los *asociados*, en muchas ocasiones, la "asociación" entre ellos y los líderes, es muy limitada. Pero entonces, ¿por qué en Starbucks se usa la palabra *partner* (socio)? ¿Este término describe la realidad o es solamente un término utilizado con buenas intenciones?

¿Una sociedad? ¿En serio?

Por lo general, la definición de negocios de "sociedad" implica varios elementos:
- Un acuerdo entre dos partes para alcanzar objetivos comunes.
- Inversión compartida para lograr esos objetivos.
- Distribución de los riesgos y las recompensas que surjan al tratar de lograr los objetivos.

La mayoría de los dueños de los negocios inicia un acuerdo de trabajo con los recién contratados, el cual indica que ambas partes tienen el mismo objetivo. En general, los contratados invierten su tiempo y talento en conjunto con el tiempo, el talento y los recursos financieros de los dueños. Sin embargo, *no* existe una verdadera sociedad porque, excepto por el pago acordado de antemano, los empleados *no* reciben recompensas por la rentabilidad del negocio. Los empleados, digámoslo así, definitivamente no son socios porque no tienen acceso a las ventajas ni a las desventajas de la relación de negocios. Pero entonces, la relación de los "empleados" de Starbucks, ¿es una relación de negocios? Bueno, técnicamente hablando, no. Los *partners* de Starbucks no tienen una responsabilidad financiera por trabajar en la empresa, pero sí disfrutan de una sociedad funcional porque reciben lo que llamamos *Bean Stock*.

En 1991, Starbucks estaba empezando a disfrutar de niveles altamente saludables de rentabilidad, y Howard Schultz le solicitó a la junta directiva que se creara un programa de recompensas patrimoniales para los empleados. Como Starbucks era una compañía privada en aquel entonces, el plan propuesto se diseñó para ofrecer opciones de acciones en toda la empresa, las cuales se calcularon como una parte proporcional del pago base de los empleados. Howard creía que ese programa establecería una conexión directa entre la contribución de los empleados y el valor general del mercado de Starbucks. Aunque los miembros de la junta directiva expresaron su preocupación porque este tipo de programa podría diluir el valor de las acciones de los inversionistas que financiaban el negocio, el plan fue aprobado por unanimidad. Cuando el plan Bean Stock se les presentó a los empleados en 1991, Starbucks dejó de usar el término *empleado* y comenzó a llamar a todos *partners* porque, incluso los miembros del equipo que trabajaban medio tiempo, podían beneficiarse del programa tras seis meses de trabajar en la empresa.

Con el paso de los años, el programa Bean Stock continuó evolucionando para incrementar las prestaciones de los *partners*. En noviembre de 2010, Starbucks comenzó a entregar Bean Stock como Unidades de Acciones Restringidas (RSU, por sus siglas en inglés), en lugar de hacerlo como opciones. Además, la empresa aumentó la elegibilidad para cubrir a más de 115 000 *partners* en diecinueve mercados, a los cuales se acaba de añadir Ruanda. Howard y la junta directiva acortaron el período de otorgamiento, con lo que les dieron a los *partners* la oportunidad de recibir verdaderas acciones de Starbucks, en vez de acumular la ganancia del mercado desde el momento de la entrega hasta el momento del ejercicio de las opciones. En conjunto, la entrega de Bean Stock y el programa Future Roast 401(k) de la empresa constituyen uno de los elementos claves del plan de compensaciones de Starbucks para la protección en el futuro.

En el año fiscal 2012, Starbucks les entregó a sus *partners* más de 214 millones de dólares en ganancias libres de impuestos —las cuales provenían de RSUs otorgadas o del ejercicio y venta de sus opciones Bean Stock— y más de 55 millones a los participantes del 401(k) mediante las contribuciones del empleador, lo cual habla de la existencia de una filosofía de liderazgo que demuestra que el éxito es mayor cuando se comparte. Los líderes de Starbucks se diferencian de los de otros negocios gracias a su firme compromiso con esta filosofía, tanto en los años buenos como en los malos. En una conferencia de 2011 con los *partners*, Howard señaló, "En las últimas dos décadas, Starbucks ha sido uno de los únicos minoristas que han desarrollado un programa de entrega de acciones que incluye a los *partners* que trabajan medio tiempo. Esto en verdad nos diferencia de las otras organizaciones, no sólo porque anima a la gente a trabajar con nosotros, sino porque el orgullo que sienten los *partners* de poseer parte de la empresa, sin lugar a dudas, contribuye a la calidad de las conexiones auténticas que hacen con los clientes. La entrega de Bean Stock sirve para cumplir la permanente promesa que tenemos con ustedes: de que si nosotros tenemos éxito como empresa, este éxito también sea para ustedes. En lo personal me siento muy conmovido por varias cartas que he recibido de *partners* que cuentan que, gracias al buen desempeño de la empresa, ellos pueden cuidar bien a sus familias. Vivimos en tiempos difíciles para todos, por eso debemos continuar ganándonos la confianza de nuestros clientes y *partners* en todos los aspectos del negocio."

Aunque evidentemente no tengo acceso al correo de Howard, yo también conozco a una buena cantidad de *partners* que desean hablar sobre cómo les ha cambiado la vida gracias a sus ahorros a través de las acciones de Bean Stock. Kaycee Kiesz ha sido *partner* por veinte años y es gerente de programa en Diversidad Global; ella nos cuenta su experiencia, "Gracias a mi Bean Stock fui a un viaje de voluntarios de la YMCA a Tailandia y a un retiro de yoga en Bali. El programa también me ayudó a disminuir en un veinte por ciento la deuda de mi casa. De no haber sido por la generosidad que se refleja en este programa, no habría podido reunir la cantidad que necesitaba para ese pago. Es genial recibir dinero, pero también me agrada saber que cuidan de mí." Un *partner* me contó que él había usado los beneficios del programa Bean Stock en varias ocasiones: primero remodeló su casa, luego compró un terreno y después adquirió unos implantes dentales. Mi compañero, naturalmente, hizo énfasis en que el programa le había devuelto la sonrisa. Viajes de voluntariado, casas, remodelaciones y la capacidad de recuperar la sonrisa: son recompensas nada despreciables por ser *partners* de Starbucks y colaborar para incrementar el valor de los accionistas.

En 2012, cuando se llevó a cabo la Conferencia Global de Liderazgo de Houston, aproximadamente el cinco por ciento de los gerentes de distrito y de tiendas todavía no había activado su cuenta de Bean Stock. El objetivo de la conferencia era que cada uno de esos individuos se detuviera en una de las cabinas disponibles para hacer la activación. Qué agradable sorpresa para los *partners* que descubrieron que tenían un saldo de 13 000 dólares o, aún mejor, para aquél que llevaba mucho tiempo trabajando para la empresa y encontró que tenía más de 50 000 dólares. Algunos dueños de negocios dirían que no tienen las ganancias suficientes para crear un programa como Bean Stock, pero yo me pregunto si parte de su problema con las ganancias no será resultado de que no les ofrecen incentivos a quienes podrían ayudarles a generar más.

Más allá del dinero: el cuidado del bienestar

En Estados Unidos, los primeros seguros para cubrir accidentes en las zonas de trabajo aparecieron a mediados de 1800, cuando los empleados recibieron por primera vez pólizas que los cubrían en caso de que sufrieran accidentes que los incapacitaran mientras laboraban en los barcos de vapor o en los ferrocarriles. Aunque los seguros médicos pagados por los empleadores surgieron en la década de los veinte, en realidad, los planes no proliferaron sino hasta la Segunda Guerra Mundial, cuando el gobierno federal estableció estrictos controles de salarios en los negocios pero exentó a las prestaciones de salud de los topes salariales. Los enriquecidos planes de prestaciones se convirtieron entonces en la forma en que las empresas atrajeron a los mejores empleados en medio de un desafiante mercado laboral abatido por la guerra.

Ahora, cámara rápida hasta 1961. A pesar de que muchos empleadores ya ofrecían seguros de salud en aquel tiempo, el padre de Howard Schultz no tuvo la suerte de ser uno de los beneficiados. Ese año, el señor Schultz se rompió el tobillo en el trabajo y Howard vivió en carne propia las dificultades de su familia, la cual tuvo que incurrir en gastos que no estaban cubiertos por ningún seguro. Ahora demos un salto hasta 1987. Howard Schultz y un grupo de inversionistas compraron Starbucks a sus antiguos empleadores. En un año, la empresa creció de diecisiete a cincuenta y cinco tiendas y Howard se colocó frente a su mesa directiva para presentar la idea de un sistema de prestaciones de salud para los empleados de tiempo completo y aquéllos de medio tiempo que cumplieran los requisitos. Como en aquel tiempo Starbucks no era rentable (a diferencia de cuando Howard propuso su idea del programa Bean Stock en 1991), el ejecutivo enfrentó bastante reticencia por parte de la mesa directiva. Howard argumentó que el costo de ofrecer prestaciones de salud era cincuenta por ciento menor que el que implicaba contratar y retener a un nuevo empleado. Defendió el derecho a la cobertura para los empleados de medio tiempo diciendo que éstos equivalían a dos tercios de la fuerza de trabajo de la empresa. Además de hablar de los costos fijos necesarios para reemplazar gente, Howard mencionó el impacto que tenía la alta rotación de empleados en la experiencia del cliente y explicó que los clientes frecuentes establecen relaciones con los baristas y éstas se interrumpen cuando hay cambio de personal. El razonamiento del ejecutivo fue muy convincente, por lo que la mesa directiva de Starbucks aprobó las prestaciones de salud. Como resultado de esta acción, la empresa se convirtió en una de las primeras de Estados Unidos en ofrecer cobertura amplia de salud para todos los empleados que cubrieran los requisitos, e incluso para gente que sólo trabajaba veinte horas semanales. Lo que para algunos era un gasto innecesario, para Howard representaba una inversión en la gente y en el futuro de la empresa. Cerca del final del capítulo hablaremos sobre la ganancia de esta inversión desde el punto de vista de la participación y permanencia de los *partners*, y exploraremos el impacto que tienen los altos niveles de involucramiento de éstos sobre la innovación y la lealtad de los clientes.

En 1988, tanto las prestaciones de salud como su alcance para los trabajadores de medio tiempo eran poco comunes en el ámbito de los restaurantes de comida rápida. En 1994, Bill Clinton, presidente de Estados Unidos, incluso buscó la asesoría de Howard cuando estaba analizando la política de prestaciones de salud. Hasta la fecha, sin embargo, la mayoría de los empleadores no ofrece prestaciones de salud a los empleados de medio tiempo, y quienes en algún momento lo hicieron anularon la ayuda debido a los problemas económicos recientes. De acuerdo con la Encuesta de Prestaciones de Salud de los Empleadores realizada en 2012 por Kaiser Family Foundation, "En 2012, el veintiocho por ciento de todas las empresas que ofrecían prestaciones de salud las hacían extensivas a los empleados de medio tiempo, lo cual representaba un incremento importante si se tomaba en cuenta que en 2011 la cifra era del dieciséis por ciento, pero al mismo tiempo, era una cifra similar al veinticinco por ciento que se reportó en 2010."

Al inicio de este capítulo dije que *las palabras importan*. Pero según las palabras de los *partners* de Starbucks, la preocupación que se manifiesta a través de las prestaciones de salud generalizadas, *importa más todavía*. En un blog, una barista comentó, "Puedo decir, completamente en serio, que le debo la vida a Starbucks. Si no fuera por la SOBRESALIENTE cobertura de salud que les ofrece a sus empleados, no habría podido pasar noventa días en un centro residencial donde recibí tratamiento para un terrible desorden alimenticio. El seguro médico que tenía gracias a mi empleo de medio tiempo en Starbucks cubrió la mayor parte del tratamiento y de los cuidados posteriores que jamás habría podido pagar sola." Juan, supervisor de turnos de Starbucks, lo explica de la siguiente manera, "Para mí en verdad es asombroso que empecemos a trabajar unas veinte horas a la semana por algunos meses, y luego obtengamos un seguro médico de calidad y todos sus beneficios. Hace poco tuve algunos problemas de salud que exigieron hospitalización, pero mi seguro me salvó. Fue como un regalo. El seguro médico sólo es un ejemplo más de las cosas que me hacen sentir valorado y apreciado. En pocas palabras, los líderes están diciendo que mi trabajo significa algo, y, en muy buena medida, ésa es la razón por la que quiero tanto a esta empresa."

A lo largo de este capítulo hablaré sobre las distintas maneras en que los líderes de Starbucks demuestran aprecio y respeto por su gente, y la forma en que invierten en ella. Mi intención no es decir que éste es *el mejor camino* para conectarse con los otros ni insinuar que Starbucks lo hace mejor que nadie, sin embargo, sí quiero señalar que los líderes de esta empresa están enfocados en promover la participación de sus empleados, y que para sostener una ventaja sustancial en la fuerza de trabajo, es necesario realizar un esfuerzo conjunto.

La inversión en crecimiento y desarrollo

En un artículo publicado en el sitio de internet de CollegePlus —empresa que diseña programas hechos a la medida para estudios universitarios a nivel licenciatura y programas de cursos interdisciplinarios que cuentan oficialmente, desde la preparatoria, como cursos universitarios—, la bloguera Caitlin Muir explica que, *33 Companies That Can Save You From College Debt*, el título que le dio a su artículo, no fue el primero en que pensó. "Originalmente este artículo se iba a llamar 'Por qué amo a Starbucks'. Yo fui barista de la empresa y recibí un buen trato de su parte. No sólo obtuve un seguro médico económico, buenos turnos y un horario flexible, también recibí algo que me ayudó muchísimo: el *Reembolso de Colegiaturas*." En su artículo, Caitlin explica la forma en que aprovechó esta prestación de Starbucks y algunos otros recursos para graduarse sin tener que cargar con la responsabilidad de solicitar préstamos estudiantiles.

La "capacidad de crecer y desarrollarse" es un factor clave para garantizar que los empleados se comprometan con la empresa. Para que el crecimiento se produzca, los líderes deben ocuparse de las oportunidades en el trabajo y buscar otras fuera del mismo. "Starbucks U" es un ejemplo que combina el entrenamiento en campo con una oferta académica formal.

Starbucks U es un programa diseñado recientemente para los *partners* de Estados Unidos. El programa les ofrece créditos de asignaturas universitarias que pueden recibir cuando realicen el entrenamiento que, de todas maneras, tienen que llevar a cabo como parte del trabajo (el curso de entrenamiento que se describió en el Capítulo 3, Entrenamiento de supervisor de turnos, por ejemplo, cuenta como crédito universitario). Los líderes de Starbucks pudieron asegurarse de que los *partners* de la empresa fueran elegibles para obtener créditos universitarios, gracias al trabajo que realizaron con el Consejo Estadounidense de la Educación (American Council of Education, ACE) para acreditar los cursos de entrenamiento elegidos. Asimismo, los líderes colaboraron con City University of Seattle y con la Universidad Strayer para aumentar el impacto del ya existente programa de Reembolso de Colegiaturas para los *partners* que cumplen con los requisitos en Estados Unidos y Canadá. El programa City University, por ejemplo, les ofrece a los *partners* —entre muchas otras prestaciones— la oportunidad de que se les exente del pago de solicitud, un descuento del veinticinco por ciento en todas las colegiaturas de licenciatura y posgrado, y becas exclusivas. El programa de la Universidad Strayer ofrece descuentos del veinte por ciento en colegiaturas, tutoría y asesoría académica gratuita, y la flexibilidad de tomar cursos por internet las veinticuatro horas al día de los siete días de la semana. Una *partner* nos cuenta al respecto, "El año pasado decidí volver a estudiar. Me inscribí en la Universidad Strayer y recibí una beca inicial de 1 000 dólares, el veinte por ciento de descuento en colegiaturas, y la aceptación de créditos por el entrenamiento recibido en Starbucks. Unos meses después de que regresé a la escuela, Starbucks U me otorgó una beca de 2 500 dólares para la sesión de otoño. Y todo porque soy *partner* de la empresa. Starbucks ha hecho una gran diferencia en mi vida; cuando empecé a trabajar aquí era una chica haitiana que apenas podía hablar inglés. Ésta ha sido la mejor etapa de mi vida." Los líderes que se interesan en el crecimiento del personal siempre encuentran formas de trabajar en conjunto con otros negocios e instituciones educativas como la Universidad Strayer y City University, para ofrecer prestaciones que no podrían brindar a sus empleados de manera independiente. Con alianzas estratégicas como éstas, los líderes hacen crecer y extienden los presupuestos para prestaciones para empleados y responden a una importante pregunta que se hacen los *partners*: "¿Te importo lo suficiente para que me ayudes a lograr mis objetivos personales y de desarrollo profesional?"

Los *partners* unidos en tiempos de crisis y para la comunidad

Además de apoyar a los *partners* con el programa Bean Stock, fondos para el retiro, cobertura de salud y prestaciones para el desarrollo educativo, los líderes de Starbucks supervisan un programa que los motiva a ayudarse entre sí. El Fondo CUP (Caring Unites Partners) inició en 1998 y surgió cuando un grupo de *partners* trabajó con los líderes en el establecimiento de un mecanismo para reunir y distribuir fondos para *partners* que estuvieran enfrentando un problema demasiado perturbador. Los fondos del programa provienen de contribuciones voluntarias que hacen los *partners* y de los eventos de recaudación de fondos que también ellos patrocinan. Starbucks administra el fondo. El *partner* solicitante puede recibir hasta 1 000 dólares si se llega a la conclusión de que, en efecto, se encuentra en una circunstancia financiera catastrófica que no puede manejar, como el impacto que tuvo el huracán Sandy, el cual afectó a muchos del cuadrante noreste de Estados Unidos en 2012. Los *partners* pueden solicitar ayuda del fondo, incluso si nunca han hecho contribuciones a éste. Aunque los fondos empleado a empleado han incrementado desde finales de los noventa, el Fondo CUP de Starbucks tiene importancia a distintos niveles: sustentabilidad, infraestructura, apoyo permanente de los líderes, expansión a los mercados internacionales (se hablará más sobre este tema en el Capítulo 6), vinculación entre los *partners* y orgullo de la organización.

La gente tiene la tendencia natural a ayudar a sus compañeros de trabajo, sin embargo, en muchas ocasiones, los esfuerzos son demasiado específicos o están mal organizados. Debido a que la participación de los empleados tiene que ver con la cohesión entre ellos mismos y con el apoyo del empleador, los líderes de empresas como Starbucks ofrecen infraestructura y sistemas para maximizar los esfuerzos de esa comunidad preocupada por sus integrantes (esto no solamente se hace evidente en el programa del Fondo CUP, sino también en el programa Partner Access Alliance Network, del cual se hablará más adelante). La participación de la empresa en el programa tiene un tinte mayoritariamente administrativo, pero también incluye contribuciones financieras como las de la concurrida tienda Starbucks del octavo piso del Centro de Apoyo en Seattle, Washington.

Los *partners* de Starbucks expresan su aprecio por la oportunidad que tienen de brindar y recibir apoyo a través del Fondo CUP. Shao Wei, estudiante de la Universidad Tianjin de Tianjin, China, enfrentó dos sucesos trágicos consecutivos poco tiempo después de haber empezado a trabajar en la tienda Starbucks de Baisheng: a su padre le diagnosticaron cáncer avanzado en el hígado y, seis meses después, su madre tuvo que ser operada para que los médicos le retiraran un tumor. Shao nos explica, "Para una familia pobre como la nuestra, los inmensos costo médicos representan una carga demasiado pesada. Cuando el gerente de la tienda se enteró del repentino problema familiar fue muy flexible y me permitió acomodar mis horarios. Más adelante tuve que trabajar en distintas tiendas, pero en todas ellas, los gerentes y los *partners* fueron muy amables y me brindaron todo su apoyo. Incluso me ayudaron a solicitar ayuda del Fondo CUP. En realidad, la ayuda de este fondo va más allá del aspecto económico. Es, también, un apoyo psicológico."

Gracias a la ayuda que le brindaron sus compañeros, Shao Wei ahora quiere hacer una carrera en Starbucks. "En junio me voy a graduar de la universidad pero planeo seguir trabajando en Starbucks para desarrollar más mi carrera profesional. Starbucks me infunde energía y me hace más fuerte. En el trabajo que realice en el futuro, verteré mi pasión en cada taza de café y le serviré a cada cliente con una sonrisa." Incluso la gente que no ha recibido ayuda del Fondo CUP lo valora. Allison Edwards, gerente de programa de Aprendizaje Global de Starbucks, añade, "El Fondo CUP es para cuidar de los otros *partners*. Todos son parte de una comunidad. Y como los desafíos actuales del mundo son muy fuertes, necesitamos que la comunidad se preocupe y se convierta en un colchón, como sucede con el Fondo CUP. Todos los días, cuando regreso a casa, me siento orgullosa de trabajar para una empresa en la que la gente se puede sentir amada, y puede brindar y recibir apoyo."

Aunque tal vez puedas, o no, crear o administrar un programa que les permita a los integrantes de tu equipo apoyarse entre sí en tiempos de crisis, es obvio que hay aspectos de bajo costo de tu infraestructura que se pueden aprovechar para cuidar del personal. A veces, los beneficios para la empresa (en el caso de Shao Wei fue que una *partner* de medio tiempo decidiera "desarrollar su carrera profesional" y servirle a "cada cliente con una sonrisa") exceden por mucho los recursos invertidos.

Starbucks Partner Networks es otro ejemplo de inversión de bajo costo con ganancias altas realizada por los líderes. A los grupos de recursos para *partners* se les ofrecen espacios para reunirse en Starbucks, así como oportunidades para trabajar con los líderes *senior*.

Kaycee Kiesz, gerente de programa de Global Diversity, señala, "La empresa apalanca regularmente nuestras redes de trabajo para aprovechar todo el valor que se obtiene de los nuevos negocios, las innovaciones, el incremento de nuestra relevancia en nuevos mercados y el fortalecimiento del aspecto humano de nuestra marca para las comunidades globales a las que servimos. El equipo de líderes *senior* escucha las preocupaciones y apoya los esfuerzos de los integrantes de las redes. Access Alliance Network, por ejemplo, le pidió asesoría a nuestro Departamento Legal para actualizar nuestra política de servicio a mascotas. La red también fue fundamental para la creación de la tarjeta braille y los menús en braille y de letras grandes de Starbucks para clientes con visión deficiente. Los *partners* de Armed Forces Network trabajaron muy de cerca con el departamento de personal y reclutamiento para ayudarles a los veteranos a hacer la transición a carreras en Starbucks. Ocasionalmente se solicita la ayuda de nuestras redes para que realicen trabajos de traducción, brinden asesoría sobre materiales de comercialización y colaboren en el desarrollo de productos."

Según Carolina Morales, analista financiera *senior* de Starbucks, uno de los proyectos importantes del grupo Hora del Café, tenía como objetivo vincularse con los *partners* de Brasil. "Nuestro grupo se enfoca en avivar conexiones entre gente con herencia hispanoamericana. Nosotros compartimos el amor por nuestra cultura, comida y música entre la gente del grupo, pero también con todos los *partners* y líderes interesados. Asimismo, queremos ayudar a que los líderes vean a Starbucks a través de la lente de nuestra cultura. Hace poco, nuestro ejecutivo patrocinador nos ayudó a organizar una videoconferencia con la oficina de Brasil y, gracias a eso, pudimos explorar las aspiraciones que

GRUPOS STARBUCKS PARTNER NETWORK

(Los grupos son voluntarios y están abiertos para todos los *partners*.)

- **Starbucks Access Alliance Network** promueve el acceso igualitario a los locales físicos, productos, herramientas de comunicación e información para todos los *partners* y clientes.

- **Starbucks Black Partner Network** trabaja para cultivar, mejorar y compartir la experiencia afroamericana en Starbucks, un *partner* y un cliente a la vez.

- **Starbucks China Club Network** desarrolla una comunidad global que impulsa la perspicacia en los negocios y nutre la cultura y promueve el desarrollo de líderes a través de la lente de la red de *partners* de China y Asia-Pacífico y del plan de crecimiento.

- **Starbucks Hora del Café Network** es un grupo de afinidad hispanoamericano dedicado a crear un ambiente para que los *partners* se desarrollen profesionalmente, construyan su conciencia cultural y celebren la cultura hispanoamericana al mismo tiempo que influyan de forma positiva en la comunidad.

- **Starbucks Pride Alliance Network** trabaja para producir un cambio positivo y para incrementar la conciencia de la comunidad LGBT dentro de Starbucks. Se esfuerza en cultivar un ambiente equitativo, dinámico y de apoyo para los *partners*, aliados y clientes LGBT.

- **Women's Development Network** se dedica al desarrollo profesional y personal de sus integrantes. El grupo se enfoca en tres pilares ya establecidos: comunidad, educación/desarrollo y trabajo en red.

se tienen para el mercado de ese país y nosotros iniciamos una conversación sobre la forma en que podríamos ayudar. Aquí, en el Centro de Apoyo de Seattle, se reunió muchísima gente que quería saber más sobre Brasil y sobre las oportunidades que ahí había. Fue una forma muy contundente de iniciar la relación; los *partners* de Brasil estaban tan inspirados, que nosotros nos entusiasmamos mucho aquí en Estados Unidos. El amor podía sentirse." A veces, cuidar a los otros integrantes del equipo implica una inversión que, aunque es muy importante, no es del todo costosa: apoyo logístico. Cuando un negocio crea espacios de reunión y les proporciona infraestructura de negocios y habilidades de organización a los empleados que quieren cuidarse entre sí y/o crear comunidades positivas, los miembros del equipo se involucran entre ellos y encuentran objetivos comunes que fortalecen el dinamismo y la salud en el lugar de trabajo.

REFLEXIÓN SOBRE LA CONEXIÓN

1. ¿Qué opinan tus empleados sobre el nivel de apoyo financiero que les brindas en términos de su bienestar físico, emocional, educativo y financiero?

2. ¿Has buscado asociaciones estratégicas que te permitan incrementar los presupuestos para prestaciones para empleados (por ejemplo, una institución educativa que trabaje contigo para acreditar el entrenamiento que les das a los empleados como asignaturas universitarias)?

3. ¿De qué manera podrías apalancar tu infraestructura de negocios para generar oportunidades de alto valor y bajo costo para apoyar a los integrantes de tu equipo desde una perspectiva logística?

Escuchar y sentir empatía

En una ocasión, el presidente Woodrow Wilson dijo, "El oído de un líder debe vibrar con las voces de la gente." Esto se dice fácilmente, pero, ¡es muy difícil hacerlo! De hecho, la audición sistemática y genuina puede ser una de las inversiones más económicas y distintivas. Muchos líderes están demasiado ocupados para escuchar o, en su defecto, les interesa más hablar. El hecho de escuchar a los miembros del equipo con atención, de manera constante y con respeto, es lo que separa a los líderes buenos de los extraordinarios.

En Starbucks, esta audición ocurre de muchas maneras. Si bien los líderes escuchan de manera informal al nivel individual y de equipo, la empresa también ha creado un departamento oficial que escucha las necesidades y está enterado del nivel de participación de los *partners*. Virgil Jones, director de Servicios para Partners de Starbucks, señala, "Nuestro equipo realiza encuestas, arma grupos de enfoque y le toma el pulso de manera regular a toda nuestra población de *partners*. Lo más importante que hago en este departamento es escucharlos. Lo segundo más importante es dar seguimiento y hacer ajustes porque, por la forma en que avanza la tecnología, los temas que ahora son candentes, interesantes y cautivadores entre nuestros *partners*, ya no lo serán en dieciocho meses." Los líderes de Starbucks hacen preguntas y escuchan la información. Gracias a ello, pueden anticipar, diseñar y modificar los recursos relacionados con los empleados para beneficiar a una fuerza de trabajo que cambia todos los días. Virgil añade, "Si le echas un vistazo a nuestra paga total, verás que contamos con varias prestaciones típicas —Plan 401(k), prestaciones de salud, compensación—. Mi grupo es el de Factor X porque observamos la demografía de manera constante y tratamos de crear programas nuevos e innovadores que capten la atención de nuestros *partners*. Las necesidades de salud, bienestar y educación universitaria, por ejemplo, son importantes para nuestra demografía y están incluidas en el programa Partner Connection de salud y bienestar.

Según Virgil, Starbucks tiene cuatrocientos equipos y clubes distintos en Estados Unidos, en los cuales participan 30 000 *partners*. Por lo general, para sus equipos deportivos, Starbucks ofrece una compensación de aproximadamente cincuenta por ciento de los costos en que incurren los participantes e invita a *partners* que no pertenecen a la empresa. Como el sesenta por ciento de los *partners* de Starbucks son estudiantes versados en tecnología, muchos de los servicios para fomentar su participación incluyen programas de descuento en empresas telefónicas y de computación.

Como muchos otros líderes *senior*, Michelle Gass, presidente de Starbucks EMEA (Europa, Medio Oriente y África, por sus siglas en inglés), ofrece una audición distinta y personal que promueve la participación de los *partners*. Su enfoque privilegia los "viajes para escuchar". Según Michelle, "Con cierta regularidad viajo por la región EMEA y organizo viajes para escuchar y mesas redondas. Son reuniones informales de unos noventa minutos en las que prestamos atención a los pensamientos, las necesidades y las ideas de las personas a las que atendemos. Aunque escuchar es importante, es fundamental realizar las acciones correspondientes para mejorar las experiencias. Estos viajes no son solamente un evento, sino un proceso permanente de conexión y descubrimiento." Los líderes *senior* de Starbucks hacen uso de varios procesos para conectarse, descubrir y responder a las necesidades de los *partners*.

Para muchos líderes, la inmersión en tienda es una excelente manera de crear empatía. Clarice Turner, vicepresidenta *senior* de Negocios en Estados Unidos, llegó a Starbucks con sólidos antecedentes en el ámbito de servicios de alimentos y bebidas. Clarice ya había trabajado dieciséis años en las marcas PepsiCo y Yum!, y, justo antes de trabajar en Starbucks, fue presidenta y directora de operaciones de Papa Murphy's Pizza. A pesar de su variada y larga experiencia en la industria, Clarice fue enviada a un programa de inmersión de cuatro meses, el cual comenzó con un período de trabajo en un mostrador de Starbucks. Clarice nos cuenta, "En ese tiempo, pensé: 'Muy bien, ya llevo bastante tiempo en esta industria. De seguro puedo avanzar en mucho menos de cuatro meses.' Sin embargo, ahora considero que las experiencias en el mostrador tuvieron un fuerte impacto en mí porque me permitieron comenzar con mucho ahínco y entrar en contacto directamente con la esencia de Starbucks. Aquella temporada fue como un regalo. Realicé todos los trabajos posibles en la tienda, desde sacar la basura y limpiar baños, hasta tomar el entrenamiento para ser gerente. De hecho, antes de asumir mi puesto como vicepresidenta *senior* de división, también recibí entrenamiento para ser gerente de distrito, directora regional y vicepresidente regional. Desde el principio fue muy claro que mi papel como líder implicaba sumergirme en el ambiente de los *partners* y crear empatía con ellos."

Es muy común que los líderes de Starbucks hablen sobre el significado de sus experiencias personales de inmersión. Cliff Burrows, presidente de la región de América, indica, "Trabajé seis semanas en la tienda Queen Anne de Seattle. Estoy seguro de que no fui el mejor barista pero disfruté cada instante de mi inmersión en tienda. Eso fue hace diez años, pero nunca olvidaré a la gente ni las experiencias que tuve ahí. Fue una introducción inmediata, profunda e íntima al trabajo que realizamos y al mundo de los *partners* que hacen que las cosas sucedan con una taza al día, todos los días." La práctica de inmersión de Starbucks se diseñó originalmente para líderes a niveles de vicepresidencia o superiores, pero ahora, los nuevos gerentes y todos los líderes de la organización tienen la oportunidad de obtener un entendimiento más profundo de la vida de los *partners* baristas porque pueden pasar algún tiempo en las tiendas y detrás del mostrador.

Es común que algunos líderes consideren que escuchar a otros es un ejercicio pasivo. Pero en Starbucks, escuchar es sinónimo de conectarse, descubrir, entender, responder y generar empatía. Los beneficios de este tipo de audición impulsan el espíritu flexible y empresarial de una marca que fácilmente pudo perder su agudeza cuando creció y aumentó su escala. Cada vez que los líderes escuchan, de manera formal e informal, además de involucrar a los empleados, también obtienen acceso a información que les ayuda a continuar siendo relevantes para las necesidades de los integrantes de sus equipos. Por supuesto, escuchar es una habilidad que se desarrolla de forma paralela a otro comportamiento fundamental del liderazgo: la observación. Por lo general, en lo que se refiere al involucramiento de los empleados, la observación se da a través de los programas de reconocimiento.

El poder de un líder que sabe brindar reconocimiento

Aunque casi todos tratamos de reconocer con regularidad los logros de los integrantes de nuestro equipo, a veces nuestra intención se pierde entre la enorme cantidad de desafíos y exigencias que enfrentamos cotidianamente. Los líderes de Starbucks diseñan programas eficaces de premios y reconocimiento para desarrollar la capacidad de reconocer la excelencia de los logros dentro de la organización. En el libro, *The Carrot Principle: How the Best Managers Use Recognition to Engage Their Employees*, Adrian Gostick y Chester Elton explican, "Como respuesta a la pregunta '¿Mi organización reconoce la excelencia?', las empresas que quedaron en los cuatro últimos lugares tuvieron una rentabilidad financiera promedio (ROE, por sus siglas en inglés) del 2.4 por ciento, en tanto que las que quedaron en los primeros cuatro lugares tuvieron una rentabilidad financiera promedio de 8.7 por ciento. Dicho de otra forma, las empresas que reconocen la excelencia de una forma más eficaz disfrutan de una rentabilidad tres veces mayor a la de las empresas que se desempeñan peor en este aspecto." Asimismo, Gostick y Elton descubrieron que los gerentes que fueron mejor calificados por su reconocimiento a las contribuciones de los empleados también producían los niveles más altos de satisfacción entre el personal, mayor retención de empleados, e incluso más satisfacción por parte de los clientes.

Debido a la importancia de reconocer la excelencia, los líderes de Starbucks han desarrollado una amplia gama de programas de premios y reconocimientos, entre los que se incluyen los siguientes:

Programas de Premios por Desempeño

Premio M.U.G.

Premio Bravo

Premio Team Bravo

Programa The Green Apron

Premio Spirit of Starbucks

Premio Team Spirit of Starbucks

Gerente del Trimestre

Gerente del Año

Gerente de Distrito del Año

El alcance de este libro no permitiría realizar un análisis detallado de todos los premios y reconocimientos de Starbucks, pero la diversidad de los mismos nos ofrece importantes lecciones como las que se mencionan a continuación:

- El valor del reconocimiento entre colegas.
- La necesidad de obtener premios tanto a nivel individual como en equipo.
- Dependencia de los aspectos sociales del reconocimiento.
- Importancia de los premios para todos los niveles de la empresa.

Muchos de los programas de reconocimiento que se ofrecen en Starbucks requieren nominaciones por parte de los colegas (Premio Bravo, Premio Spirit of Starbucks), y/o reconocimiento directo e inmediato de los colegas (Premio M.U.G., programa The Green Apron). En lugar de esperar que sólo los gerentes o líderes identifiquen a las personas que reúnen los requisitos necesarios para el reconocimiento, la organización entera actúa de manera inmediata o a través de nominaciones para destacar todo desempeño excelente.

La excelencia también se reconoce a nivel individual y como colaboración en equipo. A lo largo de mi labor como orador profesional he asistido a un gran número de conferencias de ventas, banquetes de premiación e incluso eventos de reconocimiento al servicio, por eso sé que es raro que se entreguen premios a equipos. En Starbucks, un premio como el Team Spirit of Starbucks, "se entrega a los equipos o grupos de *partners* que trabajan en conjunto y tienen un desempeño que, además de ir más allá de sus responsabilidades cotidianas, ejerce un impacto positivo en la empresa. El premio Team Spirit of Starbucks es un reconocimiento para un equipo de *partners* que realiza un logro excepcional específico." De acuerdo con los criterios para entregar el premio, ese logro excepcional debe reflejar la misión de la empresa. Aunque los premios individuales fomentan la competencia sana dentro de una organización, también pueden socavar el espíritu de trabajo en equipo. El equilibrio entre los reconocimientos individuales y los grupales permite que la excelencia se premie tanto en las labores independientes de tu empresa como las interdependientes.

Algunos negocios se quedan atrapados en costosos e innecesarios premios y bonos. En Starbucks, sin embargo, los reconocimientos, en general, no son artículos con valor tangible sustancial. En el caso de los premios M.U.G., Bravo y Green Apron, los *partners* reciben pines, notas escritas a mano o certificados en los que se reconocen sus logros. Los pines normalmente tienen un valor social entre los baristas, quienes los usan en sus mandiles. Para ser congruentes con las tendencias de la investigación psicológica social, la cual ha demostrado que las recompensas superfluas pueden anular la motivación intrínseca, los líderes de Starbucks no hacen tanto énfasis en los premios como en el reconocimiento.

Kay Corio, antigua *partner* de Starbucks y ganadora del premio Spirit of Starbucks, nos habló de su opinión de los reconocimientos de la empresa. "Me sentí honrada de ganar el premio. Me dio gusto que los líderes nos informaran qué era la excelencia y que me hicieran saber que yo estaba en posición de recibir una recompensa por mi esfuerzo. Creo que estos reconocimientos de Starbucks juegan un papel importante porque nos permiten vivir momentos especiales gracias al trabajo que desarrollamos." La misión de los líderes de Starbucks es crear esos momentos especiales para reconocer a quienes hacen sentir bien a los clientes.

REFLEXIÓN SOBRE LA CONEXIÓN

1. ¿Tú haces "viajes para escuchar" con tu gente? ¿Cuáles son tus acciones sistemáticas para escuchar como líder? Por ejemplo, ¿haces encuestas formales o mesas redondas con regularidad?

2. Además de la observación directa que haces para evaluar los comportamientos de excelencia, ¿qué programas de reconocimientos entre colegas has implementado?

3. ¿Cómo equilibras los premios individuales y los grupales? ¿Haces énfasis en el reconocimiento o en las recompensas con valor económico sustancial?

La rentabilidad financiera

Y bien, ¿por qué es bueno invertir tanto en tu gente? Sabemos que es agradable motivar con generosidad el crecimiento, desarrollo y bienestar de los miembros de tu equipo, pero, ¿esto tiene lógica desde la perspectiva de negocios? Veamos el asunto desde el nivel macroeconómico y luego analicemos los beneficios específicos que obtiene Starbucks gracias al esfuerzo e involucramiento de sus *partners*.

En todas las industrias y continentes se ha demostrado que las empresas que cuentan con empleados sumamente involucrados, generan mejores ventas y ganancias y mayor valor para los accionistas. Un ejemplo de esto proviene del reporte WorkTrends del Instituto de Investigación Kenexa. Según este reporte, "Las organizaciones que tienen empleados involucrados obtienen, en cinco años, una Rentabilidad Total de los Accionistas (TSR, por sus siglas en inglés), siete veces mayor que la de las empresas cuyos empleados no son tan participativos." Otros grupos de investigación han descubierto que, a medida que se incrementa la participación de los empleados, disminuyen los errores en el trabajo y los accidentes que quitan tiempo. El profundo involucramiento de los empleados también se refleja en las compras repetitivas y en la fuerte defensa de la empresa que llevan a cabo los clientes.

Como recordarás, al principio, Howard Schultz le solicitó prestaciones de salud a la junta directiva con la expectativa de que esta inversión le ahorrara dinero a la empresa en costos relacionados con la deserción de empleados. Este argumento es sólido desde una perspectiva de investigación si tomamos en cuenta que la junta directiva de la corporación ha notado que "Al incrementar los niveles de participación de los empleados, las organizaciones pueden esperar también un incremento en el desempeño de hasta veinte puntos porcentuales, así como una reducción del ochenta y siete por ciento en la probabilidad de que el empleado deje la empresa." Pero, las inversiones en programas como el de seguro médico para empleados de medio tiempo de Starbucks que llenan los requisitos, ¿en realidad generan tasas mayores de empleados que continúan trabajando en la empresa en comparación con las cifras de los competidores del sector de comida rápida? Generalmente, Starbucks reporta una tasa anual de deserción voluntaria —de *partners* de tiempo completo—, de entre el doce y el quince por ciento (lo que significa que entre el doce y el quince por ciento de los *partners* de tiempo completo eligen dejar la empresa de manera voluntaria para trabajar en otros lugares); no obstante, este porcentaje no refleja todo el panorama de la deserción, dado que un número importante de empleados son de *medio tiempo*. Los analistas que han tomado en cuenta tanto a los empleados de tiempo completo como a los de medio tiempo dicen que la tasa real de deserción es de sesenta y cinco por ciento aproximadamente. A algunos nos puede parecer que sesenta y cinco por ciento es demasiado alto, sin embargo, John-Paul Flintoff, autor, comentarista y periodista, pone esta cifra en perspectiva: "Dado que otros distribuidores de comida rápida al menudeo pierden personal a tasas de hasta el cuatrocientos por ciento anual, la tasa del sesenta y cinco por ciento de Starbucks es relativamente baja."

Si damos por hecho que tus costos de deserción de empleados exceden el costo de las prestaciones, y que tú tienes una rotación y reemplazo de empleados equivalente a tan sólo la sexta parte de la de tu competencia, se puede decir que tu negocio ya está en camino de conseguir el éxito a largo plazo. Esto resulta aún más cierto si tus empleados se involucran profundamente y te ayudan a innovar en los procesos o a reducir el desperdicio. Tomando en cuenta el tamaño de Starbucks, cualquier acto sencillo realizado por un *partner* participativo puede tener como resultado beneficios increíblemente grandes para la empresa.

Ése es precisamente el caso de Joe Young, un barista de Hutchison, Kansas, quien estaba muy involucrado en su trabajo y desarrolló mejoras en un proceso, con lo que eliminó el desperdicio de un costoso producto de Starbucks: la crema batida. Cliff Burrows anunció el logro en la Conferencia Global de Liderazgo de 2012 y señaló: "En su tienda, Joe encontró una manera de mejorar la calidad de la experiencia de los *partners* y de la bebida, y además, le ahorró a la empresa entre cinco y diez millones de dólares en menos de un año." ¿Tus empleados están comprometidos? ¿Generan soluciones que te permiten ahorrar en tu negocio (aunque no sean de la misma escala que la propuesta de Joe Young)? ¿Pueden ver el negocio desde la perspectiva del dueño?

En Starbucks, el mayor valor de la participación de los empleados se manifiesta en los millones de interacciones que se llevan a cabo todos los días en los locales en donde se ofrecen los productos de esta marca. Como los gerentes no pueden supervisar todas las interacciones, el cuidado y la atención que los líderes les extienden a los *partners* se reflejan en el amoroso e independiente esfuerzo que éstos hacen cada vez que comparten un momento con el cliente. Una fuerza de trabajo sumamente comprometida contribuye de manera constante a ofrecer extraordinarias experiencias de servicio como las que describen los clientes mismos.

En una publicación de blog escrita por un integrante de la comunidad My Starbucks Idea, una clienta describió su visita a una tienda a la que no había ido nunca antes. Su padre había muerto la noche anterior, y ella y su hermana estaban haciendo todos los arreglos para los días subsecuentes. Se detuvieron en un Starbucks para beber algo; la barista se dio cuenta de que la clienta había estado llorando y le preguntó si le pasaba algo malo. La clienta narró lo que sucedió después de que le dijo a la *partner* que su padre había muerto: la barista "se estiró sobre la barra, estrechó ligeramente mi mano y me dijo que la casa nos invitaba las bebidas. Parece algo trivial, pero fue muy reconfortante. Siempre recordaré ese detalle." La barista que le sirvió a aquella clienta fue más allá de su deber al brindarle confort a una persona que se encontraba sumamente triste y, gracias a eso, se involucró profundamente en la misión de Starbucks de generar momentos gratificantes.

Contar con una fuerza de trabajo comprometida garantiza que los empleados puedan hacer lo adecuado por el cliente sin que alguien se los pida. Los *partners* pueden ponerse por encima de las reglas, los procesos y los procedimientos inherentes al empleo con el objetivo de hacer conexiones que tengan un propósito, con la gente a la que atienden. Al final, el involucramiento de los empleados produce amabilidad memorable, rentabilidad, sustentabilidad y clientes de por vida. Otro beneficio adicional es que, si la cultura laboral es agradable y disfrutable, es mucho más sencillo manejar a toda una fuerza de trabajo comprometida.

¿Qué pasos vas a dar para que tu equipo se sienta más involucrado? El acercamiento de tus clientes depende del involucramiento que tú logres producir para tus empleados, *partners*, integrantes de equipo, asociados o como prefieras llamar a la gente a la que sirves.

PUNTOS DE CONEXIÓN

- La habilidad de ayudarles a los empleados a crecer y desarrollarse es un factor clave para garantizar su participación.

- Los líderes que están interesados en ayudar a su gente a crecer encuentran maneras de trabajar con otros negocios e instituciones educativas para ofrecer prestaciones que no podrían brindar por sí solos.

- La gente tiene una tendencia natural a querer ayudar a las personas con quienes trabaja. Considera la posibilidad de supervisar un programa que motive a los empleados a ayudarse entre sí.

- Escuchar no es una tarea pasiva; escuchar es sinónimo de conectarse, descubrir, entender, crear empatía y responder.

- Los buenos líderes brindan momentos edificantes para quienes inspiran a sus clientes.

- En lugar de esperar a que sólo los gerentes o líderes identifiquen a las personas que reúnen los requisitos necesarios para el reconocimiento, la organización entera debe movilizarse para reconocer a los individuos y equipos que realicen actos de excelencia.

- En todas las industrias y los continentes se ha demostrado que las empresas que cuentan con empleados sumamente involucrados generan mejores ventas y ganancias, y mayor valor para los accionistas.

- Contar con una fuerza de trabajo comprometida garantiza que los empleados puedan hacer lo adecuado por el cliente sin que nadie se los pida.

- El involucramiento de los empleados produce amabilidad memorable, rentabilidad, sustentabilidad y clientes de por vida.

- Si la cultura laboral es agradable y disfrutable, es mucho más sencillo manejar a toda una fuerza de trabajo comprometida.

Principio 3

Encuentra los rasgos en común

Los antropólogos culturales se han enfrascado en un debate permanente sobre dos perspectivas en conflicto: el universalismo y el relativismo cultural. Aunque las palabras suenan abrumadoras, los conceptos son bastante sencillos. El universalismo sugiere que las similitudes subyacentes de toda la gente son más que las diferencias culturales. En contraste, el relativismo cultural afirma que las diferencias culturales tienen un profundo efecto en la gente y dificultan que los "extranjeros" entiendan completamente el relevante contexto del comportamiento. Mientras algunos antropólogos defienden el universalismo y otros el relativismo cultural y tratan de ganar el debate, los dueños de negocios y los líderes están más interesados en otros aspectos. Los líderes necesitan hacer crecer su negocio para maximizar los rasgos comunes al mismo tiempo que hacen ajustes locales para asegurarse de contar con la aceptación del mercado.

El Capítulo 6, "Da por hecho lo universal: atiende las verdades unificadoras de los humanos" explora la manera en que los líderes de Starbucks crean una conexión con el máximo atractivo global posible. En un sentido opuesto, en el Capítulo 7, "Respeta, celebra y personaliza: escuchar e innovar para cubrir las necesidades locales, regionales y globales", se analiza cómo los líderes tropicalizan ciertos aspectos de sus productos, ambientes y forma de servicio para forjar relaciones de importancia para los clientes locales en todo el mundo.

Los líderes de Starbucks han cometido cierto número de errores al tratar de encontrar el equilibrio entre lo universal y lo cultural, pero en ese proceso de contratiempos y victorias, la empresa ha servido como guía en la formación de conexiones sólidas y respetuosas en mercados nuevos. Si estás pensando en atender a clientes en la ciudad más cercana, en otro estado, a través del comercio por internet propio de nuestra economía global, o incluso si vas a abrir una tienda en un país que está al otro lado del mundo, ésta es tu oportunidad de "encontrar los rasgos en común".

Capítulo 6

Da por hecho lo universal: atiende las verdades unificadoras de los humanos

Todas las cosas son lo mismo, excepto por lo que las diferencia; y todas son diferentes, excepto por lo que las hace iguales.

THOMAS SOWELL

¿Tú crees que la gente quiere recibir cosas similares en sus experiencias de servicio en dos vecindarios distintos de la Ciudad de Nueva York (digamos, en Manhattan y Queens)? ¿La gente de Nueva York y de Nueva Delhi quiere el mismo tipo de experiencia de servicio? Varios grupos de investigación han analizado lo que buscan los clientes cuando los atienden. Estos estudios dividen a los clientes por industria, nacionalidad, edad, género, ingreso y un sinfín de diferencias demográficas. Aunque en esta amplitud de variables surgen algunas diferencias, independientemente del tiempo y el lugar, siempre hay una cantidad importante de aspectos universales. Esta investigación de mercado tiene una intersección con el trabajo que han realizado los teóricos e investigadores respecto a las similitudes humanas generales.

Michelle Gass, presidenta de Starbucks Europa, Medio Oriente y África (EMEA), afirma que "El equilibrio entre lo universal y lo local es más arte que ciencia. Nosotros contamos con estándares de marca globales, y tengo la esperanza de que los líderes que están tomando decisiones tengan a Starbucks en la sangre para que puedan ejercer su buen juicio. Creo que es necesario crear una experiencia que sea innegablemente Starbucks" En cuanto asumió su puesto como presidenta de EMEA, Michelle viajó por su región y se reunió con *partners* y clientes para entender su visión de la empresa y los productos que ofrecía. Michelle dijo que, en un principio, esperaba que la gente expresara su deseo de encontrar más elementos locales en las tiendas, pero sucedió todo lo contrario. Los clientes querían vincularse con los elementos clave que condujeron al crecimiento de la empresa y al cariño que desarrolló la gente por la marca en Estados Unidos.

Independientemente de que se trate de enormes diferencias culturales entre los empleados, los clientes o las regiones, tu "historia de amor" o propuesta subyacente de valor de marca tiene que traducirse, y tus acciones tienen que vincularse con la gente a la que atiendes. Starbucks tiene una plataforma fundamental de servicio y un enfoque de liderazgo que impulsa las conexiones globales porque la empresa opera tomando en cuenta las necesidades universales.

Con el propósito de ser congruente con esta exploración, permíteme guiarte a través de una discusión sobre las necesidades humanas universales y reflexiones sobre la manera en que los líderes de Starbucks las están atendiendo. Aquí también analizaré cómo puedes conectarte para trascender el servicio humano enfocándote en la atención, el aprecio y la comunidad, así como en la comodidad y la variedad.

Atención

Jean-Marie Shields, directora de estrategia de marca de Starbucks, señala, "La solicitud o deseo más importante de todo ser humano en el mundo es el de ser visto y escuchado. La magia de la marca de Starbucks proviene de la disposición para ver y escuchar de forma activa a nuestros clientes a muchos niveles." Al nivel de servicio individual, por ejemplo, los aspectos a los que se refiere Jean-Marie cuando habla de "ver" y "escuchar" se manifiestan con un saludo inicial que reconoce la presencia del cliente y da inicio a la conexión humana. Karen Joachim, clienta de Albert Lea, Minnesota, explica, "Muy a menudo me siento invisible cuando compro algo. Pero en Starbucks es muy distinto. Los empleados en verdad establecen una conexión momentánea pero notable." Diala, clienta del Centro Comercial de Emiratos, en Dubai, lo describe de la siguiente manera, "Quiero que la gente reconozca mi presencia en todas las interacciones humanas que realizo. En Starbucks, más que en muchos otros negocios, siento que me reconocen como persona, que no me ven como solamente otra transacción."

Evidentemente, para el líder de cualquier negocio que realice grandes cantidades de transacciones, es un desafío ayudar a sus empleados a ver la importancia de cada uno de los clientes de manera individual. Barbara McMaster, gerente de distrito de Starbucks Irlanda del Norte, apunta, "Como líder tengo la responsabilidad de destacar la presencia de cada cliente que llega. Cada persona tiene que ser reconocida de la misma manera que se hace con el primer cliente del día. Tiene mucho que ver con crear empatía y pensar en la forma en que nos gustaría que nos trataran. Es algo más que el simple contacto visual; con el tiempo, incluso, es necesario identificar a los clientes frecuentes. ¿Quién es esta persona que se encuentra frente a mí? ¿Cuáles son sus necesidades? ¿Qué puedo hacer por ella?" Más allá de ese saludo inicial con que uno se vincula, el comentario de Barbara se enfoca en la idea de reconocer y llegar a "conocer" de forma genuina a los clientes. El saludo puede indicar que ya viste a la persona, pero para sentirse conocidos, los clientes tienen que percibir que te tomas el tiempo necesario y que tienes interés por vincularte con su esencia como individuos.

Nombres y controversia

Michelle Gass nos cuenta que cuando fue nombrada presidenta de EMEA de Starbucks, ella y su equipo de líderes trataron de fortalecer el "conocimiento" o la conexión personal de Starbucks en la región que les correspondía. "Volvimos al principio universal de la conexión humana. ¿Qué es lo que todas las personas del planeta tienen en común?

Un nombre. Con esa base empezamos a pensar si debíamos preguntarles a todos los clientes su primer nombre para escribirlo en los vasos. Naturalmente, debatimos muchísimo sobre los posibles riesgos de hacer algo así." Esos riesgos incluían la probabilidad de que las diferencias culturales produjeran reticencia en algunas partes de la región. Michelle continúa, "Llegamos a la conclusión de que los beneficios que obtendríamos bien valían correr el riesgo porque una clienta leal podría ser 'conocida' como la chica alta y delgada que siempre pide moca, pero se sentiría mucho mejor si, al entrar por la puerta, se diera cuenta de que realmente la 'conocemos' porque le decimos 'Hola, Jane, ¿cómo te ha ido hoy?'"

La costumbre de preguntarles a los clientes su nombre y escribirlo en los vasos no ha sido un requisito estándar constante en Estados Unidos, de hecho, tampoco se les ha exigido a los *partners* que escriban su nombre en el uniforme. Sin embargo, en marzo de 2012, la empresa lanzó en EMEA la campaña "Nombres en los vasos y nombres en los *partners*". Además de preguntarles a los clientes su nombre, los baristas empezaron a usar en el mandil etiquetas con sus propios nombres. En el Reino Unido se utilizó un video por internet y un anuncio pagado para presentarle el concepto al público:

> ¿Has notado que hoy en día todo parece un poco impersonal? Nos hemos convertido en nombres de usuario, números de referencia y direcciones de IP. Por eso, en Starbucks decidimos hacer las cosas de una manera distinta. A partir de ahora no nos referiremos a ti como "latte" o "moca", sino como tus padres quisieron llamarte: por tu nombre. De acuerdo, sabemos que es solamente un detalle, pero, vaya, ¿por qué no nos permites comprarte un café para que te presentes? Nosotros somos Starbucks, gusto en conocerte.

Para ver el comercial, introduce la siguiente dirección en tu buscador: http://tinyurl.com/lecr7d2 o pasa tu lector QR sobre este código:

Tal como se predijo, algunas personas recibieron con escepticismo este intento por personalizar el encuentro a través del "nombre" de cada cliente. Por ejemplo, Chris Hackley, profesor de mercadotecnia de Royal Holloway, Universidad de Londres, le dijo a la BBC esto: "Tal vez a algunas personas les agrade que las llamen por su nombre de pila, pero creo que a muchos les dará lo mismo, e incluso, habrá quienes se sientan incómodos. Es una situación demasiado familiar, tal vez hay un poco de intromisión a la privacidad. Es la personalización fingida de una relación económica. La amistad tiene que ser genuina."

Aunque, ciertamente, estoy de acuerdo con que la privacidad es fundamental para los clientes y los empleados en la actualidad, la mayoría de la gente no considera que escribir el nombre de pila en un vaso o en el mandil de un barista sea una amenaza. Además, los clientes pueden elegir el nombre que dan o, sencillamente, no darlo. Por lo general, cuando el cliente se niega a participar, sólo da un nombre chistoso o, si no da su nombre, el barista dibuja una carita feliz en el vaso. Si bien el profesor Hackley señala que la amistad debe ser genuina, a mí me parece que los líderes de Starbucks están en busca de establecer una conexión más personal que el simple "hola", pero que tampoco sea tan íntima como la amistad.

Dirk Nickolaus, gerente de distrito de Starbucks en Alemania, nos habla sobre la rapidez con que la gente empezó a dar su nombre en ese país: "Cuando comenzamos a preguntarles a nuestros clientes sus nombres, algunas personas se sorprendieron; fue un desafío para nosotros. Pero ahora escucho a los clientes decir, '¡Vaya! Antes, al entrar a la tienda, los baristas me reconocían y sabían cuál era mi bebida preferida, pero ahora incluso me llaman por mi nombre. Es un recibimiento muy grato'."

A pesar de la creciente aceptación de esta práctica de escribir los nombres en los vasos, también hay varios riesgos como los nombres mal escritos u otros errores involuntarios. Pero si bien pueden surgir problemas al usar el nombre del cliente, se debe tomar en cuenta que todos los aspectos de las interacciones humanas conllevan ese riesgo. El objetivo de los líderes es crear el ambiente adecuado para que ocurra la conexión humana y ayudar a los integrantes del equipo a enfrentar los problemas que surjan inevitablemente. El éxito de las etiquetas con el nombre de los empleados y de que éstos pregunten sus nombres a los clientes en la región EMEA, ha generado beneficios adicionales en el aspecto funcional. Sobre esto, Michelle Gass señala, "Los clientes y los *partners* me han contado que el hecho de que los vasos tengan nombre ha ayudado a mejorar la precisión en la entrega de las bebidas. Para el cliente puede ser muy incómodo no estar seguro de estar tomando la bebida correcta porque hay varias en el mostrador. Lo último que uno quiere es salir de la tienda y descubrir que tomó la bebida incorrecta. Dar tu nombre garantiza que obtendrás la bebida que pediste."

En la región de EMEA, los beneficios de escribir los nombres en los vasos y de que los *partners* también porten una etiqueta con su nombre en el mandil han instado a los líderes de otras regiones a participar en procesos similares de una forma más sistemática. En la Conferencia Global de Liderazgo de 2012 en Houston, Cliff Burrows, presidente de la región de América, señaló que Michelle y su equipo lo inspiraron a que la práctica de escribir los nombres en los vasos y en los mandiles se estandarizara en Estados Unidos, Canadá y Latinoamérica. Cliff añadió, "Es una forma en que podemos innovar y diferenciarnos. Además nos sirve para fortalecer la relación entre nuestros *partners* y los clientes." Como parte de este compromiso, los líderes de Starbucks han desarrollado herramientas de entrenamiento con que les ayudan a los *partners* a aprenderse el nombre del cliente y a usarlo, así como a personalizar cada vaso para fortalecer los vínculos con los consumidores. El punto central de este entrenamiento establece que, si los baristas se aprenden los nombres de los clientes y los usan de manera adecuada, tienen la oportunidad de establecer relaciones más profundas con la gente a la que atienden (en particular con los clientes frecuentes).

Innovación, diferenciación y fortalecimiento de relaciones

Con la sencilla acción de preguntarle a la gente su nombre de pila, los líderes de Starbucks diferencian la marca de forma sistemática. Karen Mishra, profesora de mercadotecnia de Meredith College y coautora del libro *Becoming a Trustworthy Leader*, destaca la importancia de diferenciarse a través de las relaciones. Durante mi investigación encontré publicaciones de Karen en Twitter. En uno de sus tuits habló sobre lo mucho que le sorprendió recibir una tarjetita de cumpleaños en su bebida de Starbucks. En una entrevista subsecuente, Karen añadió, "Los *partners* de la tienda Starbucks que visito ya me conocen. La gerente se llama Tanya. Mi esposo y yo vivimos en Durham hace algún tiempo

y luego nos fuimos un par de años a vivir a otro lado. Cuando volvimos, Tanya todavía se acordaba de nosotros." Karen menciona que le impresiona la memoria de Tanya y su capacidad para recordar los nombres de los clientes y todo lo que sabe sobre ellos. Karen añade, "Cuando Tanya contrata a gente nueva, le dice, 'Muy bien, Justin, éstos son fulanito y perenganita, están casados con tal y tal, y sus bebidas preferidas son éstas'." Karen le preguntó a Tanya sobre esta habilidad de recordar a la gente, y la gerente le respondió que ella creía que la gente merecía ser recordada y que siempre hacía un esfuerzo por aprenderse el nombre de una persona nueva todos los días. Es en este contexto del compromiso de "aprender", que Karen publicó la entrada de microblog que captó mi atención. El día de su cumpleaños, su esposo dejó que durmiera hasta tarde y fue a Starbucks por un café para ella. Cuando le preguntaron dónde estaba Karen, mencionó que era su cumpleaños. Karen explica, "Cada vez que alguno de nosotros no va a la tienda, los baristas escriben nuestros nombres en los vasos y algo como 'hola', pero en esa ocasión fue un mensaje especial de cumpleaños firmado por mi 'familia Starbucks', por eso lo compartí en internet."

Debido a que un grupo de baristas dirigidos por una gerente de tienda como Tanya se interesó en ver, escuchar y conocer a sus clientes, Karen sintió el deseo de compartir un mensaje relacionado con el trato personalizado que recibió en Starbucks. Su estatus como profesora de mercadotécnica y autora sobre confianza en marcas tal vez no fue lo que instó al barista que escribió su nombre y la felicitación de cumpleaños en su bebida, sin embargo, ese simple acto de reconocimiento condujo a una anécdota gracias a la que la empresa también resultó reconocida.

¿Tú prestas atención a la necesidad que tienen tus clientes de ser vistos y escuchados? ¿Podrías decir que se sienten comprendidos y reconocidos? Tal vez tu negocio exija que, para conocer a los clientes, tengas que recordar algo más que sus nombres y las bebidas que prefieren, sin embargo, lo más probable es que, al conocerlos mejor, logres diferenciarte de otras empresas a través de estas relaciones que transforman.

Aprecio

En todo el mundo, los clientes quieren sentirse apreciados por los negocios con que tratan. De hecho, las mejores oportunidades para generar lealtad se presentan después de la venta. ¿Tus empleados dicen "gracias", se despiden con calidez del cliente y lo invitan a volver a conectarse en el futuro? Tú, como líder, ¿estás creando un ambiente de gratitud y estructurando tu negocio para demostrar el aprecio debido a los clientes leales?

Para 2006, cuando escribí mi primer libro sobre Starbucks, ya había pasado dos años hablando ocasionalmente con los líderes de la empresa acerca de la ausencia de un programa corporativo de tarjetas para reconocer la lealtad. En aquel entonces, la respuesta típica que recibía se enfocaba en el hecho de que un programa de ese tipo podría debilitar el valor que se percibía de los productos Starbucks. Como en muchos de los otros negocios que operaban en la robusta economía de finales de los noventa y principios de la década del dos mil, los líderes de Starbucks entendían el valor de la repetición en los negocios, pero no recompensaban la lealtad del cliente. No obstante, eso cambió en 2008, cuando la empresa dio su primer paso importante respecto a un programa de recompensas. Aimee Johnson, vicepresidenta de comercio digital en lealtad y contenido de Starbucks, estableció los principios del programa al señalar que la marca revelaría "atrevidos elementos de conexión con el consumidor para mejorar la experiencia Starbucks y profundizar la relación con nuestros clientes." Al abrir una cuenta, poner fondos en una tarjeta Starbucks y pagar una membresía anual de veinticinco dólares, el cliente podía participar en el programa de recompensas y recibir, entre otros beneficios, un descuento del diez por ciento en casi todas las compras, una bebida gratis de cumpleaños y dos horas de internet gratuito (en aquel entonces el Wi-Fi era un servicio pagado y sólo estaba disponible en algunas tiendas. Hablaré más sobre este tema en el Capítulo 8).

En un artículo de 2008 que escribió para el *New York Times*, Ron Lieber hizo una reseña del esfuerzo inicial de Starbucks para recompensar la lealtad: "Todos queremos que nuestra fidelidad como clientes sea reconocida. Starbucks es una empresa a la que otros ven como modelo, por lo que, cualquier cosa que haga con este programa será una influencia para muchos otros negocios que comercian productos de valor superior. Por eso me da gusto anunciar que, ciertamente, Starbucks está considerando cierto tipo de estatus de élite. También estudia de qué manera podría usted aprovechar la tarjeta para darle velocidad al proceso de su visita y cómo ofrecer obsequios más generosos. Va a ser fascinante ver lo que la empresa le puede añadir a esta combinación." Tal como Ron lo predijo, Starbucks continuó perfeccionando su concepto de recompensa a la lealtad. Incluyó un estatus especial y modernizó y agilizó el uso del programa. Asimismo, la empresa anuló la suscripción pagada como parte del ingreso y aumentó las ventajas recibidas a través de la membresía. Yo soy miembro nivel oro, y con frecuencia recibo avisos y beneficios que complementan los alimentas o bebidas gratuitos que me dan cada vez que acumulo doce compras.

Algo notable de este programa de recompensas que no deja de evolucionar y que ahora se llama My Starbucks Rewards es que no sólo atiende una necesidad en Estados Unidos, sino el deseo global de ser reconocido y valorado como cliente. Desde que se lanzó el programa en Estados Unidos, Starbucks ha iniciado programas similares en todo el mundo. En 2010, un bloguero de Singapur señaló, "Después de muchos años de no tener ningún programa de recompensas/lealtad... [Starbucks] ¡al fin lanzó una tarjeta!... Definitivamente es bueno ser recompensado por ser cliente durante tantos años."

Cuando anunciaron los resultados del primer trimestre de 2012, los líderes de Starbucks reportaron que la empresa había ganado 413 000 nuevos clientes en el programa de lealtad en diciembre de 2011, con lo cual se incrementó la cantidad total de miembros hasta llegar a ser de más de 3.7 millones. El programa de recompensas en China mostró un crecimiento exponencial, ya que, desde el inicio del programa, diez meses antes, se inscribieron más de 250 000 participantes. En Norteamérica, las compras realizadas a través del programa de lealtad My Starbucks Rewards representan casi el veinte por ciento de las compras con tarjetas Starbucks.

Ying, una clienta de Bangkok, Tailandia, lo explica mejor, "Yo me doy cuenta cuando los empleados me agradecen por haber comprado ahí, y también cuando los gerentes aprecian a sus empleados y los líderes aprecian a sus clientes. Veo que todo esto sucede en Starbucks. Hoy en día, me siento particularmente apreciada y valorada por mis compras gracias a las recompensas que recibo a cambio." En un mundo en que se invierte tanto en productos y servicios de mercadotecnia y publicidad, el simple acto de dar las gracias o recompensar la lealtad de los clientes puede servir mucho para garantizar que éstos vuelvan a hacer negocios contigo y para establecer un vínculo emocional.

REFLEXIÓN SOBRE LA CONEXIÓN

1. ¿Qué necesidades universales de servicio atiende tu negocio?

2. En lo que se refiere a ver, escuchar y conocer a tus clientes, ¿cuáles son los puntos fuertes de las oportunidades para tu negocio? ¿Estás creando un vínculo con todos los clientes de forma verbal y no verbal desde el primer contacto? ¿Estás pasando de escuchar a tus clientes a conocerlos y saber de qué forma puedes servirles?

3. ¿Tienes una cultura de negocios que aprecie al cliente? ¿Tu aprecio se nota en las interacciones de servicio con la forma en que los gerentes tratan a los trabajadores que laboran directamente con los clientes y en el hecho de que los líderes generan recompensas y reconocimiento para el cliente?

Comunidad

El poema clásico de John Donne, "Por quién doblan las campanas", comienza con una observación de la condición humana que resulta importante para los líderes de negocios. El poema dice: "Ningún hombre es una isla entera en sí; cada hombre es una pieza del continente, una parte del todo." Naturalmente, la gente puede entrar a tu negocio de manera individual; sin embargo, muchos buscan la oportunidad de vincularse con individuos que piensen de la misma forma para gozar de los beneficios de la comunidad.

Aunque algunos líderes tienen conciencia amplia del anhelo que los humanos sienten por la comunidad, hay otros que no han podido conectar a sus clientes con algo más allá de sí mismos. Tengo un recuerdo muy vívido de una ocasión en que estuve con el grupo Círculo de Amigos de la revista *Fast Company* en Las Vegas, Nevada, a finales de los noventa. En 1997, los fundadores de la empresa presentaron la oportunidad para que los lectores asiduos se reunieran a conversar sobre las ideas que surgían en cada edición de la revista. Aunque la comunidad que se construyó gracias a *Fast Company* fue muy innovadora en aquel tiempo, lo que ha proliferado en tiempos recientes han sido los grupos y las salas de discusión en internet.

Los líderes de Starbucks también han demostrado ser innovadores al crear una comunidad de clientes y *partners*; además, la empresa ha podido añadir un elemento clave de activismo social. La participación en el servicio a la comunidad se da todo el año en Starbucks y los líderes establecen ambiciosos objetivos para motivar a los *partners* y a los clientes a que contribuyan con un millón de horas al año para apoyar causas con fuerte impacto. Starbucks tiene un sitio dedicado a ayudarles a los *partners* y a los clientes a vincularse (community.starbucks.com), donde se ofrecen listas de los próximos proyectos, blogs e historias de actividades realizadas. El sitio también confiere insignias virtuales para dar reconocimiento a los miembros que comienzan como nuevos voluntarios, pero van subiendo de nivel entre quienes realizan acciones que benefician a la comunidad.

Además del trabajo que se realiza a lo largo del año, hace tiempo Starbucks declaró abril como el Mes Global de Servicio. En abril de 2012, casi 60 000 *partners* y clientes, organizaciones locales y miembros de la comunidad proveyeron más de 700 000 actos individuales de servicio comunitario que provocaron cambios en más de treinta y cuatro países. Se donaron más de 230 000 horas de servicio y se completaron 2 100 proyectos de servicio en el plazo de un mes. La resonancia global de un programa que construye una comunidad con propósitos se refleja en el incremento del cincuenta por ciento —en comparación con los niveles previos— en proyectos completados y en el incremento de cuarenta y cinco por ciento en horas donadas.

Obviamente, el nivel de participación en el Mes Global de Servicio de Starbucks es alto y sigue creciendo; asimismo, los proyectos generan beneficios sustanciales. En 2012, por ejemplo, este programa incluyó proyectos como uno en el que 250 voluntarios en Vancouver, British

Columbia, construyeron caminos, repisas de almacenaje y cubículos para apoyar al Centro Comunitario Strathcona y colaborar en los programas juveniles del centro de la ciudad, o aquél en que 395 voluntarios de Shanghái, China, arreglaron la comunidad Gumei del Distrito Minhang, al mismo tiempo que les ayudaron a los residentes locales a reciclar material de desecho y a involucrarse en la jardinería orgánica.

Además de movilizar oportunidades directas para ayudar a la comunidad, los líderes de la empresa han involucrado a los clientes en la decisión de quién debe recibir parte del dinero para subvención de Starbucks. En 2012, un programa llamado Vote.Give.Grow les permitió a los poseedores de la tarjeta Starbucks registrarse en www.votegivegrow. com. Después de registrarse, los clientes podían votar semanalmente durante todo abril para elegir a los ganadores de la subvención de cuatro millones de dólares de la Fundación Starbucks. Más adelante, en el Capítulo 11, hablaremos sobre otras formas de donación corporativa directa, pero por ahora baste decir que los líderes de Starbucks continúan buscando maneras de trabajar en conjunto con los clientes para hacer el "bien" en el mundo.

En Asia, por ejemplo, los clientes pudieron conectarse con miembros de su comunidad a través de sus compras de Muan Jai®, una mezcla de cafés arábigos de Tailandia y algunos países insulares del Pacífico. Al comprar esta mezcla de café, los clientes de Tailandia y los otros lugares ayudaron a mejorar el ambiente y las condiciones socioeconómicas de las familias de los agricultores de café pertenecientes a las tribus de las montañas del norte del país. Una parte de las ganancias de la mezcla Muan Jai fue donada directamente a los agricultores. Después de esto, no resulta del todo una coincidencia que en la lengua tai del norte, *muan jai* signifique "felicidad de corazón pleno".

Otro ejemplo de un programa que tuvo alcances tanto en Estados Unidos como en otros países fue la alianza que se forjó entre los líderes de Starbucks y Red HandsOn (HandsOn Network) para diseñar la campaña "I'm In!". Después de que el presidente Barack Obama inició su primera gestión, Starbucks ofreció bebidas gratis a quienes se comprometieran a dar cinco horas de trabajo voluntario a través de la red HandsOn. HandsOn Network es subsidiaria de Points of Light Foundation, y cuenta con 250 centros de acción voluntaria en dieciséis países. La respuesta a la campaña "I'm In!" dio como resultado 1.25 millones de horas de trabajo voluntario en todo el mundo.

Jeremy Tomen, cliente de San Diego, California, nos habla sobre cómo se vincula con Starbucks a través de su compromiso con la comunidad, "Estaba en Starbucks, en la fiesta de lanzamiento de una organización sin fines de lucro para la que trabajo, y tenía puesta una camiseta de la misma. Comencé a hablar con una *partner* de Starbucks llamada Kate, quien me preguntó acerca de la organización y si necesitábamos café para el evento. Resultó que Kate era la gerente de la tienda y terminó donando todo el café para nuestro evento, además de cinco o seis cajas de té Tazo, así como todos los artículos adicionales que necesitábamos para nuestra barra de café. Incluso armó una canasta para rifarla, con medio kilo de café y dos tazas. Creo que es asombroso que una empresa tan grande como Starbucks sea así de generosa y se pueda vincular con la comunidad a un nivel tan elemental." *Asombroso, generosa, vincular* y *comunidad*: las palabras de Jeremy capturan la peculiar y fuerte oportunidad que tienen los líderes para forjar relaciones especiales con sus clientes por medio de la participación para ayudar a la comunidad. Todos los líderes tienen la oportunidad de que sus negocios ofrezcan algo más que productos y servicios. De hecho, con una buena administración y la disposición a pensar más allá de los beneficios tangibles y de los atributos de los productos, los líderes pueden crear situaciones para que los clientes sientan que pertenecen a un grupo y que tienen un propósito.

Comodidad y variedad

Parece que los humanos tenemos necesidades opuestas tanto para la comodidad predecible como para la variación de lo predecible. En otras palabras, queremos que la comodidad permanezca estable, pero también necesitamos suficiente variedad para evitar el aburrimiento. En un contexto social, sin tomar en cuenta el lugar donde viva, toda la gente quiere manejar las inconsistencias de la vida con lo que ofrece Starbucks: un agradable local en dónde relajarse, tranquilizarse y saborear su bebida preferida. La tienda Starbucks es un lugar cómodo para la gente del lugar y para los viajeros.

Helen Wang, autora de *The Chinese Dream: The Rise of the World's Largest Middle Class and What It Means to You*, señala que incluso en países como China, en donde históricamente la bebida preferida es el té, Starbucks ha implementado entrenamiento para empleados y construido locales para fomentar la aspiración, la comodidad y el éxito: "El elegante interior, los cómodos sillones y la animada música no solamente diferencian a Starbucks de la competencia, también tienen un fuerte atractivo para las generaciones de jóvenes que tienen fantasías sobre la cultura occidental del café como símbolo de un estilo de vida moderno. Starbucks [también] entiende el valor de su marca global y, por lo tanto, ha dado los pasos necesarios para mantener su integridad. Una de las mejores prácticas de la empresa consiste en enviar a sus mejores baristas de los mercados establecidos a mercados nuevos para que entrenen a sus empleados. Estos baristas actúan como embajadores de marca, ayudan a establecer la cultura Starbucks en otros lugares y se aseguran de que el servicio mantenga el estándar global en todos los locales."

La ejecución uniforme de los estándares de la marca y la creación permanente de un ambiente físico acogedor es lo que invita a la gente a desarrollar hábitos cotidianos y rituales que la hacen sentir cómoda. Un bloguero escribió lo siguiente: "Creo que soy una persona de hábitos. Siempre paso rápidamente al Starbucks camino al trabajo. Tengo que admitir que, como soy soltero, me agrada comenzar la mañana viendo un rostro amable que en realidad me conoce. Algunos hemos desarrollado una pequeña y peculiar amistad en la ventana del Drive Thru."

Aunque muchos de nosotros dirigimos empresas en las que no hay un contacto cotidiano con el cliente, de todas formas es posible promover rituales relacionados con productos de temporada o, incluso, eventos anuales. Los eventos de Starbucks incluyen el lanzamiento global de los "vasos rojos" o "tazas rojas", el cual coincide con la temporada de las celebraciones de Día de Gracias y Navidad en Estados Unidos. El atractivo a nivel global de estos productos se hace evidente en el sitio de internet llamado countdowntoredcups.com, el cual no forma parte de Starbucks.

Incluso antes de que se anuncie la fecha de lanzamiento de las tazas y los vasos, en este sitio se publican cosas como, "todavía estamos esperando la confirmación oficial de Starbucks, pero creemos que el lanzamiento será el 2 de noviembre." En ese momento inicia la cuenta regresiva del reloj del sitio, tomando en cuenta el pronóstico del administrador.

Además de este sitio que hace una cuenta regresiva para la fecha de lanzamiento de las tazas y los vasos rojos, internet está inundado de fotografías que comparte la gente, en las cuales aparece sosteniendo su primer vaso rojo de la temporada, así como tuits y publicaciones en blogs que dicen, "¡Hoy es el día!... Nos detuvimos en nuestro Starbucks favorito del vecindario, y ahí... deslícense en la pantalla y miren la fotografía... la madre nodriza... El vaso rojo del día. Tan sólo esto me hace feliz. No sé qué tienen estos alegres vasitos rojos, pero para mí son una señal de que ya comenzó la temporada de fin de año y hacen que me den ganas de hornear galletas, acurrucarme cerca de la chimenea y disfrutar a la familia y los amigos... Hice el baile feliz con los baristas (mi esposo trató de ocultarse y fingió que no me conocía)." Cuando la gente hace el baile feliz con los miembros de tu equipo, puedes estar seguro de que estableciste un ritual reconfortante.

El atractivo de los vasos rojos ofrece una presencia de temporada y es producto de las modificaciones en el diseño que se llevan a cabo año con año. Lo que fortalece el interés de la gente es la mezcla de lo predecible con el anhelo del cambio. De seguro tú ya te cansaste de las marcas que ofrecen productos predecibles y no pueden añadir nada nuevo o emocionante. O, en contraste, quizás ya perdiste el interés en esa empresa que eliminó un producto icónico para presentar un desfile interminable de artículos que "acaban de llegar" o son "nuevos este año". Gracias a una oferta sólida, a los productos de temporada y a una pequeña línea de atractivos productos nuevos, los líderes de Starbucks son capaces de promover la lealtad, la comodidad y el entusiasmo de los clientes. Tracy Olsen, ciudadana estadounidense que da clases en Corea, señala, "Me encanta Starbucks. Es el único lugar en Daegu en donde puedo pedir un chai *latte*. Es el lugar en donde tengo la reconfortante experiencia de estar en casa y disfrutar de productos nuevos e interesantes. Ahí también tengo acceso a productos que forman parte de la cultura a la que pertenezco." En el Capítulo 7 analizaremos la forma en que Starbucks añade elementos originales a su selección de productos, su ambiente y la experiencia de servicio, pero por lo pronto podemos ver que el comentario de Tracy refleja el bienestar que puede generar la mezcla correcta de los productos predecibles y los variables.

REFLEXIÓN SOBRE LA CONEXIÓN

1. ¿Qué es lo que valoran tus empleados y tus clientes? ¿Cuáles causas, eventos u oportunidades educativas podrían servirte para unir a la comunidad de clientes o para formar un grupo de clientes y empleados? ¿De qué forma podrías participar como facilitador en la creación de conexiones sociales entre gente que piensa de manera similar?

2. ¿Qué aspectos de tus productos o servicios son reconfortantes o producen una sensación de estabilidad para tus clientes? ¿Cómo puedes mejorar estos aspectos de tu negocio? ¿Cuáles son los productos fundamentales de tu negocio que deberían ser constantes?

3. ¿Qué marcas te parece que tienen un equilibrio adecuado entre su oferta de artículos o servicios tradicionales y sus nuevas aportaciones? ¿Qué porcentaje de artículos nuevos y artículos tradicionales cubre mejor las necesidades de tus clientes?

La prueba está en el café

Digamos que ya identificaste las maneras de atender las necesidades humanas subyacentes con tus productos, servicios y participación en la comunidad. Además, demos por hecho que acabas de lanzar otra rama de tu negocio en un contexto nuevo (tal vez al otro lado del estado o, incluso, en otro continente). ¿Cómo saber si tu marca será bien recibida? ¿Cómo sabrás si estás formando un vínculo sostenible?

Para los líderes de Starbucks, la aceptación inicial en un nuevo mercado a veces se puede notar en el entusiasmo de la gente que anticipa la inauguración de una nueva tienda o en la cantidad de personas que se forman afuera de ésta el día de apertura. En octubre de 2012, por ejemplo, Starbucks y su Tata Coffee Group, su socio empresarial, hicieron su tan esperada entrada a India con una tienda insignia en Mumbai.

Aproximadamente semana y media después de la gran inauguración, Shymantha Asokan escribió el siguiente artículo para *The Guardian*: "En los pasados diez días, sudorosas filas de hasta cincuenta personas se han formado afuera de un antiguo edificio colonial en el centro de Mumbai, mientras un guardia de seguridad aplica la política de 'uno entra, uno sale'. Estas personas llenas de esperanza no están tratando de entrar a un moderno club nocturno nuevo ni quieren estrechar la mano de un político que está de visita. Tan sólo esperan hasta una hora para entrar a Starbucks." No había ninguna celebridad y no se trataba

Tienda Starbucks en Mumbai, India

de un nuevo lugar de moda, solamente era el primer Starbucks que se abría en India.

Hazel Hardijzer, clienta, entiende el entusiasmo con que la gente anticipa la apertura de Starbucks en otros mercados del mundo. Según Hazel, "Starbucks abrió en el aeropuerto Schiphol [Amsterdam] aproximadamente en 2007. Recuerdo que tener 'nuestro propio' Starbucks fue algo muy especial. Como yo ya había viajado bastante para ese entonces, ya conocía los Starbucks de otros países y podía decir que 'había estado ahí' y que había vivido la experiencia." Cuando los clientes están tan entusiasmados de tener su propia tienda o están dispuestos a esperar una hora formados para la inauguración, puedes estar seguro de que tu producto es atractivo. Pero, cuando pase la emoción y la novedad se agote, ¿serás capaz de mantener el entusiasmo y continuar teniendo ventas?

Para Starbucks, el éxito internacional lo validan la sustentabilidad financiera de la empresa o el crecimiento en muchas regiones del mundo. De manera muy similar a la historia del éxito de Starbucks en Estados Unidos, el crecimiento se dio de una forma bastante rápida durante períodos de prosperidad económica global y de una reputación positiva de la marca (a pesar de que ha habido algunas excepciones en ciertos mercados; al respecto ver Capítulo 7). Incluso en medio de los desafíos económicos globales, la empresa ha tenido estabilidad en todo Norteamérica y Europa, además de un fuerte crecimiento en Latinoamérica y Asia. En 2012, por ejemplo, la empresa abrió, con Corporación de Franquicias Americanas, su primera tienda en Costa Rica como parte de un esfuerzo empresarial conjunto. Asimismo, inauguró un Centro de Apoyo para Agricultores en Colombia. Los planes de crecimiento en Latinoamérica incluyen cientos de tiendas en Brasil y más de trescientas inauguraciones en Argentina y México para 2015. Pan Kwan Yuk, reportera y comentarista especializada en mercados en desarrollo, nos dice, "Como sucedía en Estados Unidos antes de Starbucks, en Latinoamérica hay pocos lugares en donde uno puede sentarse con un libro o la computadora y pasar el día." Asimismo, al hablar de la estabilidad en el resto de América, podemos mencionar que en 2012 Starbucks cumplió veinticinco años en Canadá, el mercado internacional más antiguo y grande de la marca. En 2013, la empresa cumplió cuarenta y dos años de operaciones en Estados Unidos, con casi 11 000 tiendas en los cincuenta estados.

Buena parte del mayor crecimiento de la marca está sucediendo en Asia, en donde se planea abrir quinientas tiendas nuevas en el año fiscal 2013. Más de la mitad de esas inauguraciones se realizarán en China. Además, 2013 marca la apertura de la tienda número 1 000 en Japón, que fue el primer lugar en donde se abrió una tienda fuera de Estados Unidos.

De acuerdo con un reporte que apareció en *MSN Money* en agosto de 2012, Asia estaba contribuyendo con, aproximadamente, trece por ciento de las ganancias de Starbucks. En ese entonces, John Culver, presidente de Starbucks China y Asia-Pacífico, señaló, "Con márgenes altos en tiendas y una penetración baja, y dado el tamaño del país, nos encontramos en las primeras etapas de lo que creemos que se puede lograr en este mercado." Es probable que China eclipse a Canadá y se convierta, en 2014, en el mercado más grande de Starbucks fuera de Estados Unidos.

En total, al principio del año fiscal 2012, Starbucks previó la apertura de 1 200 tiendas nuevas (que representaban un crecimiento de aproximadamente tres tiendas diarias), de las cuales la mayor parte sería fuera de Estados Unidos. Estas cifras sugieren que la conexión de la empresa es fuerte y que prospera en el ámbito internacional gracias, en gran medida, a la capacidad de los líderes para colocar a la marca en la posición adecuada para cubrir las necesidades del producto y las necesidades universales emocionales, sociales y de estilo de vida de los clientes, quienes provienen de lugares y situaciones muy distintos. Sin embargo, a pesar de esa sólida plataforma universal, los líderes de Starbucks, al igual que lo hacen los líderes de cualquier otra empresa de gran alcance, han tenido que encontrar la manera de mejorar la relevancia local de sus productos, tema del cual hablaremos en el Capítulo 7.

PUNTOS DE CONEXIÓN

- Los clientes quieren ser vistos y escuchados.

- Aunque las diferencias culturales pueden afectar tu manera de demostrarla, la disposición a buscar vínculos personales con los clientes le ayudará a tu negocio a destacar entre tus competidores.

- Los líderes deberían crear el ambiente adecuado para que se produzcan las conexiones entre la gente y ayudarles a los miembros del equipo a enfrentar los inevitables desafíos que surgen en las interacciones humanas.

- Conocer a tus clientes te permite destacar entre las muchas marcas que tratan de vender sin escuchar.

- Las mejores oportunidades para generar lealtad se presentan después de la venta, cuando tus empleados dicen "gracias", se despiden con calidez del cliente y lo invitan a volver a conectarse en el futuro.

- Los líderes deben promover un ambiente de gratitud y estructurar el negocio para mostrar el aprecio por los clientes leales.

- Todos los líderes tienen la oportunidad de ofrecer algo más que productos o servicios en sus negocios. Los líderes pueden hacer que los clientes sientan que pertenecen a un grupo y que tienen un propósito.

- Sé innovador y construye una comunidad de clientes y empleados; además, considera la adición de un elemento de activismo social.

- Los seres humanos quieren que su bienestar sea estable, pero también necesitan variedad suficiente para evitar el aburrimiento.

- Aunque muchos dirigimos negocios en donde el contacto cotidiano con el cliente no es frecuente, de todas formas podemos promover rituales por medio de productos de temporada o, incluso, eventos anuales.

Respeta, celebra y personaliza: escuchar e innovar para cubrir las necesidades locales, regionales y globales

Nuestras similitudes nos llevan a un sitio en común; las diferencias permiten que nos fascinemos los unos con los otros.

TOM ROBBINS

Las expansiones mercantiles son difíciles y a veces las empresas tienen un alcance exagerado o no logran entender las necesidades locales de su mercado. En este capítulo exploraremos los desafíos que ha enfrentado Starbucks al tratar de afianzar su importancia a nivel global, pero primero echaremos un vistazo a las lecciones aprendidas de Intuit, empresa fundada en 1983 y que produce el exitoso producto estadounidense Quicken —un programa de *software* para la preparación de las contribuciones fiscales—.

Durante los diez años siguientes al lanzamiento del producto en Estados Unidos, Intuit se expandió con éxito a los mercados canadiense y británico. Poco después, los líderes de la empresa lanzaron el producto en otros países europeos, en Sudamérica, México y Japón. A pesar de la considerable atención que recibieron de los medios en esos países, las ventas de Intuit se desplomaron después de que se cubrieron las primeras órdenes. Como resultado, la empresa tuvo que replegar sus operaciones en todos los países excepto Reino Unido, Canadá y Estados Unidos. Al explicar los fallidos intentos de expansión, Scott Cook, fundador de la empresa, señaló, "La raíz del problema estuvo en nuestra prematura decisión de no construir los productos basándonos en un análisis profundo de los distintos países. Diseñamos los productos tomando en cuenta lo que teníamos en Estados Unidos. Ahí triunfamos porque estudiamos a los clientes potenciales mejor de lo que lo hicieron los demás. Los conocíamos de pies a cabeza y por eso hicimos un producto perfectamente natural para su forma de trabajar. Eso no lo hicimos en el extranjero; allá sólo les dimos el producto que habíamos diseñado en Estados Unidos." Después de salir de esos mercados, Intuit evitó la expansión global por más de una década. Como lo explica Scott Cook, cuando la empresa renovó su plan de crecimiento internacional, aprovechó las enseñanzas que había aprendido en su primer intento a gran escala e "hizo las cosas bien; contrató a gente de cada localidad para sumergirse, entender al cliente a fondo y diseñar las soluciones necesarias en lugar de sólo ofrecer lo que les quedó de inventario en Estados Unidos." Desde que Intuit revisó su enfoque, logró crecer con éxito en Singapur, India, Sudáfrica y Nueva Zelanda.

Este capítulo te permitirá ver una serie de enfoques y ajustes clave que utilizaron los líderes de Starbucks para maximizar la importancia local de sus productos, servicios y ambientes físicos. El viaje comienza con el modelo regionalizado de operaciones. En el capítulo también se explora el papel de las sociedades locales de negocios y se delinean métodos específicos para hacer los productos y los servicios a la medida del cliente, y así, atender los deseos y las necesidades culturales específicas de cada región.

Descentralización y revitalización

Antes de julio de 2011, Starbucks operaba como dos entidades de negocios centralizadas, Starbucks U. S. y Starbucks International. Ambas entidades eran dirigidas desde Seattle, Washington. En 2011 hubo un dramático cambio en la forma de operar, el cual se realizó con el objetivo de enfrentar los crecientes desafíos y aprovechar las oportunidades globales que estaban surgiendo. Los líderes *senior* de Starbucks se descentralizaron y se separaron en un modelo de tres regiones. En el libro ya he contado anécdotas de los líderes de cada una de estas regiones, pero para ser más claro, debo explicar qué incluye cada zona y quién la dirige:

China y Asia-Pacífico, presidente, John Culver. Los países incluidos en esta región son Australia, China, Hong Kong, India, Indonesia, Japón, Macao, Malasia, Nueva Zelanda, Filipinas, Singapur, Corea del Sur, Taiwán, Tailandia y Vietnam.

Europa, Medio Oriente y África, presidente, Michelle Gass. Los países incluidos en EMEA, son Austria, Bahrein, Bélgica, Bulgaria, Chipre, República Checa, Dinamarca, Egipto, Finlandia, Francia, Alemania, Grecia, Hungría, Irlanda, Jordania, Kuwait, Líbano, Marruecos, Países Bajos, Noruega, Omán, Polonia, Portugal, Qatar, Rumania, Rusia, Arabia Saudita, España, Suecia, Suiza, Turquía, Emiratos Árabes Unidos y Reino Unido.

América, presidente, Cliff Burrows. Esta región incluye a Argentina, Aruba, Bahamas, Brasil, Canadá, Chile, Costa Rica, Curazao, El Salvador, Guatemala, México, Perú, Puerto Rico y Estados Unidos.

El objetivo de esta reestructuración de Starbucks fue crear un modelo que estuviera menos centrado en Estados Unidos, pero que de todas formas aprovechara lo mejor de la empresa de una manera relevante para los mercados globales. Esta reestructuración les da a los presidentes regionales un área geográfica de la cual ellos son responsables, pero también les da autoridad total para desarrollar planes estratégicos que atiendan los objetivos de negocios en cada lugar. Michelle Gass, presidenta de EMEA, nos habla de la naturaleza regional del desarrollo de estrategias de negocios: "Sería justo decir que el negocio en EMEA es el de menores ganancias de las tres regiones, ya sea calculando la ganancia en una base absoluta o porcentual." Después de pasar bastante tiempo viajando por la región, Michelle y su equipo de líderes diseñaron una estrategia que se basaba en las observaciones y en las necesidades que percibieron en su área geográfica, y en la cual incluyeron actividades como explorar la importancia local de los cafés que se vendían, la construcción de ambientes inspiradores en cada tienda y la intención de mejorar el "ritual cotidiano" del café por medio del aumento del acceso y la disponibilidad de una oferta que fuera congruente con el estilo de vida de los clientes en toda la región. Más adelante, en este capítulo, hablaremos específicamente de los cambios que se hicieron al café *espresso* en EMEA, el enfoque para rediseñar las tiendas y la mayor disponibilidad de productos y bebidas para llevar. No obstante, para el propósito de este análisis, debo mencionar que los líderes *senior* como Michelle ya no tratan de manejar un negocio global desde el Centro de Apoyo Starbucks en Seattle, Washington, ahora se encuentran en una mejor posición, la cual les da independencia absoluta para hacer cualquier cosa que necesiten en su región. Ciertamente, los desafíos que enfrenta John Culver en el mercado de China y Asia-Pacífico son muy distintos a los que enfrenta Michelle en Europa, Medio Oriente y África. John, por ejemplo, tiene que ayudar a que Starbucks sea considerado un empleador de alto nivel en China y resguardar con cuidado las oportunidades de expansión y distribución en India y en la mayor parte de China, al mismo tiempo que debe explorar las muchas oportunidades que surgen en mercados emergentes como Vietnam.

Además de tener una nueva estructura de liderazgo en las regiones y de crear planes de negocios autónomos, esta reorganización les permite a líderes como Michelle, John y Cliff compartir mejores prácticas que pueden ser útiles en otras áreas del mundo. En el Capítulo 6 vimos lo bien que funciona esto, cuando hablé sobre cómo Cliff Burrows, presidente de Starbucks América, adoptó la práctica que había implementado Michelle en EMEA de usar los "nombres de los *partners* en el mandil y los de los clientes en los vasos."

Si bien la reasignación que se hizo de los líderes para generar una supervisión local tiene sus ventajas, debemos decir que no es la respuesta absoluta para conseguir el éxito global. Cada líder de negocios de Starbucks debe continuar equilibrando las necesidades culturales importantes con una conexión reconocible de la marca Starbucks. El objetivo no es que la marca incorpore las diferencias locales ni que se ofrezca una experiencia Starbucks intrínsecamente estadounidense que domine sobre las necesidades de los clientes en un mercado local. De hecho, los investigadores han señalado que las marcas como Starbucks le dan forma a las comunidades y, a su vez, toman forma gracias a las culturas locales. Craig Thompson y Zeynep Arsel, articulistas de *Journal of Consumer Research*, señalan, "En años recientes, los estudios antropológicos han ayudado a construir una sólida teoría empírica [que sostiene que] con frecuencia los consumidores se apropian de los significados de las marcas globales para lograr sus propios objetivos, añaden nuevas asociaciones culturales de una forma creativa, se deshacen de las asociaciones incompatibles y transforman otras para que tengan cabida en los patrones culturales y de estilo de vida. Desde esta perspectiva, la introducción de marcas globales en culturas locales, paradójicamente, produce cierta heterogeneidad, ya que las marcas adquieren todo tipo de significados locales." En esencia, todas las marcas exitosas deben darse cuenta de que necesitan tomar forma de acuerdo con la cultura local y a cambio deben ser una fuerza que le dé forma a las culturas que atienden.

La búsqueda de socios locales

Al principio de este capítulo destaqué los primeros desafíos que enfrentó Intuit cuando trató de hacer una expansión global. En su intento por volver a colocar a la marca en una situación que le garantizara el éxito, Scott Cook, fundador de ésta, comentó que el alcance correcto del éxito global se basa en "contratar a gente de cada localidad para que se sumerja, entienda al cliente a fondo y diseñe las soluciones necesarias." En Starbucks, la contratación de empleados es extremadamente importante para cada mercado, pero también lo es la selección de socios de negocios que puedan realizar actividades empresariales en conjunto. Con frecuencia, Starbucks debe aprobar y confiar en aliados de negocios que le provean conciencia sobre sutilezas culturales difíciles de discernir, así como conocimiento sobre la operación en ciertas prácticas de negocios esenciales, posicionamiento óptimo en bienes raíces e incluso comportamiento de los consumidores locales.

En 2007, cuando realicé actividades como orador y asesor en varios lugares de la India, en repetidas ocasiones tuve que contestar a preguntas como, "¿Cuándo viene Starbucks a India?" Mi respuesta típica era, "Creo que lo hará cuando la empresa encuentre al socio local de negocios adecuado para garantizar su éxito aquí." Debido a que India tiene una población joven (la edad media promedio es de veinticinco años) de 1.2 mil millones de personas que ya han tenido contacto con una creciente cultura del café en las tiendas locales, es un país que, por mucho tiempo, ha resultado atractivo para Starbucks. En enero de 2011 los líderes profundizaron sus investigaciones por medio de un memorándum de entendimiento pero no vinculante con Tata Coffee. Finalmente, esta relación se transformó en un acuerdo de sociedad de negocios.

Tata es una empresa que cotiza en el mercado, en la bolsa de valores de Mumbai. Es parte de Tata Group, un conglomerado multinacional que opera en siete sectores de negocios en más de ochenta países de los seis continentes. Tata Coffee fue fundada en 1922 y ha sido descrita como, "la empresa de plantaciones integradas de café más grande del mundo." La asociación con Tata no sólo le dio a Starbucks la oportunidad de aprovechar la importancia cultural, sino también le brindó una plataforma de suministro y tueste con la oportunidad de acceder a la cadena de abastecimiento y obtener granos verdes de café arábica de las plantaciones de Tata Coffee y tostarlos en las instalaciones de Tata que ya existían.

Después de que Starbucks inauguró su primera tienda en Mumbai (seguida, una semana después, por la apertura de tres tiendas más), a Howard Schultz también le preguntaron por qué la empresa se había tardado tanto en entrar a India. Su respuesta le hizo eco a la importancia de haber esperado a afianzar con Tata un acuerdo que protegiera una inversión tan sustancial: "[India] es un mercado muy difícil de abordar. En algún momento pensamos que podíamos venir solos porque subestimamos la complejidad, pero cuando conocimos a la gente de Tata nos dimos cuenta, de la noche a la mañana, de que los activos que había entre Tata y Starbucks se complementaban tan bien que juntos podríamos ser coautores de una estrategia muy particular para traer Starbucks a India y, con el tiempo, construir un negocio muy significativo e importante."

La respuesta de Howard además de destacar la necesidad de elegir bien a un socio, nos habla de la importancia del paciente compromiso a largo plazo que se requiere para alcanzar el éxito en el escenario global. John Culver, presidente de Starbucks China y Asia-Pacífico, nos explica, "El éxito en el mercado global no es instantáneo. Tus socios en el mundo y las comunidades a las que ingresas tienen que saber que estás comprometido con su crecimiento y desarrollo a largo plazo. Lo que ellos quieren es una buena corporación que les ayude a mejorar y que haga lo necesario para conseguir un éxito sustentable y resultados positivos. Si puedes ofrecer lo anterior de manera consistente, esos socios y comunidades te ayudarán a mejorar a largo plazo." Y hablando específicamente de la empresa conjunta en India, Howard añade que Tata y Starbucks "les están ofreciendo una experiencia sin igual a los clientes de India. Estamos invirtiendo a largo plazo y vemos un gran potencial de crecimiento acelerado en este país." La selección cuidadosa de socios de negocios, el liderazgo descentralizado, la paciente ejecución de una estrategia que conjugue la esencia de la marca con las necesidades locales más relevantes y el compromiso a largo plazo son los elementos que forman parte de la fórmula para tener éxito más allá de las fronteras de tu ciudad.

Cómo alcanzar el equilibrio por medio del ambiente físico

Muchas marcas entran a comunidades y parecen estar "fuera de lugar" tan sólo porque, o no entienden las propiedades físicas o la historia de la nueva comunidad, o porque no han intentado integrarlas. Kimberlee Sherman, gerente de programa de Diseño Global y Servicios de Apoyo de Construcción, reconoce que por algún tiempo Starbucks no adaptó los diseños de sus tiendas para ofrecer relevancia local. "Nosotros comenzamos a estar en todas partes, mientras las casas de café independientes podían distinguirse en las comunidades locales porque ofrecían espacios interesantes. Sus locales eran más contemporáneos y tenían más atractivo para las comunidades que atendían. Tuvimos que admitir que necesitábamos actualizar el enfoque del diseño. Después de un descalabro económico, empezamos a evaluar de nuevo con mucho cuidado la originalidad y lo adecuado de nuestros conceptos de diseño."

Como resultado de este proceso de reevaluación, los líderes de diseño de Starbucks produjeron un enfoque más hecho a la medida para el diseño de las tiendas. En su período de alto crecimiento, la empresa obtuvo beneficios gracias a la consistencia en la presentación de las tiendas y a las economías de escala. Al duplicar los diseños, Starbucks pudo adquirir mesas, sillas y otros elementos arquitectónicos de una forma más efectiva con relación al costo; sin embargo, las tiendas también empezaron a lucir demasiado similares y la relevancia local se minimizó. Este enfoque de duplicación en el diseño tal vez le restó un poco a la originalidad de la experiencia Starbucks y tuvo un efecto en la lealtad de los clientes. La estrategia para un cambio de rumbo radical tuvo como componente principal una mayor libertad para crear diseños originales. Gracias a esta estrategia, Starbucks pudo desarrollar una solución expandible, maleable e innovadora que comenzó con los conceptos para diseños de tiendas denominados herencia, artesanal y moderno regional.

Kimberlee añade, "Tomamos lo que aprendimos en las pruebas de conceptos para tiendas, cultivamos las mejores ideas y horneamos esas enseñanzas para producir estándares en nuestras tiendas principales. Dentro de cada uno de estos estilos de concepto hay variedad en el mobiliario y los elementos arquitectónicos que cada diseñador local puede elegir. Tenemos un sitio de internet que funciona como centro de recursos de diseño, y ahí hacen sus compras los diseñadores de todo el mundo. En ese sitio pueden encontrar lineamientos de diseño y seleccionar los elementos que vayan de acuerdo con la comunidad a la que se va a atender y que la inspiren. Los diseñadores pueden ofrecer todavía más originalidad con artesanía local, acabados y elementos similares." En la opinión de Kimberlee, este enfoque de combinación que incluye artículos estándar y ofrece la oportunidad de hacer variedades locales, tiene un objetivo específico. Ella nos explica, "Queríamos tener relevancia local. Queremos que el diseño les funcione a los clientes en cada una de las tiendas. Los diseñadores tienen que entender la arquitectura del local, el vecindario, la base de clientes y la competencia. Buscan cualquier aspecto histórico o interesante de la arquitectura que pueda ser usado o deba ser eliminado. De la misma forma que nuestros baristas personalizan las bebidas, nosotros ofrecemos soluciones hechas a la medida para que cada región y mercado brinde un tercer ambiente, además del de casa y oficina, que les vaya bien a los clientes."

Para entender mejor la manera en la que los diseñadores hacen que las tiendas sean adecuadas para las comunidades locales, sólo basta echar un vistazo al rediseño que se realizó antes de los Juegos Olímpicos de 2012 en Inglaterra. Thom Breslin, director de diseño de Starbucks, Reino Unido, nos comenta que el proceso de rediseño a veces puede ser una interrupción para los *partners* y para los clientes. Thom opina que este proceso tiene que promover ganancias en el aspecto funcional, financiero y creativo, que justifiquen la inversión y la interrupción. Es por eso que sugiere que, en principio, se atiendan los modelos de uso local: "Tomar en cuenta las influencias culturales locales es parte importante del proceso de diseño para garantizar relevancia en el mercado. Creemos que todo comienza al escuchar y observar las necesidades de los *partners* y los clientes. Se trata de comunicarse de frente, de hablar con los clientes, escuchar a los *partners* y de ver las cosas desde la perspectiva de la experiencia colectiva. Nuestros *partners* pasan mucho tiempo en este ambiente, así que si fracasamos y no podemos diseñar una experiencia agradable para ellos, entonces también será difícil crear un espacio físico que les permita conectarse de manera eficaz con los clientes. El diseño debe servir para apoyar a los vecindarios con tiendas que luzcan increíbles y que rebasen la ambición de la comunidad y las necesidades para que la gente pueda establecer un vínculo emocional con nuestra marca."

Hay muchos ejemplos de cómo integró Starbucks la conexión de la marca al diseño del edificio local, sin embargo, para los propósitos de este libro, veremos la tienda Dazaifutenmangu Ometesando, en Dazaifu, Japón. El espacio fue diseñado por Kengo Kuma y Asociados; integra aspectos de la arquitectura tradicional japonesa y china (en los que se apilan pequeños objetos de los cimientos hacia arriba) y más de 2 000 bastones de madera con los que se construyó un entramado tejido. De acuerdo con un artículo publicado en la revista *Dezeen*, "esta tienda de Starbucks es característica de cierta forma porque se apoya, en primer lugar, en un enfoque principal en el Dazaifutenmangu, uno de los santuarios más importantes de Japón. Este santuario, establecido en 919 a. C., ha sido adorado como "El Dios de Aprendizaje", y cada año recibe a cerca de dos millones de visitantes que desean tener éxito. El proyecto tenía el objetivo de hacer una estructura que armonizara con ese paisaje urbano, haciendo uso de un sistema original que consiste en el tejido diagonal de maderas delgadas."

Así como el diseño de la tienda debe ser funcional y tener relevancia local para las comunidades a las que ahí se atiende, con frecuencia los productos también deben cambiar para adecuarse a las preferencias de los lugareños. Por lo general, las modificaciones a los productos en Starbucks se llevan a cabo en los alimentos y, en algunos casos, con la innovación en las bebidas.

Productos que innovan y evolucionan

¿Has bebido té verde de ajonjolí negro o comido pastel de luna en Starbucks? Si no es así, es porque tal vez no vives cerca de alguna de las tiendas de China o no las has visitado. Belinda Wong, presidenta de Starbucks China, señaló, "Definitivamente, nuestros clientes pueden esperar más innovaciones locales de importancia en las bebidas y los alimentos que ofrecemos." Las innovaciones locales de la empresa son demasiadas para presentar una lista aquí, pero incluyen artículos como el Murg Tikka de la India (pollo cocinado en horno tandoori), la bebida licuada Azuki Matcha Frapuccino® de Japón (té verde matcha, frijoles rojos dulces y una pizca de kinako o polvo de soya), el pão de queijo de Brasil (pan de queso tradicional) y la Pasta Mozaik de Turquía (un popular pastel de chocolate de la zona).

Barbara McMaster, gerente de distrito en Irlanda del Norte, nos explica que los artículos personalizados pueden coincidir con una importante preferencia de la región en cuanto a gusto. "Trabajamos para que los alimentos que ofrecemos evolucionen de manera constante y para proveer opciones que resulten lógicas en Inglaterra y aquí, en Irlanda del Norte. Un ejemplo de ello es la evolución del emparedado de tocino, un sándwich que, con frecuencia, la gente disfruta con una taza de café y que funciona como alimento que produce bienestar. Originalmente lo ofrecimos como desayuno, pero a petición de los clientes decidimos que estuviera disponible todo el día. Nos pareció lógico añadir el emparedado de tocino a nuestra gama de productos, por lo que hicimos una investigación de mercado para asegurarnos de brindar la experiencia de sabor que buscaban nuestros clientes."

Muchos de los productos regionales de Starbucks son artículos que se diseñan para coincidir con las preferencias del lugar, pero Samantha Yarwood, directora de comercialización de Starbucks Suiza y Austria, nos comenta, "a veces, para que nuestros productos típicos sean atractivos para el apetito local, sólo tenemos que hacerles algunos ajustes.

Con frecuencia, los clientes de Suiza y Austria nos buscan para vivir una experiencia norteamericana y buscan bebidas de alta calidad y alimentos al estilo estadounidense como panquecitos, donas y pasteles de queso. A pesar de que los hot cakes no son parte del menú típico de Starbucks en Estados Unidos, en nuestra región y en otras de Europa, sí los servimos y los acompañamos con miel, jarabe o fruta.

Evidentemente, tenemos compensaciones cuando adquirimos importancia a nivel local; pero además de todos los beneficios que se derivan de conectarnos con las preferencias del lugar, los clientes obtienen acceso a muchas otras opciones de alimentos regionales.

REFLEXIÓN SOBRE LA CONEXIÓN

1. ¿Deseas vender tus mismos productos a clientes en mercados nuevos o estás tratando de entender las necesidades de dichos mercados y ajustando tus soluciones para que sean significativas para ellos? ¿Qué tan lejos puedes ir y qué tan lejos llegas para lograr esa relevancia local?

2. ¿Con cuánta eficacia has buscado asociarte y reposicionar tu estructura de liderazgo para tener importancia local en los mercados nuevos?

3. En tus nuevos mercados, ¿has podido crear una "noción del lugar" que te permita mezclar tu marca con las necesidades locales?

Las marcas como Starbucks también deben tomar en cuenta si pueden ofrecer productos locales con un nivel de calidad congruente con el de los productos fundamentales de la marca.

¿Qué tan lejos puedes llegar?

Los alimentos y las bebidas de los que hemos hablado hasta ahora involucran innovaciones específicas del mercado o ajustes a productos importantes, pero no fundamentales. Aunque esos cambios se llevan a cabo con base en una investigación de mercado, ciertamente, algunos productos, como la receta para preparar los cafés latte o la del Starbucks® Espresso Roast, no pueden modificarse ni siquiera si los clientes tienen la sensación de que así debería hacerse. ¿O sí?

Kris Engskov, director ejecutivo de Starbucks Reino Unido e Irlanda, nos habla sobre un cambio histórico en los cafés latte de su región: "La gente bebe los lattes de Starbucks en todo el mundo; es nuestra bebida más vendida. Desde la perspectiva histórica, nos hemos aferrado a la noción de que este café, al igual que nuestros productos esenciales, debe ser igual en todos los lugares todo el tiempo." A pesar de esta visión tradicional, Kris señala que Starbucks de Reino Unido e Irlanda había recibido comentarios de los clientes respecto a que querían un latte "más cargado", y durante un período de cinco años, las tiendas de la región habían notado un aumento de aproximadamente sesenta por ciento en el número de clientes que le añadían otra carga de espresso a sus lattes. Kris continúa con esta historia de la evolución del producto y nos señala, "Pensamos hacer nuestro latte más cargado y añadir otra carga de espresso de manera sistemática. Probamos la idea en el mercado y la receta fue un éxito, no sólo en las pruebas de sabor entre nuestros clientes, sino también en las pruebas entre los clientes de uno de nuestros competidores clave; al sesenta por ciento de los clientes de nuestra competencia le gustó más nuestro latte que el que ya bebían. Por eso convertimos nuestro latte alto en una bebida con dos cargas de espresso sin cargo extra." Poco después, apareció este encabezado en el periódico *Telegraph* de Londres: "Las ventas de Starbucks en el Reino Unido aumentan con una carga adicional de espresso." En el artículo también se mencionaba que hubo un incremento del nueve por ciento en las ventas de latte y capuchino, a pesar del "amarrado" y "difícil momento económico".

En Francia se registró un cambio similar con el Starbucks Espresso Roast. Rob Naylor, director ejecutivo de Starbucks Francia, nos explica, "Nuestros clientes nos habían empezado a decir que les gustaría que tomáramos en cuenta la posibilidad de modificar nuestro Espresso Roast. Pero usted tiene que entender que el Espresso Roast ha sido el fundamento de la marca durante cuarenta años, por lo que era improbable que se realizara algún cambio." A pesar de su renuencia a las modificaciones, Rob nos cuenta que se llevó a cabo una investigación de mercado. Como era de esperarse, el Roast Espresso existente recibió calificaciones "extremadamente buenas" por parte de la mayoría de la base de consumidores franceses; no obstante, un número importante de mujeres jóvenes que participaron en el estudio prefirió un tueste más claro. Rob recuerda que recibió una muestra de información de 1 000 clientes y revisó los hallazgos con Michelle Gass y Howard Schultz. Rob señala, "Fue difícil hacer llegar el mensaje, pero Howard, con mucha elegancia, dijo, 'Tenemos que darle a la gente lo que quiere. Hagámoslo siempre y cuando sea el café de más alta calidad, su abastecimiento sea ético y se sirva de una manera congruente con nuestra marca y valores'." Por eso Starbucks creó Starbucks® Blonde Espresso Roast para el mercado francés. Si colocaras lado a lado los granos del tueste estándar y los del Blonde Espresso Roast, verías que el grano estándar es bastante oscuro (casi negro) y brillante, en tanto que el grano Blonde Espresso Roast tiene un color más claro, una tonalidad café castaño y un perfil de sabor muy distinto.

Aunque el café recién preparado es un elemento clave de negocio en Estados Unidos, el espresso derecho (al que también se le llama espresso largo) es fundamental para el éxito en Francia. Rob nos explica el significado de haber añadido este producto: "Actualmente, el Blonde Espresso Roast constituye cerca del veinticinco por ciento de todo el espresso que vendemos. Creo que ésta es una anécdota excelente sobre la importancia de escuchar al cliente y luego hacer algo atrevido con la información recibida. En el pasado realizamos investigaciones en varias áreas, como la comida, por ejemplo, y hemos llevado a cabo mejoras graduales, pero la adición de una nueva mezcla de espresso para atender específicamente las necesidades de un mercado como Francia ¡es un gran logro para nosotros y para nuestros clientes!"

El aprendizaje esencial que obtenemos de la nueva receta de latte en el Reino Unido y del Blonde Espresso Roast en Francia radica en que cada uno de estos productos incrementa las opciones del cliente de manera importante. Aunque en el Reino Unido la receta básica para el latte alto incluye dos cargas de espresso, los clientes que prefieren el estándar no regional pueden solicitar su bebida con una sola carga. En el caso del Blonde Espresso Roast, la mezcla tradicional también está disponible y se sirve en la mayor parte del mercado. Los líderes de Starbucks entienden que para el consumidor global de la actualidad es esencial tener la mayor cantidad posible de opciones, pero el hecho de ofrecerlas implica la responsabilidad de asegurarse de que las nuevas ofertas de productos puedan ejecutarse a un nivel que sea congruente con los niveles de excelencia ya establecidos.

Limitarse a la ubicación

Aunque su origen todavía se debate, parece que la primera referencia impresa a la frase "ubicación, ubicación, ubicación" fue un anuncio de bienes raíces publicado en 1926 en el *Chicago Tribune*. A pesar de que la frase tiene más de ochenta y siete años de antigüedad, continúa teniendo una importancia particular en lo que se refiere a la apertura de tiendas en nuevos mercados. Desde la perspectiva estadounidense, por ejemplo, Starbucks ha abierto una tienda precisamente en las pistas de esquí de Squaw Valley, cerca de Lake Tahoe en California. Los esquiadores pueden, literalmente, entrar esquiando (no es necesario quitarse las botas ni los esquíes) y salir de la misma manera. Para ver cómo se atiende a los clientes en esta original e importante ubicación, visita http://tinyurl.com/onq59kl, o desliza tu aparato móvil con QR sobre el siguiente código:

Los rituales cotidianos y los patrones de uso de producto varían mucho alrededor del mundo, por lo mismo, la ubicación es crucial. Rob Sopkin, vicepresidente de desarrollo de tiendas Starbucks en Oriente, nos ofrece una noción del riesgo económico que implica la apertura de una tienda: "En cada una de las decisiones relacionadas con la apertura de una tienda se juega una inversión de cerca de un millón de dólares. A veces, la elección de la ubicación es una mezcla de arte y ciencia, una combinación de estrategia y oportunidad."

Frank Wubben, director ejecutivo de Starbucks Suiza y Austria, nos comenta cómo se combinaron la estrategia y la oportunidad para lograr el planeado debut 2013 de las tiendas Starbucks en los trenes de Swiss Federal Railways: "Siempre tratamos de ofrecer las oportunidades Starbucks para que lleguen a la gente en donde ésta se encuentre. En esencia, queremos situarnos para nuestros clientes en las ubicaciones con un estilo de vida agitado y mucho tránsito." Frank añade que la directora de tránsito de pasajeros de Swiss Federal Railways había sido una leal cliente de Starbucks por mucho tiempo, y estaba decidida a transformar la experiencia de los pasajeros en los trenes. Poco después de asumir su cargo en Swiss Federal Railways, dio inicio a un programa llamado Home on Track y le comentó a Frank que quería reproducir en los trenes suizos la experiencia que Starbucks creaba en sus tiendas. Frank añade, "Armamos juntos un equipo para el proyecto y, en seis meses, tuvimos luz verde para construir dos tiendas completamente equipadas en dos trenes de dos pisos."

En muchos países, Starbucks no sólo trata de ubicarse en áreas que ofrezcan mucho tránsito de personas que "van de paso", sino también en lugares en donde las tiendas puedan servir como centros de reunión comunitarios. En China, por ejemplo, Moe Nawaz, estratega de negocios y autor, explica que Starbucks ubica sus tiendas "con el objetivo de atender a la joven clase urbana china y de funcionar como un refugio para descansar de los estrechos departamentos." La estrategia social y la más dinámica estrategia de ubicación de tiendas dependen de los valores culturales y de los patrones de uso según el estilo de vida de los consumidores locales.

Los líderes de Starbucks buscan la manera de estar donde está la gente en vez de que ésta tenga que buscar las tiendas. Los líderes comprenden la necesidad de ubicar sus productos de acuerdo con los estilos de vida locales. Con frecuencia, los líderes también experimentan con conceptos atrevidos para que la marca se mantenga fresca y para definir cuáles de las nuevas ideas tienen mayor eco en las comunidades.

La experimentanción para ser relevantes

Thom Breslin, director de diseño de Starbucks Reino Unido, lo explica de una forma muy concreta: "Si no innovas, renuevas y buscas todo el tiempo tener relevancia, te mueres." Un ejemplo de esta vigorizante innovación se dio en Ámsterdam, con una tienda a la que se llamó "El Banco". Aunque se podría pensar que "El Banco" se refiere a la manera en que Starbucks capitaliza las innovaciones del concepto, en realidad este nombre sólo surgió por el hecho de que la tienda se ubica en lo que solía ser la bóveda de un banco. Liz Muller, diseñadora holandesa y directora de concepto de diseño de Starbucks, trabajó con treinta y cinco artesanos y artistas para lograr que esta tienda subterránea tuviera relevancia local y fuera sustentable de acuerdo con los criterios del programa LEED® (Leadership in Energy and Environmental Design, o Liderazgo en Energía y Diseño Ambiental. En el Capítulo 11 hablaré más sobre esas prácticas de construcción ambientales). Rich Nelsen, vicepresidente *senior* de Starbucks Europa, Medio Oriente y África, describió a El Banco como "la máxima expresión de café, diseño y comunidad."

Qaalfa Dibeehi, ejecutivo en jefe de operación y asesoría de Más allá de la Filosofía, respalda los aspectos de diseño y comunidad con su experiencia en El Banco, y hace el siguiente comentario: "Todos los escaparates, materiales y diseño, son de los Países Bajos. El espacio está diseñado para estimular la interacción entre los mismos clientes y entre los clientes y los empleados. Hay espacios para que algunas bandas toquen música en vivo; también hay un área central con una larga mesa comunitaria. Los mostradores están apenas por encima de la altura de la cintura para minimizar la noción de que son una barrera. Esta tienda tiene su propio *hashtag* de Twitter (#starbucksthebank) y con él, los empleados tuitean información sobre, por ejemplo, cuándo se pondrá a la venta la siguiente ronda de galletas recién horneadas. Además hay un 'mostrador lento', donde un barista te puede preparar un café especial. Los cafés que se ofrecen en esta zona son pequeñas porciones de mezclas especiales que se disfrutan 'negros', es decir, sin leche. Hay tres tipos de métodos de preparación: prensa francesa, preparado lento (un método lento de goteo) y una nueva tecnología llamada 'clover' (se refiere al sistema clover de preparación de café)."

Baste decir que El Banco y otras tiendas con conceptos vanguardistas no pueden expandirse por la manera en que fueron diseñadas. Cada una ofrece una oportunidad experimental para destacar y explorar aspectos de una experiencia que se hizo a la medida para una comunidad. No obstante, a partir de esa exploración y la observación del comportamiento de los clientes, Starbucks puede adoptar, adaptar y extrapolar ideas nuevas que se vinculen en los aspectos local y global.

REFLEXIÓN SOBRE LA CONEXIÓN

1. ¿Estarías dispuesto a hacer un cambio como lo hicieron los líderes de Starbucks respecto a la receta de los cafés latte en el Reino Unido e Irlanda? ¿De qué manera estás añadiendo opciones para los grupos potenciales de clientes que no sienten afinidad con tus productos fundamentales?

2. ¿Cuáles son los rituales de producto y los patrones de uso cotidiano de los clientes en potencia de los nuevos mercados? ¿De qué manera estás posicionando a tu producto (como la experiencia Starbucks en los trenes suizos) para atrapar a los clientes en el contexto de su estilo de vida?

3. Si Thom Breslin está en lo correcto y "si no innovas, renuevas y buscas todo el tiempo tener relevancia, te mueres", entonces ¿qué estás haciendo para seguir vivo y prosperar en los nuevos mercados?

Sensibilidades especiales

Aunque en este capítulo ya hablamos de la mayoría de los aspectos de personalización que se requieren para tener un éxito amplio en los negocios, es importante entender que cada ubicación tiene matices particulares que se deben tomar en cuenta desde el momento de la entrada al mercado y hasta que tu presencia alcanza madurez en éste. En el caso de Starbucks, estos aspectos especiales van desde la presentación del logo hasta la estructura de los programas de lealtad.

Las sutiles diferencias culturales afectan la forma en que se ofrece el producto, en toda una gama de necesidades. Estas variaciones incluso afectan aspectos como el deseo de ser valorado como cliente, tal como se mencionó en la información sobre el programa de lealtad del Capítulo 6. Por ejemplo, los líderes de Starbucks han tenido que crear, desde un aspecto cultural, incentivos y recompensas relevantes para el cliente, que sean congruentes con los valores de la comunidad. Los líderes de Starbucks en China trabajaron en equipo con una empresa local de comunicación digital para abordar un proyecto de promoción durante las fiestas de fin de año, el cual implicaba la creación de anuncios en exteriores, comunicación en redes sociales y servicios en las tiendas. Los clientes usaron sus celulares para entrar virtualmente a las tiendas en Jiangsu y Zhejiang y a cambio recibieron una insignia en el celular. En cuanto se entregaron 30 000 insignias, se encendió un enorme espectacular electrónico en Raffles City, en Shanghái, en el cual aparecieron deseos especiales de Navidad. También se encendió un árbol virtual de Navidad en el sitio de internet de Starbucks y se les notificó a los clientes que acababan de recibir un aumento de categoría en sus bebidas. Esta promoción funcionó bien en el entorno de la colaborativa cultura china, ya que los clientes enviaron mensajes de texto a sus amigos y familiares para decirles que ingresaran virtualmente a las tiendas de Starbucks y la comunidad pudiera lograr que se encendiera el árbol virtual de Navidad. Feng Bao, gerente de mercado internacional de Starbucks, explica, "De una manera similar, el programa de lealtad que tenemos ahora en China se enfoca más en compartir las experiencias con los amigos y la familia, y no tanto en lograr recompensas personales basadas en las compras individuales."

Ya sea en el ingreso a un mercado, en una entrega segregada de servicio o en la estructura de las promociones y los programas de lealtad, la cultura afecta *la manera* en que la gente se quiere conectar con tu marca.

La cultura es algo más que un país

Aunque buena parte de nuestra exploración se ha realizado en el contexto de las diferencias continentales o nacionales, es importante enfatizar que a las necesidades de ubicación no las definen las fronteras nacionales. En el caso de China, por ejemplo, Starbucks ha forjado relaciones basadas en diferencias regionales dentro del mismo país. De acuerdo con la autora Helen Wang, "China no es un mercado homogéneo. Hay muchas Chinas. La cultura del Norte es muy distinta a la del Este. El poder adquisitivo del consumidor en el interior del país no está a la par del de las ciudades costeras. Para cubrir la complejidad del mercado chino, y como parte de su plan de expansión, Starbucks colaboró con tres socios de negocios regionales. Cada socio aportó diferentes cualidades y experiencia local, lo cual le ayudó a la empresa a entender los gustos y las preferencias de los consumidores locales chinos."

Incluso al trabajar con Walt Disney Corporation, que tiene en sus parques una sólida cultura corporativa y experiencias temáticas para sus clientes, los líderes de Starbucks personalizaron la oferta de productos con el objetivo de adaptarse al dominante ambiente de Disney. En abril de 2012, Starbucks anunció que abriría seis tiendas en Disneyland y en Disney World. Las primeras de estas tiendas se inauguraron en Disney's California Adventure, dentro del Fiddler, Fifer & Practical Café (el cual está diseñado con base en los personajes de Los tres cochinitos). Las etiquetas con los nombres de los baristas y los mandiles son iguales a los de los miembros del elenco de Disney, y la temática general de los atuendos es congruente con el período de la década de los veinte en Los Ángeles.

La tienda está dividida entre una presentación tradicional de Starbucks y una zona con sopas y sándwiches. Nicole Mancini, clienta, señala, "Cuando visité el lugar (de hecho, fui tres veces en un fin de semana), me enfoqué en los productos de Starbucks. Además del menú, el café ofrece un tranquilo refugio del ajetreo que hay en el socorrido parque. En general me emociona que Disney y Starbucks hayan trabajado en equipo para ofrecer mejores opciones en los parques. Gracias a su compromiso con los productos de calidad y las prácticas responsables de negocios, con el tiempo, estas dos empresas están destinadas a tener éxito si siguen trabajando juntas. Lo anterior ya es evidente en la cantidad de gente que uno puede ver formada en el café o caminando por el parque con bebidas en vasos con el logo de Starbucks." Existen muchos rasgos en común subyacentes a la condición humana y muchas similitudes en lo que la gente desea respecto a las conexiones. Asimismo, también hay un enorme vacío de sutiles variables locales que pueden marcar la diferencia entre las expansiones de marca exitosas y las expansiones que fracasan. Los líderes de Starbucks se esfuerzan por encontrar la relevancia local y ajustar sus productos y servicios para encajar. Cuando los líderes encuentran a los socios de negocios adecuados y hacen un esfuerzo consciente y coordinado para ofrecerles a los clientes lo que les encanta, sus negocios logran conexiones duraderas y éxito máximo.

PUNTOS DE CONEXIÓN

- Las expansiones de mercado son muy desafiantes y, a menudo, las empresas tienen un alcance demasiado extenso o no logran entender las necesidades locales de sus nuevos mercados.

- Normalmente, una expansión exitosa implica la elección de un socio de negocios local adecuado que pueda ayudarte a entender las sutilezas de las necesidades del público al que te diriges, así como las soluciones que éste desea.

- El diseño de la tienda, al igual que los productos que se ofrezcan, debe ser funcionales y tener relevancia local para las comunidades que se atenderán.

- Para el consumidor global de hoy, es fundamental contar con el mayor número posible de opciones, pero cada opción conlleva la responsabilidad de que podrás ofrecer tus nuevos productos a un ámbito que sea congruente con los grados de excelencia ya existentes.

- Los líderes encuentran la manera de llegar adonde está la gente para que los clientes no tengan que buscarlos a ellos.

- En un mercado cada vez más competitivo, es fundamental que experimentes con conceptos atrevidos para que mantengas a tu marca fresca y definas cuáles ideas sí tienen eco en las comunidades a las que sirves.

- Observa a tus clientes, y luego adopta, adapta y extrapola las nuevas ideas que producirán una conexión local y global.

- Desde un punto de vista internacional, las personas tienen necesidades comunes, sin embargo, la cultura afecta la manera en que la gente querrá vincularse con tu marca.

Principio 4

Moviliza la conexión

Hasta este punto en el libro nos hemos enfocado principalmente en el vínculo que forja Starbucks con sus clientes en el contexto de las tiendas. Aunque las conexiones directas en las tiendas suelen ser una excelente oportunidad para desarrollar relaciones cara a cara, buena parte del comercio en la actualidad se lleva a cabo afuera de las construcciones tradicionales de venta al menudeo. La gente hace sus compras sentada frente a una computadora o se involucra con las marcas mediante sus teléfonos celulares. Este principio de negocio, "moviliza la conexión", se enfoca en la manera en que Starbucks fortalece las relaciones que se generan en las tiendas y las extiende hasta llegar a las experiencias en el hogar, la oficina y los supermercados. Asimismo, aquí se analiza la forma en que los líderes de Starbucks aprovechan la tecnología para integrar una relación de canales múltiples con su base de clientes.

Muchos líderes de negocios tienen una relación de amor/odio con la tecnología. Por una parte, los avances ofrecen grandes oportunidades de negocio, pero por otra, los costos de infraestructura relacionados con la tecnología son cambiantes y el acelerado paso del cambio tecnológico supone desafíos estratégicos y operativos. Aunque algunos líderes de negocios se enamoran de la tecnología por sí misma, el amor que Starbucks les tiene a sus clientes y el aprecio que le tiene a la relación entre los clientes y la tecnología, conduce a un uso funcional de las herramientas digitales, sociales y móviles. Como dijo Howard Schultz, tienes que "estar con la gente de la misma forma que ésta vive su vida." En el Capítulo 8, "Haz crecer la conexión por medio de la tecnología", se explora la forma en que los líderes han mejorado la experiencia en tienda gracias al uso de tecnologías como la Red Digital Starbucks (Starbucks Digital Network). También se analiza la extensa estrategia digital que implementó la empresa, la cual incluye activos internos como aplicaciones móviles y recursos externos como las redes sociales.

En el Capítulo 9, "Las relaciones personales se traducen: comparte el amor de la gente a los productos", se explora la estrategia que adoptaron los líderes de Starbucks en varios canales, y que, como resultado, ha permitido que, además de que los productos estén disponibles en las tiendas para los clientes, lo estén en sus hogares, oficinas, otros negocios y, virtualmente, en cualquier lugar al que vayan. "Las relaciones personales se traducen" es una elaboración de los conceptos del capítulo previo, que nos ofrece un atisbo a la manera en que la tecnología y la mercadotecnia pueden interactuar para motivar a los clientes a explorar las ofertas a través de los canales de producto. El Capítulo 9 también está diseñado para ayudarte a pensar en formas de presentar tus productos a los clientes en la mayor cantidad de ubicaciones que te sea posible manejar. Starbucks ya no sólo es una marca de café o una empresa limitada por sus espacios físicos. De la misma manera en que el logo se volvió a diseñar para liberar a la ninfa marina del círculo que la mantenía cautiva, la conexión de Starbucks surge más allá de los límites de cada tienda.

Capítulo 8

Haz crecer la conexión por medio de la tecnología

La tecnología de la información y los negocios se están entrelazando de una forma intrínseca. No creo que alguien pueda hablar con profundidad de uno de estos conceptos sin referirse al otro.

BILL GATES

En una encuesta de 2012 de la revista *Time*, se forzó a la gente a elegir un artículo para llevar al trabajo: su cartera, el almuerzo o el celular. El resultado fue: sesenta y seis por ciento eligió su celular por encima del almuerzo y el cuarenta y cuatro por ciento eligió el celular por encima de la cartera. En ese mismo estudio, el sesenta y ocho por ciento de los adultos reportaron que duermen con el celular junto a ellos y el ochenta y nueve por ciento dijo que no podía pasar un día completo sin usarlo.

En mi libro de 2006, *La experiencia Starbucks*, hablé muy poco sobre la tecnología y el futuro de la comunicación móvil y la interconectividad. Y es que preferí enfocarme en la manera en que los líderes de Starbucks colocaron a sus tiendas de café como el "tercer lugar", es decir, un ambiente que les ofrecía a los clientes la alternativa deseada al primer lugar (el hogar) y el segundo lugar (el trabajo). En los años que han pasado, los líderes han ampliado su enfoque para cautivar a los clientes en el primer y el segundo lugar (hablaré más sobre esto en el Capítulo 9), y para innovar las conexiones en este mundo móvil que, esencialmente, abarca todos los lugares en que los clientes se puedan encontrar aparte del trabajo, el hogar o las tiendas Starbucks. Mientras hablaba sobre esta evolución con Howard, él me comentó, "Nosotros comenzamos antes de la revolución digital; el tercer lugar era nuestras tiendas. Nuestro enfoque móvil ha evolucionado al punto en que todo mundo obtiene información básica y se comunica de una manera que antes no se podía. Yo no creo que ninguna empresa u organización pueda existir en el futuro sin contar con una situación primaria relevante en las mentes y los corazones de la gente mediante estos mecanismos, ya sea por medio de la tecnología o del *software*. Creo que hemos tenido un buen comienzo, pero también reconocemos que podría ser pasajero. Por lo tanto, seguimos invirtiendo y tratando de entender qué es lo más importante. Muchas marcas irán y vendrán en lo que se refiere a la importancia y la confianza en el mundo digital porque ahora será más difícil mantener éstas en dicho medio, que mediante la presencia física."

Starbucks se ha convertido en un líder reconocido en las plataformas digitales, en la comunicación en redes sociales y en la innovación. En 2011, por ejemplo, la empresa fue seleccionada por *Forbes* como una de las veinte empresas de mayor innovación, y en 2012 en el reporte QSR MediaMatch de General Sentiment fue reconocida como la empresa de mayor valor de impacto (111 millones de dólares) en el sector de los restaurantes de comida rápida. El valor de impacto evalúa el alcance de una marca y define un estimado monetario con base en las amplias discusiones y la exposición general que haya provocado la empresa. Asimismo, en 2011, la aplicación móvil Starbucks Card recibió el premio Wireless Application and Mobile Media (WAMM) para Mejor Aplicación de Venta al menudeo, Compra y Comercio.

En el centro de la exitosa estrategia digital de Starbucks, se encuentran varias áreas interrelacionadas que todos los líderes de negocios deberían tomar en cuenta al tratar de vincularse de manera personal con los clientes del mercado masivo. Los cinco elementos clave de esta estrategia digital, son: (1) comercio, (2) red y canales móviles propiedad de la empresa, (3) lealtad/manejo de relaciones con el cliente (CRM, por sus siglas en inglés)/base de datos que se busca alcanzar, (4) redes sociales y (5) mercadotecnia digital pagada.

Comercio, red y canales móviles Starbucks, y lealtad/ CRM/base de datos que se busca alcanzar

Uno de los componentes más importantes de la estrategia móvil actual de Starbucks se basa en el comercio y crea vínculos a través de la tarjeta Starbucks. Incluso antes de que la empresa diera inicio al programa de tarjeta de lealtad que se describió en el Capítulo 6, los líderes ya habían desarrollado una tarjeta de regalo Starbucks. Para entender la dimensión del negocio de la tarjeta, vamos a imaginar que compras una tarjeta Starbucks de diez dólares como regalo para un amigo. Tu amigo puede usar los diez dólares y luego sólo tirar la tarjeta a la basura. Pero también puede añadirle valor mientras se encuentre en la tienda Starbucks y la siga usando como una tarjeta de prepago. Por último, puede registrarla en internet (y así formar parte del programa de lealtad). En cuanto la tarjeta sea registrada en el sitio de Starbucks en internet, tu amigo podrá volver a cargar la tarjeta de forma manual o automática a través de una tarjeta de crédito que ingrese al archivo, o podrá cargarla cuando esté en la caja registradora. Con todas estas opciones, la tarjeta Starbucks representa, por sí misma, un negocio de varios miles de millones de dólares; la mitad de los clientes de la tarjeta la usa exclusivamente como tarjeta de regalo y la otra mitad la usa como su propio mecanismo de lealtad y prepago.

A partir de enero 2011, los clientes de Estados Unidos que contaban con iPhone, iPod Touch o BlackBerry, pudieron descargar la aplicación móvil de la tarjeta, añadir sus tarjetas Starbucks, llevar un registro de sus recompensas y recargar las tarjetas a través de PayPal o con una tarjeta de crédito. Tiempo después, la empresa incrementó la capacidad de la aplicación para que incluyera teléfonos con sistemas operativos Android, la combinaron con una aplicación ya existente para que incluyera un localizador de tiendas y otras funciones, y extendieron su disponibilidad más allá de Estados Unidos. Adam Brotman, ejecutivo digital en jefe, nos explica la importancia de estas mejoras y los desafíos que representaron: "Fue muy importante para nosotros extender nuestras aplicaciones existentes y transformarlas en una sola experiencia sin brechas. Android tuvo éxito pronto porque ya estábamos desarrollando nuestras aplicaciones originales para iPhone y BlackBerry, así que trabajamos lo más rápido posible para producir una aplicación bien integrada para la población de clientes con teléfonos móviles que tuvo un crecimiento explosivo."

Gracias a estos esfuerzos, los líderes de Starbucks crearon una aplicación compleja pero fácil de usar para pagar y tener interacción social, la cual también ofrece una rica experiencia con valor añadido para las plataformas móviles de Android y de iOS. Desde el punto de vista de la facilidad para realizar un pago móvil, el cliente sólo tiene que seleccionar "toque para pagar" y colocar su celular para que el barista de Starbucks lo pase por el escáner. Además de la facilidad de pago, los clientes pueden llevar un registro de sus compras y ver cómo van progresando para obtener recompensas; pueden recibir mensajes en una charola móvil, reunir información sobre alimentos y bebidas, y elegir regalos electrónicos.

La aplicación móvil de Starbucks fue el primer programa de pago móvil de su tipo que se extendió en Estados Unidos, y refleja la disposición de los líderes para dar pasos prácticos e innovadores en el ámbito de la tecnología móvil. Los líderes de Starbucks no trataron de establecer un estándar técnico en lo que a pago móvil se refiere porque creen que tal vez los estándares futuros surgirán a través de las empresas de tarjetas de crédito que trabajan con negocios como Square, Google, Amazon, PayPal, Microsoft y Apple. Los líderes prefirieron tener un enfoque pragmático y adaptable, y usar la tecnología que estaba disponible en aquel momento: el código de barras 2D. Como parte de una mejora a gran escala del sistema de punto de venta (POS, por sus siglas en inglés), los líderes de Starbucks compraron escáneres 2D y los integraron a los POS.

Después de un extenso período de pruebas que se realizó antes del lanzamiento, Adam Brotman señala, "El pago móvil es la forma más rápida de hacer una compra en Starbucks. La transacción no solamente es rápida, además, la fila no se hace más lenta cuando los clientes recargan sus tarjetas. Es mejor para todos. Nuestros clientes están votando y nos dicen que quieren el pago móvil." Aproximadamente un año y medio después de que se comenzaron a aceptar los pagos móviles, Starbucks ya había capturado más de cien millones de transacciones, y para finales de 2012, estaba capturando más de dos millones de transacciones de pago móvil a la semana. Adam añade, "El pago móvil se está acelerando, pero también nos damos cuenta de que no todos los clientes van a formar parte de nuestro programa de lealtad. No todo mundo va a tener una tarjeta Starbucks y va a querer pagar con ella." A pesar de que las transacciones con la tarjeta Starbucks representan el veinticinco por ciento de las transacciones de la empresa, los líderes quisieron darles más opciones a los clientes. Básicamente, querían cubrir un segmento más grande de su base de clientes a través del impulso móvil que habían logrado con su aplicación de pago. Por eso buscaron una cartera móvil que les diera a los consumidores la capacidad de hacer compras directamente desde una tarjeta de débito o de crédito por medio de su celular.

En agosto de 2012, la empresa anunció una alianza estratégica con una inversión de veinticinco millones en Square Inc. para producir una cartera móvil como solución. Square consiguió mucha atención en 2009 al lanzar una opción móvil con la que se podía capturar una tarjeta de crédito, la cual estaba dirigida en especial a los dueños de pequeños negocios. La solución implicaba la colocación de un pequeño artefacto en la entrada del audífono de un iPhone, el cual capturaría la tarjeta de crédito. El liderazgo de Square en la tecnología de pagos móviles sirvió como base para que los líderes de Starbucks eligieran ese *software* de cartera ya existente para que se usara de forma expansiva en las tiendas. Curt Garner, ejecutivo de informática en jefe de Starbucks, señala, "Hay un gran número de clientes de Starbucks que pagan con tarjetas de crédito y débito tradicionales. Eso puede deberse a que no visitan las tiendas con tanta frecuencia, o a que prefieren no usar tarjetas prepagadas. Square es una opción para esas personas: para que puedan disfrutar de la conveniencia del sistema móvil y de todos los beneficios de rastrear sus compras, así como de la posibilidad de obtener recibos digitales. Además, esta cartera digital ofrece un directorio de negocios cercanos que aceptan pago móvil en efectivo en sus plataformas." Cuando esté funcionando al cien por ciento, se espera que la colaboración de Starbucks y Square haga uso de tecnología de geolocalización que no sólo facilitará los pagos móviles, sino también hará posible ordenar productos a distancia.

A menos de tres meses de que se anunció la alianza entre Starbucks y Square, la opción de pago móvil Square Wallet comenzó a funcionar con beneficios iniciales de pagos móviles en 7 000 tiendas de Starbucks operadas por la empresa en Estados Unidos. Cuando se hizo el lanzamiento, Marcus Wohlsen, redactor de la sección de negocios de la revista *WIRED*, predijo que la revolución del pago móvil comenzaría en Starbucks: "Debido a su apertura y a su enfoque inmaculado, Square en Starbucks está en la mejor posición, por encima de cualquier otra tecnología, para convertirse en la puerta de entrada que podría, por fin, hacer que los pagos móviles se conviertan en la tendencia de moda. Pagar con Square en Starbucks es sencillo. La gente va a empezar a hacerlo porque tendrá pequeñas ventajas como la posibilidad de obtener su recibo a través de un mensaje de texto. Dentro de muy poco también será posible añadir la propina con tan sólo tocar una tecla. Si multiplicamos el uso por, al menos, algunas docenas de clientes en cada una de las 7 000 tiendas de Starbucks, la red comenzará a hacer olas. La próxima vez que uses Square será en un comercio cercano porque lo viste en la aplicación. Mientras tanto, los comercios cerca de Starbucks comenzarán a usar Square para aparecer en el directorio. Entonces se produce un círculo virtuoso, y Square, es decir, tu celular, se convierte en otra forma de pago para ti."

Tanto la cartera Square (Square Wallet), como la aplicación móvil Starbucks Card les ofrecen a los clientes mayor comodidad en los procesos de compra. Estas aplicaciones también brindan información valiosa. En el sistema cerrado del programa de lealtad (en el que puedes llevar un registro de la eficacia de los esfuerzos de comercialización a través de la información de ventas que se obtiene al usar la tarjeta o la aplicación de lealtad), el dueño del negocio también puede obtener información y pulir lo que les ofrece a sus clientes. Adam Brotman, ejecutivo digital en jefe, nos da un ejemplo específico de la fuerza que se genera al integrar el análisis de clientes, el manejo de información de las relaciones con ellos y un enfoque que incluye una base de datos como objetivo. Según Adam, el programa de lealtad de Starbucks tiene más de diez millones de miembros, de los cuales, cerca de 5.5 millones han decidido recibir comunicados, mensajes de *marketing* y ofertas de Starbucks. En promedio, esos 5.5 millones de clientes reciben un correo semanal de la empresa (aunque la frecuencia es mayor para quienes compran productos en el sitio StarbucksStore.com y optan, de manera independiente, por recibir comunicados a través de esa plataforma). La frecuencia de los correos electrónicos también suele aumentar en la temporada de fin de año.

Adam explica el objetivo de llegar a los clientes a través de los correos: "Solemos crear unos cinco o seis grupos diferentes de correos para asegurarnos de que la gente reciba ofertas que sean verdaderamente relevantes. Por ejemplo, primero vimos a los clientes de nuestra base de datos de My Starbucks Rewards, y aislamos a los que compran comida con frecuencia. Luego analizamos otras características de este grupo, como las bebidas que compran, cuándo visitaron la tienda, y otras variables demográficas o psicográficas. Después hicimos un modelo predictivo al analizar el resto de la base de datos." En pocas palabras, Adam señala que su equipo encontró a otros individuos que eran parte de la base de datos de clientes que recibían recompensas, los cuales eran similares a los clientes regulares que compraban comida en cuanto a sus características demográficas y de comportamiento, excepto por un rasgo: no compraban comida en Starbucks. A partir de ese hallazgo, el equipo de Adam diseñó un mensaje especial para esos individuos, en el cual se les exhortaba (sin ofrecer un descuento) a tomar en cuenta los alimentos que se ofrecían en Starbucks. El correo electrónico también incluía atractivas imágenes de ellos. Varios cientos de miles de estos clientes que tenían características de comportamiento parecidas a las de los clientes que sí compraban alimentos, recibieron esta publicidad. Según Adam, "Los clientes que recibieron el correo compraron comida con una frecuencia siete veces mayor que antes. Tuvimos un incremento inicial de ventas con un efecto de coletazo sostenido, y este grupo al que se llegó de manera específica, tuvo un desempeño 700 veces mayor que el del grupo de control."

Aunque Starbucks ya está haciendo uso de la recopilación de datos, del análisis y de los modelos de información para diseñar mensajes mejores y más relevantes, y para establecer vínculos más importantes con sus clientes, Adam y otros líderes admiten que todavía están trabajando en la creación de más herramientas que sirvan para automatizar estos procesos. Asimismo, los líderes están buscando la manera de comunicarse con más eficiencia y de manera personal en la charola móvil que forma parte de la aplicación de Starbucks Card. En lugar de enfocar sus comunicados en la vía tradicional de correo electrónico, los líderes de Starbucks creen que en el futuro habrá grandes oportunidades de enviar mensajes a través de la aplicación móvil y, de esa forma, usarla como una plataforma de conexión personalizada. Tarde o temprano, los líderes también podrán personalizar la apariencia y la experiencia del sitio de la empresa y de la aplicación móvil basándose en la información que tengan acerca de cada usuario. El sitio de internet y la aplicación de Starbucks se pueden presentar de manera distinta, dependiendo de las características del cliente.

Antes de terminar este análisis sobre las capacidades y la importancia de la aplicación móvil Starbucks Card, detengámonos un momento para entender la forma en que la aplicación involucra a los clientes a través de estrategias de "ludificación". Amish Shah, ejecutivo de producto en jefe de la empresa de aplicaciones móviles Bitzio, Inc., describe la "ludificación" como "el uso de mecánicas lúdicas en negocios que no tienen que ver con el juego, con el objetivo de aumentar la eficacia, la lealtad de los clientes y el compromiso." Respecto a la relación de esta estrategia con Starbucks, Amish explica, "Starbucks ha incorporado a su popular programa de lealtad mecánicas y diseño de juego. Mediante varios niveles de recompensas y de un rastreador del progreso, la gente que adora el café de Starbucks recibe incentivos de manera continua para comprometerse más con la marca." En el aspecto visual, el "rastreador del progreso" tiene la forma de estrellas doradas virtuales que caen en un vaso que se encuentra en la aplicación móvil Starbucks Card; ése es tan sólo un ejemplo del uso que ha hecho la empresa de los principios de "ludificación".

Las conversaciones con los líderes de Starbucks que están involucrados con la tecnología digital, con frecuencia, se enfocan en las mecánicas de los populares juegos en línea. Más allá de reconocer lo divertido y teatral de juegos como World of Warcraft, Zynga Poker y Angry Brids de Rovio, los motores comunes detrás del éxito de estos juegos incluyen factores como el logro, la frecuencia de las recompensas y la posibilidad de dar a conocer los avances al público. A partir de esta información, los líderes de Starbucks están integrando motores emocionales de la teoría del juego a las formas en que cautivan a los clientes a través de los aparatos móviles. Un buen ejemplo de la manera en que Starbucks hace uso de la ludificación es el juego de búsqueda de dos semanas y siete rondas que se llevó a cabo con la colaboración de la cantautora estadounidense de pop Lady Gaga. En cada ronda los clientes tenían que ir a las tiendas de Starbucks, usar los lectores QR de sus celulares y visitar los blogs y las propiedades digitales de la empresa en la red con el objetivo de descifrar pistas. La búsqueda fue diseñada para que los clientes quisieran trabajar en equipos y compartir sus experiencias. En este proyecto ganó Starbucks y ganó Lady Gaga, quien, durante la búsqueda, lanzó un nuevo álbum al que los clientes tuvieron acceso exclusivo a través de Starbucks Digital Network. Los ganadores de cada ronda recibieron regalos de Starbucks y de Lady Gaga. Este ejemplo de ludificación refleja la importancia de trabajar con individuos u organizaciones con la capacidad de generar interés en las redes sociales y de permitirles a los clientes obtener acceso especial o interactuar de manera lúdica.

REFLEXIÓN SOBRE LA CONEXIÓN

1. ¿Cómo calificarías el éxito que has tenido al forjar un vínculo digital de confianza e importancia?

2. ¿Tienes una estrategia polifacética e integrada para tus soluciones digitales y móviles?

3. ¿Ya estás usando mecánicas lúdicas para aumentar la eficiencia, la lealtad del cliente y el compromiso? ¿Cómo puedes poner en uso los motores comunes de los juegos populares de una forma más eficiente para mejorar tu estrategia digital? Es decir, ¿podrías recompensar los logros o la frecuencia y permitir que los clientes los hagan públicos?

Dales a los clientes algo de qué hablar: éste es el mundo de las redes sociales

Por la naturaleza de su cultura, Starbucks estaba bien preparado para las redes sociales de muchas maneras porque, después de todo, los líderes valoran el compromiso emocional y los vínculos con los clientes y la comunidad. A pesar de lo anterior, fue necesario que los líderes tuvieran un cambio de perspectiva para que se comprometieran por completo con la estrategia digital y social. Por ejemplo, a Chris Bruzzo, vicepresidente *senior* de Administración de Canales de la Marca, se le encargó el lanzamiento de Starbucks en los espacios sociales. Chris explica que para la marca Starbucks el vínculo social es auténtico, y que la naturaleza de las tiendas facilita las redes de encuentro social: "De cierta forma, las tiendas han funcionado como la red social original. Dicho lo anterior, Howard me llamó poco antes de la Navidad de 2007 y me dijo: 'Necesitamos estar en el espacio social y digital. Sé que la gente me ha estado diciendo esto por algún tiempo, pero ahora sí tenemos que actuar. Nos está costando trabajo escuchar a nuestros clientes, la forma de atender este aspecto debe ser digital.' En 2008 Howard nos instó a lanzar el sitio de ideas de los clientes My Starbucks Idea y a unirnos a Twitter poco después."

En el Capítulo 3 hablé sobre los beneficios del sitio MyStarbucksIdea.com, específicamente respecto a la posibilidad de escuchar a los clientes. También es importante destacar que el sitio ha servido para modificar la cultura de Starbucks con el objetivo de que en el futuro tenga éxito en las redes sociales. Antes de desarrollar el sitio de ideas, los mensajes entre los clientes y la empresa se enviaban a través de la división de comunicación de la marca del Centro de Apoyo Starbucks. My Starbucks Idea dio paso a un diálogo más amplio e inmediato entre los clientes y los expertos de Starbucks en la materia. En ese contexto, la empresa ya podía lanzarse a la plataforma interactiva tipo micro blog que ofrece Twitter. Chris Bruzzo señala que el lanzamiento de la cuenta de Twitter de Starbucks (@starbucks) recibió mucha ayuda debido a que la persona adecuada se acercó al líder indicado en el momento preciso: "Un día, un joven interesado en la tecnología tocó a mi puerta y dijo, 'Chris, quiero progresar y me interesa ayudar a desarrollar el negocio a través de las redes sociales. Creo que Twitter podría ser el lugar indicado.' Eso fue antes de que Twitter se convirtiera en un concepto bien conocido y, francamente, yo no podía ver en su totalidad lo que podía ofrecernos, ni si podría resultar eficaz para nosotros. Sin embargo, como aquel *partner* tenía antecedentes de barista y logró visualizar a Twitter como 'una manera de extender la conexión del barista en internet', pensé que debíamos intentarlo. Starbucks se involucró en Twitter antes que en otras redes sociales gracias a ese *partner*, porque percibió que era un lugar propicio para las marcas. En aquel tiempo Facebook no estaba generando bastante adherencia para las marcas. El día que se creó la cuenta de Twitter, Starbucks consiguió seiscientos seguidores; al día siguiente ya eran 1 500. Y para mediados de 2013, ya contaba con 3 millones de seguidores."

Desde la perspectiva de los analistas externos, lo más digno de alabanza del enfoque de Starbucks en Twitter es su compromiso directo con los clientes y la respuesta que les ofrece en asuntos de servicio. Kylie Jane Wakefield, en su colaboración para *The Content Strategist*, señala, "Al revisar la cuenta de Twitter de Starbucks, se hace evidente que la mayoría de los tuits están dirigidos a los usuarios. De hecho, muchos de los tuits comienzan con '¡Lo sentimos mucho!' o '¡Nos apena que digas eso!', y les ofrecen a los clientes abatidos soluciones a sus problemas. En lugar de perder a los clientes disgustados, Starbucks responde de manera directa, resuelve los problemas y se asegura de que, al final, los clientes queden satisfechos. Al responderles de manera directa y hacer todo lo posible para solucionar el inconveniente, Starbucks demuestra que se preocupa por la gente que compra sus productos." Desde la perspectiva de las redes sociales, Twitter encaja bien en el enfoque de Starbucks en crear "momentos de bienestar" y vínculos personales. Es por eso que la estrategia de la empresa en Twitter consiste en hablar directamente con los clientes en lugar de sólo producir microblogs para que "la gente nos note" o escribir mensajes de comercialización.

Si bien la entrada de Starbucks a Twitter fue sencilla, para desarrollar la página de Facebook la empresa tuvo que realizar trabajo preliminar. En 2006, Alex Wheeler, vicepresidenta de mercadotecnia digital global, fue la primera persona contratada como parte del equipo de la marca Starbucks para atender los asuntos sociales y digitales. Alex señala, "Nos tomó un poco de trabajo establecer nuestra presencia oficial en Facebook. Para lograrlo nos conectamos con los administradores de unas doce páginas más de seguidores de Starbucks. En las doce páginas en conjunto había tal vez unos 30 000 seguidores. Les dijimos a los administradores que queríamos consolidar sus páginas para que tuvieran presencia oficial. Todos fueron muy receptivos y se emocionaron con el tema de la consolidación: ése fue el principio de nuestro viaje en Facebook."

Dos de los elementos clave de la estrategia de Starbucks en Facebook son la autenticidad y lo interesante del contenido. La empresa está comprometida con hacer amigos, no ofertas. En esencia, el equipo de redes sociales de Starbucks quiere generar un interés legítimo, no darle a la gente incentivos para seguir a la empresa. Con esta prueba, Alex y sus colegas del equipo de redes sociales han logrado mantener a Starbucks alejada de las "carnadas"; la carnada es una estrategia que sirve para hacer que alguien le dé "Me gusta" a tu página para que vea el contenido adicional.

Además de ofrecer contenido auténtico y de alta calidad, los líderes de Starbucks quieren dar mensajes frecuentes y congruentes. Por ejemplo, el equipo de redes sociales tuitea todos los días y hace publicaciones en Facebook con regularidad, pero no de manera exagerada. Específicamente, el equipo cree que las publicaciones en Facebook deben despertar el apetito de los seguidores de Starbucks, pero sin abrumarlos con el contenido. El equipo también lee las publicaciones que hace la gente en el muro y se involucra de manera activa. Uno de los retos más grandes para ellos es manejar el nivel de actividad en estos sitios. Por ejemplo, se han generado "hilos" de conversación con 30 000 comentarios en una sola actualización de estado; pero claro, desde una perspectiva de estrategia, el hecho de tener que manejar la escala es un problema benéfico. Los tuits en Twitter y las publicaciones en Facebook deben despertar el apetito de tus seguidores sin que tengas que bombardearlos con mensajes. Estas dos redes son para establecer vínculos, pero también hay algunos sitios más apropiados para vender y cerrar tratos.

Además de Facebook, Starbucks tiene una sólida presencia comercial en YouTube, Google+, Foursquare, Instagram y Pinterest. Asimismo, el equipo de reclutamiento de la empresa se ha involucrado de forma activa con LinkedIn. En cuanto a YouTube, el especialista en contenidos de mercadotecnia de Pardot, Matt Wesson, nos explica, "Starbucks expande sus canales de contenido de manera constante y explora nuevos formatos para vincularse con sus clientes. Creo que también es una de las empresas más exitosas en lo que se refiere al uso del video para contar la historia de la marca. El canal de YouTube de la empresa tiene más de 250 videos que se enfocan en los valores de ésta, y en los cuales se da una visión 'detrás de cámaras' y se comparten las experiencias personales de los clientes."

A pesar de la eficaz expansión hacia nuevas plataformas y de los halagos por parte de los analistas, los líderes de Starbucks piensan siempre en el siguiente paso y buscan nuevas maneras de innovar en su estrategia de redes sociales. Adam Brotman, señala, "Estamos muy emocionados por la oportunidad de hacer más con YouTube. Cuando contamos la historia en video, también podemos incrustar los videos en el reproductor del sitio de Starbucks.com y en Facebook. Por eso cuando nos conectamos y contamos la historia en video, YouTube es tan sólo uno de los varios canales que utilizamos. Debido a la velocidad del cambio en el espacio digital, no tenemos la opción de la complacencia ni de la satisfacción." Los grandes líderes siempre están tratando de aprovechar las opciones que surgen a través de la tecnología, y de colocar sus negocios en plataformas sociales de una manera más efectiva y estratégica.

Por qué Starbucks tiene éxito en las redes sociales

En 2012, PhaseOne —una importante empresa de investigación de comunicación de mercado con base en sistemas de análisis— condujo un estudio que examinó setenta y cinco marcas de alto nivel en seis mercados verticales: automotriz, gastronómico, alimentos y bebidas, venta al menudeo, servicios y tecnología. Para evaluar el compromiso social, PhaseOne analizó las marcas de la encuesta con mediciones como los "Me gusta" de Facebook, las calificaciones Klout y los análisis Netbase de sentimientos. La conclusión a la que se llegó fue: *Starbucks es la marca número uno en lo que se refiere al involucramiento de sus usuarios en redes sociales*. Al discutir este hallazgo, los investigadores de PhaseOne señalaron, "Para alcanzar esta participación tan exitosa en redes sociales, Starbucks enfocó su página de internet, la de Facebook y los anuncios por televisión, en el individuo y en su experiencia particular con la marca. La página de Facebook, por ejemplo, cautiva al visitante a través de sus preferencias de café y sus historias personales." Las experiencias personales y las preferencias individuales son factores de gran importancia del éxito de Starbucks en las redes sociales, pero la empresa también recibe los beneficios de un enfoque sensible y respetuoso en cada plataforma social en la que participa. Con esta estrategia y este enfoque metódico, la empresa atrae a los participantes de dichas plataformas a la marca.

Muchas empresas se lanzan con gran fervor a las redes sociales, pero los líderes de Starbucks tuvieron un enfoque mucho más calculado para ingresar. Los integrantes del equipo de redes sociales analizan las oportunidades de cada plataforma para decidir si éstas ofrecen el vínculo humano tan esencial para la marca. De manera similar, observan si tienen los recursos para involucrarse eficazmente con la plataforma y, al mismo tiempo, respetar a los miembros de la comunidad. Adam Brotman nos explica, "Tomando en cuenta el nivel y el compromiso que hemos alcanzado, se puede decir que somos un equipo muy pequeño que piensa mucho en su compromiso con cada plataforma que surge. Tomemos a Pinterest como un ejemplo. Es una plataforma tan personal, que sabíamos que teníamos que estar en ella. En cuanto comenzó a tener éxito, notamos que muchos de nuestros clientes se añadieron a ella, y por eso queríamos participar y conectarnos con ellos. No obstante, pasamos unos seis meses discutiendo el lanzamiento. Tras bambalinas agonizábamos porque no podíamos entrar con rapidez, pero también queríamos hacer bien las cosas. Si te metes a Pinterest te puedes dar cuenta de que hay una manera de involucrarse y una manera respetuosa de aparecer. Al igual que en Twitter, Facebook e Instagram, existe un enfoque auténtico necesario para atraer a la comunidad, y nosotros teníamos que poner eso en el contexto de cómo honramos la esencia de nuestra marca. Cuando involucramos a Pinterest con un concepto de amor de Starbucks, publicábamos y subíamos bastante material que no era nuestro, por eso pensábamos muy bien en cada contenido que subíamos." En el contexto del tema "Starbucks ama", la empresa sube imágenes de café, alimentos, música e inspiración. Es por eso que los tableros incluyen temas como "comida real", "momentos de café" y "lugares inspiradores". Estos temas no sólo son cercanos al corazón de la marca, sino también al de los clientes.

Al construir los vínculos en las redes sociales gracias a experiencias individuales, preferencias personales, una selección sensible de plataforma y respeto por la comunidad de cada red, Starbucks logra atraer a los clientes al contenido en lugar de bombardearlos con material de comercialización. Mark Bonchek, Ph.D. y fundador de ORBIT+Co, describe este proceso como la creación de "gravedad". Mark explica, "Mientras que las empresas tradicionales lanzan mensajes y productos, estas otras empresas atraen a sus clientes. En lugar de tratarlos como blancos pasivos, los tratan como participantes activos. Es como el sol en el sistema solar, producen un campo de gravedad que atrae a los clientes a su órbita. Van más allá de la lealtad del cliente para generar gravedad."

Gracias a esta gravedad, Starbucks ha logrado aquello sobre lo que muchas otras empresas sólo hablan: traducir las redes sociales y la inversión digital, en retorno sobre la inversión. Alex Wheeler, vicepresidenta de mercadotecnia digital global de Starbucks, señala, "Uno de los momentos más importantes de nuestra travesía en redes sociales se presentó en 2009, cuando hicimos el Día del Pastelito Gratis. Decidimos lanzar nuestra nueva plataforma de alimentos a través de medios digitales solamente, lo cual era muy poco común para nosotros. La pregunta era, ¿podrían el aspecto digital y la oferta de alimentos gratuitos generar tránsito virtual? Ese día, con la solidez de los aspectos digital y social, un millón de personas entraron a Starbucks, y creamos conciencia con cerca de un millón y medio de pastelitos." Aunque es posible ver a mucha gente entrar a una tienda para recibir un producto gratuito, la empresa de todas formas reúne datos duros que muestran que la inversión digital es un eficaz motor de negocio. Como Alex dice, "Contamos con la validación del efecto que tiene la participación digital sobre el comercio directo y sobre la inversión pagada de *marketing*."

El beneficio de amplificar el efecto de las redes sociales en la publicidad digital pagada

A un nivel meramente estratégico, los líderes de Starbucks consideran que tanto las redes sociales como la publicidad digital pagada juegan un papel importante en la creación de vínculos con los clientes. Los anuncios pagados extienden el alcance de la marca, en tanto que el llamado de las redes sociales tiene un alcance que incluye la participación, la diversión y la construcción de la marca. Los líderes de Starbucks están generando admiradores y seguidores a través de las redes sociales y están decidiendo cuándo hacer algo dirigido a la promoción o a la participación en esos espacios. Si los líderes buscan que la gente se involucre, entonces tratan de detonar la "viralidad". Adam Brotman lo explica de esta manera: "En las redes sociales, si tú o tus comentarios le gustan a alguien, esa información aparece para los amigos, la familia y los seguidores. El retuiteo literalmente amplifica y magnifica el alcance de tu marca. El beneficio de las redes es que la gente se involucra con nosotros. Las personas les dicen a sus amigos que están entrando a un Starbucks, y por lo general lo hacen a través de Foursquare, o conectando su página de Foursquare a Facebook o a Instagram. Nosotros integramos la publicidad digital pagada a nuestra estrategia social. Tomamos el efecto viral de los mensajes que enviamos en nuestras publicaciones regulares y lo mejoramos de una manera inteligente al conectarlo con la publicidad digital pagada en los espacios sociales. Es por eso que cuando hacemos tuits e historias que promovemos en Twitter y Facebook, reducimos con eficacia el costo de cada impresión pagada y nos vinculamos con muchos clientes más.

Dave Williams, director ejecutivo de BLiNQ Media, quien dice que Facebook es la fiesta de coctel más grande del mundo, comenta que el objetivo del medio no debería dar letanías en la plataforma, sino obtener "Me gusta", que es el equivalente a reunir tarjetas de presentación en una fiesta. Dave señala que el enfoque de Starbucks para la integración de las redes sociales y los medios pagados es una excelente práctica que todos deberían aplicar. "En mi opinión, los anuncios iniciados por los consumidores son el futuro de la publicidad, no sólo en Facebook, sino también en las otras redes sociales. Las historias patrocinadas de Facebook —iniciadas por los consumidores, no por la marca— son una de las formas más ingeniosas de aprovechar esta mina de información. Aquí el usuario se convierte en el campeón de la marca y tiene interacciones breves como los "Me gusta", las publicaciones, los ingresos a un lugar o las aplicaciones que usa, las cuales se transmiten luego a amigos y se convierten en contenido sutil de promoción. Starbucks es el ejemplo obvio de una marca que ha utilizado bien las historias patrocinadas y ha construido su base de seguidores de manera constante antes de usar las gráficas sociales para captar discusiones en los descansos y sus distintos productos como alimentos y bebidas, y distribuir anuncios con un contexto social."

Debido al liderazgo de pensamiento de Starbucks en la estrategia de redes sociales, le pedí a Adam Brotman que diera consejos de forma directa a los lectores como tú. Su respuesta fue muy clara: "En lo que se refiere a vincularse con los clientes, contarles tu historia o tener mayor alcance, no puedo imaginar una estrategia más fuerte que la digital. Lo digital abarca todo, desde un sitio de internet, hasta la mercadotecnia digital e incluso la lealtad. Square es un gran ejemplo de esto. A un comerciante al menudeo le ofrece, además de la posibilidad de aceptar con facilidad pagos con tarjetas de crédito, un sistema operativo completo entre el pequeño comerciante y sus clientes, el cual se puede complementar con Twitter, Facebook y un sitio de internet atractivo." Adam también comentó que todo negocio debería tener una persona o un equipo encargado de atender la comunicación en las redes, la construcción de la marca y la comercialización a través de los medios digitales. Si un negocio es pequeño, estas responsabilidades podrían formar parte del trabajo de un solo individuo, sin embargo, deben atenderse de manera táctica y constante. Adam nos explica que se necesita de alguien que "invierta tiempo en pensar sobre la plataforma que le va bien a tu negocio y a la interface del cliente, y no solamente en las redes sociales, sino también en tu propio sitio de internet, el programa de lealtad, la manera en que se aprovecha el pago como un medio de comunicación, la naturaleza de los sistemas de administración de las relaciones con los clientes y la forma en que la información puede guiar a la estrategia de comercialización y participación de los clientes. No importa si tu negocio está formado por dos o por dos mil personas, de todas formas debes tener una estrategia. Puedes ser expandible y personalizable, pero debes tener a alguien que planee y supervise su curso."

REFLEXIÓN SOBRE LA CONEXIÓN

1. ¿Qué tan estratégicas son tus decisiones respecto a las plataformas de redes sociales en las que promoverás tu marca y cautivarás a los clientes?

2. ¿Estás en busca de formas de medir el retorno sobre inversión y amplificar los efectos de tus estrategias sociales y de medios? ¿Estás vinculando la publicidad digital pagada con la estrategia en redes sociales?

3. ¿Ya asignaste recursos para "invertir tiempo en pensar sobre la plataforma que le va bien a tu negocio y a la interface del cliente, en tu propio sitio de internet, el programa de lealtad, la manera en que se aprovecha el pago como un medio de comunicación, la naturaleza de los sistemas de administración de las relaciones con los clientes y la forma en que la información puede guiar a la estrategia de comercialización y participación de los clientes"?

Tecnología que tiene una misión

Los líderes de Starbucks han invertido mucho en tecnología, y los clientes y los *partners* notan parte de ésta; sin embargo, hay otra parte que funciona de una manera velada. La mayor parte de estos gastos de capital tiene como objetivo ofrecer momentos de bienestar y mejorar la conexión Starbucks. Uno de los cambios más obvios fue la transición que hizo la compañía para ofrecer Wi-Fi gratuito de un solo toque en las tiendas. El antiguo ejecutivo de información en jefe me dijo que años antes él supo que Starbucks se había rezagado cuando fue a una camioneta de tacos que se encontraba afuera del Centro de Apoyo Starbucks en Seattle, y se dio cuenta de que el pequeño negocio ofrecía Wi-Fi gratuito de un solo toque, en tanto que Starbucks sólo les daba a sus clientes dos horas de Wi-Fi al día solamente si registraban una tarjeta Starbucks y mantenían un saldo mínimo de cinco dólares en ella. Por eso, en 2009, la empresa hizo la inversión necesaria para hacer que el Wi-Fi fuera ininterrumpido y fácil de usar. En aquel mismo tiempo, la empresa trabajó con socios de contenidos para crear Starbucks Digital Network, sistema que les permite a los clientes que usan la red de Wi-Fi de las tiendas, tener acceso gratuito a contenidos previamente seleccionados de internet pertenecientes a varios *partners*. Los clientes pueden, por ejemplo, recibir una descarga de la Selección de la Semana de iTunes, ver negocios locales en el Directorio de Square, leer la reseña de un restaurante local o leer un libro a través de New Word City. Para enriquecer la experiencia en las tiendas, Starbucks Digital Network ofrece un valor adicional que puede incluir desde contenido exclusivo hasta información local importante.

Aunque un poco menos obvio, otro ejemplo del uso de la tecnología para mejorar los vínculos en las tiendas es el sencillo pero masivo proyecto que consistió en llevar el sistema de Puntos de Venta en Tienda (POS, por sus siglas en inglés), a algo denominado Simphony. Curt Garner, ejecutivo de información en jefe de Starbucks, explica, "Para tomar una orden en nuestros antiguos POS, teníamos que ingresar una secuencia específica en la que primero se escribía el tamaño del café, luego la bebida y por último las modificaciones." Los líderes observaron las interacciones para ordenar y se dieron cuenta de que incluso los clientes frecuentes que ya conocían la secuencia correcta para ordenar, a veces tenían dificultades con el sistema. Por ejemplo, vamos a pensar que alguien viene con frecuencia sólo a Starbucks, pero en una ocasión en particular va con su hijo. El cliente dice, "Voy a tomar un Peppermint Mocha doble alto, un chocolate caliente, avena y un sándwich de tocino de pavo." En ese orden, el barista se vería obligado a recordar el chocolate caliente pero no ingresarlo sino hasta que pudiera volver y verificar el tamaño. Evidentemente, ese sistema suponía una exigencia cognitiva considerable para los baristas, impedía que se involucraran totalmente y generaba errores en las órdenes. Un cliente nuevo podía llegar y ordenar algo en una secuencia distinta a la ya definida y el barista repetiría la orden de la forma necesaria para ingresarla al POS pero, con frecuencia, daba la impresión de que el barista estaba corrigiendo al cliente. Curt comenta, "La idea de la orden en conversación nació de todas esas observaciones. Esta noción implicó que dejaríamos que la tecnología resolviera el orden del ingreso de cada bebida. El barista podría ingresar una bebida al sistema en cualquier secuencia que fuera congruente con la forma en que el cliente nos dio su orden."

En esencia, la computadora empieza a construir la bebida en la pantalla y muestra la parte estándar de esa receta en una luz gris, y lo que necesita marcarse en el vaso, en una luz de color verde oscuro. Curt y sus colegas anticiparon que los aspectos de la orden en conversación del nuevo POS tendrían un valor especial para los nuevos baristas, pero se sorprendieron al descubrir que los baristas que ya llevaban tiempo también apreciaron este sistema porque les dio la posibilidad de verificar visualmente que habían ingresado bien la orden. Curt añade, "Cuando comenzamos a usar Simphony, nuestra solución para los puntos de venta, también aprovechamos para hacer otras cosas desde la perspectiva tecnológica que nos ayudarían en el futuro. Una de ellas fue crear una solución en red para que, en lugar de tener sobre los mostradores inútiles cajas registradoras desconectadas de los otros aspectos de la empresa, a las cuales teníamos que marcar una vez al día para recibir la información sobre las ventas, pudiéramos contar con cajas registradoras que tuvieran una dirección IP en nuestra red. Nosotros tenemos que sacar las ventas de esas registradoras de manera constante y también enviarles y recibir información de ellas, y la arquitectura de los POS nos permite conectarnos con interfaces de programación de aplicaciones (AFIs, por sus siglas en inglés), así como con otras rutas que nos dan la oportunidad de conectar y utilizar herramientas como escáneres, que nos ofrecen un período de noventa días de recuperación de información en Square."

Buena parte de la tecnología en que invierte Starbucks tiene como objetivo modernizar la comunicación dentro de la organización. Si de por sí ya es difícil que los líderes transmitan bien sus mensajes en organizaciones pequeñas, los de Starbucks tienen, además, el desafío de comunicarse con cientos de miles de *partners* en todo el mundo. Es por eso que trabajan de manera constante para desarrollar soluciones integrales de tecnología que ofrezcan otras opciones de comunicación más allá de la posibilidad de que los muy atareados gerentes en tienda se hagan cargo de que la información llegue de los niveles superiores hasta la base.

Cuando se le preguntó a Alex Wheeler cuál era el panorama futuro de la tecnología y los aspectos digitales para Starbucks, ella contestó de una manera muy concreta: "La tecnología va a evolucionar y la gente va a cambiar, pero nuestra misión es lo que nos seguirá guiando. La tecnología nos servirá para cumplir nuestra misión, y nosotros implementaremos estrategias para que nuestros *partners* y clientes se involucren en donde quiera que estén. Queremos seguir siendo importantes para ellos y brindarles momentos de bienestar a través de la conexión humana."

La tecnología puede ser muy poderosa si la ves como una manera de mejorar el vínculo humano en lugar de pensar que, inevitablemente, puede conducir a la despersonalización. En el área del aprovechamiento de la tecnología para impulsar los aspectos humanos, los líderes de Starbucks han producido varios resultados interesantes e inesperados, incluso en otros negocios. Por ejemplo, Jack Dorsey, director ejecutivo de Square, dejó de utilizar la palabra *usuarios* gracias a los líderes de Starbucks. Según Jack, Howard Schultz, miembro de la mesa directiva de Square, le preguntó en privado por qué se referían a los clientes como *usuarios*. Jack hizo una reflexión, "El término 'usuario' apareció en el ámbito de la computación cuando se comenzaron a usar las terminales compartidas. Se hizo más sólido en la cultura de los piratas cibernéticos para referirse a una persona que no tenía conocimientos técnicos o no era creativa; alguien que sólo usaba los recursos pero no podía crear ni producir algo más (a veces, incluso se usaba el término 'luser', como juego de palabras con '*loser*', es decir, 'perdedor')." Jack cuenta que, con base en la provocativa naturaleza de la pregunta de Howard, Square va a reemplazar la palabra *usuario* con la palabra *cliente*. Desde la perspectiva de Jack, este sencillo cambio de palabras refleja un enfoque más humano del servicio. Específicamente, señala que la gente de Square "debe dejar de distanciarse de las *personas* que eligen nuestros productos en lugar de los de la competencia. Hay clientes a los que tenemos que ganarnos y que merecen nuestro mayor respeto, atención y servicio."

Cuando hablé de la palabra *partner*, en el Capítulo 5, dije que *las palabras importaban*. Espero que las lecciones que aquí se ofrecen te ayuden a identificar la fuerte "conexión humana" que puedes forjar con ayuda de la tecnología. Recuerda que la tecnología, en sí misma, no es un fin, ni es algo que sólo se les ofrece a los "usuarios"; ¡se trata de una herramienta para *servir a* y *vincularte con* tu "gente" y tus "clientes"!

PUNTOS DE CONEXIÓN

- Aunque las conexiones directas en las tiendas suelen ser una excelente oportunidad para desarrollar relaciones cara a cara, en la actualidad, la mayoría de las marcas se enfrenta al desafío de construir o extender los vínculos personales más allá del tradicional contexto del local donde se venden los productos.

- Los cinco elementos clave de esta estrategia digital son: (1) comercio, (2) red y canales móviles propiedad de la empresa, (3) lealtad/manejo de relaciones con el cliente (CRM, por sus siglas en inglés)/base de datos que se busca alcanzar, (4) redes sociales y (5) mercadotecnia digital pagada.

- Hoy en día los negocios exitosos buscan maneras de integrar sus activos digitales para generar el comercio en internet, y para promover el tránsito en sus locales físicos, así como la participación y la lealtad de los clientes.

- El enfoque en Twitter y Facebook debe centrarse en niveles de comunicación que sean consistentes, pero no resulten abrumadores, y en que esta comunicación sirva para crear conexiones.

- Cuando pienses en participar en una nueva plataforma de redes sociales, debes tomar en cuenta tres aspectos: ¿la plataforma es adecuada para tu marca? ¿Tienes los recursos para mantener la participación? ¿Ya pensaste en qué forma preferirá la gente interactuar en esta plataforma?

- Si creas vínculos en las redes sociales centrándote en las experiencias individuales y en las preferencias personales, es más probable que puedas atraer a los clientes a tus contenidos.

- No importa de qué tamaño sea el negocio, sus líderes deben designar a alguien para que se encargue de la estrategia de redes sociales.

- La tecnología debe servir para cumplir la misión, no al revés.

- La tecnología es muy poderosa si se le ve como una manera de mejorar el vínculo humano en lugar de pensar que, inevitablemente, conduce a la despersonalización.

- La tecnología no es un fin en sí misma, ni es algo que sólo se les ofrece a los "usuarios". ¡Se trata de una herramienta para *servir a* y *vincularte con* tu "gente" y tus "clientes"!

Capítulo 9

Las relaciones personales se traducen: comparte el amor de la gente a los productos

La publicidad acerca la gente a los productos; la mercadotecnia acerca los productos a la gente.

MORRIS HITE

Una vez que se han producido las relaciones entre los empleados y los clientes, y se han fortalecido con el uso de la tecnología, las marcas tienen permiso de transferir esas conexiones emocionales a sus nuevas ofertas de producto. Starbucks es un ejemplo de cómo establecer vínculos personales e individuales en las tiendas, y aprovecharlos para promover las categorías de productos empacados para los clientes (CPG, por sus siglas en inglés), tales como Starbucks VIA® Ready Brew (porciones individuales de café instantáneo), las bebidas Starbucks listas para beber, el café y el té a granel previamente empacado, y otros productos de Tazo y Starbucks que ofrecen algunos proveedores de alimentos. En un caso práctico sobre capital relacional (es decir, la forma en que las conexiones humanas se transforman en valor de mercado), Ranjay Gulati, Sarah Huffan y Gary Neilson comentan que Starbucks se ha ganado el derecho de venderle productos empacados al consumidor: "Gracias en gran medida al cuidado que ha tenido Howard Schultz para desarrollar y promover la experiencia Starbucks, la empresa ha podido sacar ventaja de la creciente fortaleza de la marca por medio de varias alianzas para vender café Starbucks y desarrollar nuevos productos bajo el nombre de la empresa. El objetivo de establecer estas relaciones ha sido seguir desarrollando la marca más allá de las tiendas para llegar a los clientes a través de múltiples puntos de contacto…"

Después de escuchar lo anterior, a mucha gente le sorprende pensar que Starbucks comenzó en el negocio de la venta de productos a granel, *y no* en el del café recién hecho. En la primera tienda de la empresa se tostaban pequeñas porciones de granos de café que se vendían a los clientes que iban al local y a los restauranteros de la comunidad, o que se enviaban por paquetería. Fundamentalmente, Starbucks comenzó como un negocio que vendía productos empacados a sus clientes (CPG). Con un enfoque estratégico, los líderes fueron colocando la empresa como un negocio global de experiencia de servicio que ofrecía café recién hecho y bebidas que tenían al espresso como base. Aunque los líderes usaron la conexión en tienda (el tercer lugar) para lograr que Starbucks se convirtiera en el gigante a nivel global que ahora es, recientemente han movilizado la conexión para llegar a los hogares de los clientes (el primer lugar), y a las oficinas (el segundo lugar). Gracias al éxito, la conexión y el amor que lograron forjar en las tiendas, los líderes también han desarrollado una considerable venta de mercado en el espacio de las transacciones de negocio a negocio. Por si fuera poco, también han fomentado la innovación con productos nuevos que tienen el objetivo de atender el dinámico estilo de vida de los consumidores.

A lo largo de este capítulo exploraremos la manera en que Starbucks implementa un enfoque de canales múltiples para el diseño, lanzamiento y entrega de los productos. Analizaremos la innovación tanto en el café como en las otras categorías de productos, y le echaremos un vistazo a la estrategia de la empresa para colocar sus artículos en el lugar en el que los clientes los quieren, sin que éstos tengan que visitar las tiendas Starbucks necesariamente. Este capítulo fue diseñado para ayudarte a ver cómo innova la empresa en su oferta de los productos más importantes de las nuevas categorías por medio de alianzas estratégicas de negocios, adquisiciones y modernos enfoques. Lo que nos proponemos es ayudarte a que tomes el vínculo que ya tienes con tus clientes y lo extiendas hasta llegar a sus dinámicos estilos de vida.

La reivindicación del café mercancía en tienda

Aunque la mayoría de los clientes considera que las tiendas Starbucks son un lugar en donde se puede beber una taza de café o tener una conversación mientras se disfruta de una bebida y algo de comer, en realidad cada local cuenta con un espacio limitado que está disponible para mercancía de alta calidad. Como podrás recordar, en el Capítulo 2 mencioné que, a mediados de la década del 2000, los gerentes de las tiendas se empezaron a preocupar mucho por los comparativos anuales que demostraban que las repisas de mercancía estaban repletas de productos que no tenían que ver con el café. Esto instó a Howard Schultz (quien entonces fungía como estratega global en jefe de Starbucks) a enviarle por correo electrónico un memorándum al entonces ejecutivo principal Jim Donald (con copias para el equipo de líderes *senior*). Eso fue el 14 de febrero de 2007. El correo electrónico, que por alguna razón trascendió a los medios, tenía como título, "La mercantilización de la experiencia Starbucks". Entre otras cosas, Howard escribió: "Ni siquiera estoy seguro de que la gente sepa que tostamos café. Ciertamente, es un mensaje que no se recibe al visitar las tiendas. La mercancía, que, más que un negocio seguro es una apuesta incierta, está muy lejos de ayudarnos a ser el tipo de comerciantes que creemos que podemos ser. Me parece que lo mínimo que podemos pedir es que los artículos respalden la base de nuestra herencia del café. En algunas tiendas ni siquiera hay molinos, prensas francesas de Bodum o filtros para café."

Definitivamente, la mercancía en las tiendas Starbucks ha cambiado mucho desde que Howard escribió la advertencia en este memorándum. Por lo general, en la tienda más cercana a mi casa, en St. Petersburg, Florida —y probablemente en las tiendas cercanas a ti—, hay dos aparadores de dos metros de altura por uno de ancho, que cuentan con siete repisas de mercancía. Entre los objetos es muy común encontrar las prensas francesas Bodum que Howard quería ver en 2007. Entre otros artículos que también se pueden ver en las repisas están las tazas con el logo de Starbucks para bebidas calientes y frías, latas de té

Tazo en hojas completas, cajas de bolsitas de té Tazo y paquetes de té y café instantáneo Starbucks VIA. A estos productos los complementan cuatro o cinco canastitas de mimbre que están colocadas sobre contenedores en el piso, donde se ofrecen varios tipos de mezclas de café y, ocasionalmente, alimentos empacados como frituras de papa o palomitas de maíz *gourmet*. Alrededor de los contenedores, para complementar las canastas, también se pueden encontrar alimentos y bebidas empacados como Starbucks Refreshers™, jugos Evolution Fresh, lácteos, recipientes con fruta, vasitos con yogurt, bebidas listas para llevar, agua Ethos® (subsidiaria de Starbucks) y refrigerios de nueces y fruta de la marca Starbucks. En varias de las tiendas es posible encontrar, alrededor del café, mesas donde se exhibe mercancía como la máquina para preparar espresso en casa, el sistema Verismo® de Starbucks y las cápsulas de espresso y leche que utiliza dicho sistema.

La presencia de artículos relacionados con el café en las tiendas es congruente con una estrategia de negocios más amplia que implica la diversificación de las ventas mezcladas de la empresa más allá de los productos que preparan los baristas para los clientes. Esta mejora en los artículos que ofrece la empresa es parte de un camino por el que ya han circulado con éxito proveedores como Ben & Jerry's, que solía ser una pequeña heladería en Vermont y ahora es una poderosa marca que pertenece a Unilever. Actualmente, Ben & Jerry's opera una vasta red global de heladerías y cuenta con amplia distribución de sus helados empacados en supermercados y tiendas de conveniencia. Jeff Hansberry, presidente de desarrollo de canales de Starbucks y marcas emergentes, señala, "Starbucks captura, a nivel global, tan sólo una pequeña porción del mercado del café, el té y las bebidas listas para llevar, el cual tiene un valor de cien mil millones de dólares. Estamos trabajando para aprovechar esa oportunidad y construir una porción mayor con nuestro negocio [de productos empacados para el cliente]. Esto lo hacemos a través de los canales, las categorías y los países en donde se venden nuestros productos."

Annie Young-Scrivner, presidenta de Starbucks Canadá, anterior ejecutiva en jefe de mercadotecnia global, y presidenta de Tazo, pone el alcance de esta oportunidad de venta al menudeo, en el contexto de los cuatro modelos de ubicación de Starbucks: "Realmente queremos asegurarnos de que estamos haciendo una conexión con los clientes sin importar en dónde estén. Nuestro futuro se basa en la venta de café y productos relacionados para que los clientes los consuman en casa, en el trabajo, en las tiendas y durante sus traslados. Tenemos muchas oportunidades de alcanzar una parte mayor del mercado y hacer crecer nuestro negocio a través de canales de consumo que van más allá del amplio espacio que ofrecen nuestras tiendas." La evolución de esta estrategia de canales de Starbucks nos provee enseñanzas a todos. Las instrucciones son específicamente: define un canal inicial de entrega, domina la ejecución en ese canal y luego dirige tus esfuerzos con mayor amplitud hacia otros canales de distribución que satisfagan las necesidades de tus clientes en donde quiera que estén. Si haces una revisión de tu negocio, ¿qué tan bueno es tu desempeño en el modelo de "cuatro lugares" que usa Starbucks? ¿Atraes a los clientes con tus productos y servicios, o con la comunicación en casa, en la oficina, en tus tiendas y en todos los lugares intermedios? Para lograr este tipo de presencia en la vida de sus clientes, Starbucks tiene que cubrir las necesidades de otros negocios que desean vender o distribuir sus productos. Dado que Starbucks tiene que depender de otras entidades, vale la pena que tomemos un tiempo para entender este aspecto de las interacciones de negocio a negocio que hace la empresa.

La conexión "negocio a negocio"

Starbucks no solamente se relaciona con la estrategia de "negocio a cliente" (Business to Customer, o B2C, por sus siglas en inglés). En realidad, la empresa se involucra en varios tipos de relaciones tipo "negocio a negocio" (Business to Business, o B2B), las cuales son el sustento de una creciente mezcla de ventas. Entre estas relaciones comerciales destacan el servicio de alimentos a clientes, las tiendas autorizadas y las sociedades de negocios.

En el ámbito de los servicios de alimentos, Starbucks les ofrece a varios negocios del campo de las ventas al menudeo —como el de la gastronomía fina, los viajes, la recreación, las universidades, las oficinas gubernamentales, el hospedaje y los lugares donde se ofrecen servicios de salud— entrenamiento, *marketing* y experiencia en distribución de mercancía, además de equipo y un portafolio de bebidas que incluye el café recién hecho, las bebidas frías y calientes preparadas con espresso como base, los jarabes, el chocolate y el té Tazo. Asimismo, Starbucks satisface las necesidades que tienen varias empresas en cuanto a bebidas internacionales en cafeterías, espacios públicos y servicio de banquetes o comidas. Cada vez que vas a una conferencia y ves que en la estación en donde se ofrecen los refrigerios durante el descanso hay un letrero que dice, "Estamos orgullosos de preparar café Starbucks", o cuando notas que en el restaurante en que estás cenando se sirve este café, estás viviendo la extensión que hace la marca hacia el ámbito del servicio de alimentos.

Las tiendas autorizadas, es decir, negocios como Kroger, Vons, y Safeway (grandes cadenas de supermercados) son las propietarias de los locales o de los quioscos que tienen licencias de Starbucks. Estas tiendas están encargadas de contratar al personal y operar el negocio. Además de contar con una sólida posición autorizada en los supermercados (o sea, con una situación favorable para aprovechar las ventas en los pasillos), las tiendas autorizadas también se ubican con frecuencia en aeropuertos, distribuidores al menudeo de mercancías generales (como Target y Meijer), y otros lugares compatibles.

En algunos casos, Starbucks va más allá de un acuerdo de licencia y genera una alianza de alto nivel con algún socio de distribución. De hecho, la larga relación de Starbucks con otras empresas de bienes de consumo comenzó en 1994 con el acuerdo North American Coffee Partnership, el cual implicaba una colaboración con PepsiCo North America. A través de este acuerdo, Pepsi fabrica, comercia y distribuye bebidas listas para llevar en un arreglo que implica un trabajo conjunto. En la actualidad, estas bebidas llevan el sello Starbucks o el de Seattle's Best Coffee, empresa que empezó a tostar café en 1970 en un muelle de Seattle. Entre las bebidas específicas que se ofrecen en este trabajo de colaboración se encuentran los cafés Frappuccino® embotellados de Starbucks, el Doubleshot® Starbucks, las bebidas Energy+Coffee, Starbucks® Iced Coffee, Starbucks Discoveries, Iced Café Favorites y las bebidas refrescantes Starbucks.

En estos acuerdos de colaboración, los líderes de Starbucks deben asegurarse de que ambas partes asuman sus responsabilidades en una relación recíproca en que las empresas obtengan ganancias gracias al trabajo en conjunto. En el Capítulo 7 hablamos sobre cómo elegir al socio de negocios adecuado para colaborar y tener éxito en mercados nuevos, particularmente en los internacionales. Es necesario ser muy cuidadoso también en lo que se refiere a elegir socios para extender tu cantidad de productos. Gary Stibel, fundador y director ejecutivo de New England Consulting Group, señala, "La clave es elegir un socio. Todo mundo cree que la mayoría de las asociaciones tienen éxito, pero sucede todo lo contrario. Casi todos los arreglos de licencias y los intentos de distribuir [productos empacados para el consumidor] en restaurantes fracasan." Para entender mejor cuán complejo es el sistema de licencias de CPG, Robert Lillegard, escritor sobre alimentos y viajes, nos explica, "Incluso las relaciones comerciales de mucho tiempo pueden agriarse. Starbucks y Kraft tuvieron una separación muy desagradable en 2011 porque esta gran empresa del café declaró que su distribuidor no estaba haciendo lo suficiente para promover sus productos." Robert añade que Kraft se quiso imponer para evitar que la sociedad de trece años se disolviera, "pero no tuvo éxito. Ahora las dos empresas compiten por ocupar los espacios en los anaqueles de las tiendas; Gevalia y Maxwell House, ambas de Kraft, compiten con las ofertas de Starbucks." A pesar de la relación con Kraft, los líderes de Starbucks han disfrutado de sólidos arreglos de sociedades para licencias y negocios en colaboración; esto ha sido posible en gran medida gracias a que los líderes perciben que ellos son quienes deben servirles a sus socios de negocios.

Ya sea vendiendo a través de un cliente de servicios de alimentos, de una tienda autorizada por Starbucks, o de un socio de negocios, los líderes de Starbucks desean que las experiencias de servicio que realizan de negocio a negocio reflejen la misión y los valores de la empresa, y que, al mismo tiempo, produzcan fuertes conexiones y relaciones como las que forjan en el ámbito de los cafés. Starbucks quiere ofrecer soluciones y sociedades que mejoren los resultados mediante una conexión y la anticipación de las necesidades de los clientes con quienes hace negocios. Más allá de los productos, los líderes quieren que estos clientes reciban un trato personalizado que se base en una comprensión profunda de hacia dónde se dirige su negocio y de los objetivos que desean alcanzar al trabajar con Starbucks. En pocas palabras, los clientes que hacen negocios deberían gozar de una experiencia Starbucks caracterizada por la atención personal y el compromiso de una relación duradera.

Para Starbucks, el hecho de servir a este tipo de clientes y a sus socios de negocios adquiere un valor adicional para el patrimonio de la marca. Andrew Linnemann, vicepresidente de calidad y compromiso de Green Coffee de Starbucks, explica, "Por ejemplo, cuando un cliente es atendido en una tienda autorizada, la taza que recibe tiene nuestro nombre. Nosotros tenemos que cuidar a los clientes de negocios y elegir con cuidado a nuestros socios porque sus acciones reflejan la manera en que perciben a Starbucks los consumidores a los que ellos atienden. Respecto a los socios de tiendas autorizadas y los socios de negocios en colaboración, no sólo nos interesa entender su capacidad de operación, también queremos saber quiénes son como empresa y cultura. ¿Tienen y demuestran valores similares a los nuestros? Si el comportamiento del distribuidor autorizado o del socio de negocios en colaboración no es el adecuado, nos alejaremos de ellos."

Y es que en la mente del consumidor final un Starbucks es un Starbucks, ya sea que lo haya obtenido a través de una tienda autorizada en un aeropuerto o en un local de su calle que le pertenece a otra empresa. Desde el punto de vista de los líderes, la experiencia de servicio en Starbucks tiene que ser gratificante, personal y enfocada en las relaciones, sin importar si el socio atiende al cliente en una tienda Starbucks o si se trata de un empleado que le entrega los productos a un cliente en una tienda Target. Finalmente, un negocio no es un edificio ni el nombre de una marca, sino un conjunto de personas que deben compartir objetivos similares. La forma en que se produce la experiencia de "negocio a negocio" tiene que variar dependiendo de las necesidades de cada negocio; sucede lo mismo con la experiencia para las personas que consumen el producto de forma individual.

A final de cuentas, los principios que definen las mejores experiencias para los clientes son muy similares sin importar si tu cliente es un consumidor individual o un grupo de personas de las distintas áreas de un negocio. Si cuentas con los socios correctos y si logras entender que las necesidades de tus socios de negocios son similares a las de tus clientes individuales, entonces tendrías que poder estar en posición de ofrecer tus productos para conectarte con los clientes en todos los ámbitos de distribución. Starbucks cree que hay una oportunidad estratégica clave de servir a los clientes en el primer lugar: sus hogares.

REFLEXIÓN SOBRE LA CONEXIÓN

1. ¿Con quién te has asociado para incrementar el alcance de los clientes a los que puedes atender?

2. ¿Consideras que tus socios de negocios son también clientes? ¿Te parece que la relación que tienes con ellos afecta el servicio que les ofreces a los consumidores finales o a la gente a la que éstos atienden?

3. ¿Tienes algún "permiso para vender" a tus clientes servicios o productos ajenos gracias a la fuerza de los vínculos que generaste al vender tus propios productos?

El servicio para los clientes en casa

Aunque en principio Starbucks se asoció para distribuir su café ya empacado, la empresa se hizo cargo de la fabricación, distribución y venta de este producto, y los líderes continúan innovando en las distintas formas en que hacen llegar sus productos a otros lugares que no son sus tiendas. Esto ha hecho que los críticos adviertan que Starbucks se está beneficiando de las ganancias de la venta al mayoreo, y que esto pondrá en peligro sus ventas en tienda. Por ejemplo, en 2009, cuando Starbucks lanzó VIA® Ready Brew, su producto de porciones individuales de café instantáneo, Steve Toback, socio de administración de Invisor Consulting, declaró: "Starbucks está colocando VIA como un producto opuesto a su propio café recién hecho, y de esta manera desafía a la gente a notar la diferencia. ¿Para qué querrían los clientes pagar por un café Starbucks recién hecho de la más alta calidad si pueden comprar una taza de VIA por un dólar? Si la campaña tiene éxito, ¿no es posible que VIA se coma las ventas del café recién preparado?" Aunque las preocupaciones de estos investigadores externos son razonables, los líderes de Starbucks no han sufrido este problema y, de hecho, incrementaron sus ventas al combinar las opciones de café en sus tiendas y en el hogar. Finalmente, la capacidad de los líderes para detectar y aprovechar las oportunidades en todos los canales fue lo que impulsó la decisión que tomó la empresa de aumentar su oferta de productos. La decisión surgió, en gran medida, de la aguda sensibilidad que tienen los líderes para percibir los distintos estados de necesidad y los rituales que rodean el consumo del café. Algunos clientes pueden visitar Starbucks con regularidad para comprar el café de la mañana, pero también hay ocasiones en que quieren preparar café de alta calidad en casa. De la misma manera, algunos preparan café como parte de su ritual matutino, pero también gustan de hacer una escala en la tienda Starbucks a la hora de su descanso en el trabajo. En pocas palabras, el consumo del café no es un juego de suma cero en que los clientes eligen sólo una de dos opciones: preparar su bebida en casa o ir a la tienda Starbucks, y el equipo de líderes está muy consciente de esto.

Debido a la complejidad y a la naturaleza dinámica del mercado de productos empacados para el consumidor, los líderes tienen que enfrentar desafíos tácticos de manera constante. Por ejemplo, la empresa trabajó en una sociedad parcial con un competidor llamado Green Mountain Coffee Roasters (GMCR). Esta empresa con sede en Vermont, produce café artesanal y adquirió Keurig Incorporated en 2006. Keurig es la empresa de máquinas para preparación de tazas individuales de café líder en el mercado. Las máquinas Keurig ofrecen una sencilla forma de preparar café en la que los consumidores sólo tienen que colocar su taza debajo del mecanismo, verter agua en el depósito, insertar un paquete individual de café (conocido como K-Cup) y apretar un botón. Con la adquisición de Keurig, GMCR se transformó en el proveedor exclusivo de paquetes K-Cup. Además de ofrecer su propia marca de café, GMCR compró Van Houtte, la compañía de café de Quebec, y añadió paquetes K-Cup con el nombre de ésta. Otras marcas como Newman's Own y Folgers han realizado acuerdos de licencias con GMCR con el objetivo de producir y distribuir sus cafés en paquetes K-Cup para ser usados en los sistemas de preparación Keurig.

Entonces, ¿qué podría hacer Starbucks para presentar sus productos en este mismo formato individual? La empresa ya había patrocinado a la cafetera Tassimo (competidora directa de Keurig) y distribuyó su café en un formato individual completamente distinto (llamado T-disc), el cual era necesario para que funcionara esta máquina. Debido a que el acuerdo entre Starbucks y Kraft Foods Inc. terminó, la cafetera Tassimo, creada por esta última empresa, se integró en menor medida en el sistema de distribución existente de Starbucks. Muchos analistas de consumo de café especularon sobre lo que haría Starbucks respecto a su rival de tanto tiempo, GMCR, y su sistema Keurig. Algunos supusieron que Starbucks compraría GMCR; otros indicaron que crearía su propia alternativa a los sistemas Tassimo y Keurig, sin embargo, en marzo de 2011, Starbucks y GMCR anunciaron un acuerdo para la producción de porciones individuales K-Cup. Desde ese entonces Starbucks ha extendido su acuerdo con GMCR, y ahora éste incluye productos para la cafetera Vue™ de Green Mountain (el cual es un sistema más reciente que produce bebidas más fuertes, calientes y grandes). Gracias a esta colaboración, Starbucks es ahora la marca exclusiva de más alto nivel con licencia para las cafeteras tradicionales Keurig y Vue de GMCR. Además, GMCR distribuye K-Cups de Starbucks y paquetes Vue en tiendas especializadas y tiendas de venta al mayoreo. Al hablar con Andrew Linnemann, vicepresidente de calidad y compromiso de Green Coffee, sobre esta decisión de involucrarse con GMCR, el ejecutivo explicó, "El crecimiento del sector del café en los estados se vio impulsado por los sistemas de porción individual, y por eso es lógico ofrecer nuestro café de la más alta calidad a quienes desean disfrutar de la conveniencia y consistencia en la experiencia con la cafetera Keurig." Imagina que uno de tus competidores diseña una plataforma en la que puedes vender tus productos. Tú sabes que vender en esa plataforma te beneficiará desde el punto de vista de distribución, pero también fortalecerá a tu competidor. ¿Qué harías? Aunque Starbucks descubrió la manera de colaborar con GMCR, eso no implica que la sana competencia se haya terminado.

En 2012 Starbucks lanzó un sistema casero de preparación para porción individual. Con la cafetera de Starbucks no solamente se pueden hacer bebidas filtradas por goteo, también se pueden preparar espressos y lattes. El sistema Verismo tiene una tecnología de alta presión diseñada en Suiza, la cual permite la preparación de bebidas con la calidad Starbucks con el uso de leche y porciones individuales de café. Desde la perspectiva de los líderes de la empresa, Verismo les ofreció una gran variedad de posibilidades tanto a los clientes como a Starbucks. Entre otras: (1) una opción para la preparación de café en casa, con un sistema de alta presión que se puede ajustar de manera específica para cada selección de bebida, (2) la oportunidad de lanzar un producto que va más allá del café recién preparado porque también produce las emblemáticas bebidas espresso de la empresa y (3) la oportunidad de crear una plataforma patentada para la preparación de café, la cual resulta muy apropiada para ofrecerse como mercancía en las tiendas. Las decisiones tácticas que se toman en el altamente competitivo mundo de las cafeteras les enseñan lecciones fundamentales a los líderes. De manera específica se puede decir que el liderazgo exige la habilidad de, en un esfuerzo conjunto, colocar los productos en el contexto de los sistemas patentados de los competidores y, al mismo tiempo, innovar los sistemas patentados propios por medio de relaciones estratégicas con los socios de producción y distribución.

Café en el segundo lugar: el ámbito del trabajo

Una encuesta de 2012 de Reuters sugiere que cerca del diez por ciento de la fuerza de trabajo realiza sus labores desde la casa. El resto se encuentra a merced del, a menudo, maligno mundo del café de oficina. Con el paso de los años, las empresas como Starbucks han elevado el nivel de la experiencia de la cafetera en la oficina por medio de las soluciones que les ofrecen a sus consumidores en sus lugares de trabajo. Las empresas que tienen entre veinte y cincuenta empleados pueden elegir un servicio de café Starbucks, el cual incluye equipo para la preparación, café molido y visitas regulares de mantenimiento. También están disponibles los artículos adicionales como té Tazo, servilletas y vasos desechables. Las empresas más grandes pueden disfrutar de este mismo servicio de café o incrementar la capacidad de su sistema de preparación con el sistema Starbucks Interactive Cup®, el cual muele y prepara tazas individuales o garrafas con tan sólo oprimir un botón. Para ver una demostración de este sistema, visita http://tinyurl.com/bovsqhm, o dirige tu lector QR a este código:

El éxito del esfuerzo que realiza Starbucks para ganarse el acceso al segundo lugar de la gente se puede ver en la alianza que hizo con Selecta, por ejemplo. Selecta, la empresa de venta de servicios más grande de Europa, trabaja con Starbucks en Suiza para ofrecer tres soluciones a las necesidades de los negocios de cualquier tamaño. Estas opciones de preparación y distribución van desde pequeños productos para mostrador, hasta grandes muebles esquineros integrados con servicio de café. Selecta les ofrece a sus clientes una barra de productos Starbucks como Latte Vainilla, Doppio Espresso, Cappuccino, Café Crème, Café Latte, Chai Tea Latte, Latte Macchiato, Espresso Macchiato y Chocolate Caliente, así como una variedad de té Tazo como Calm™, China Green Tips, Earl Grey, English Breakfast y Refresh™.

Frank Wubben, director ejecutivo de Starbucks Suiza y Austria, comenta, "Me reuní con el director ejecutivo de Selecta, y juntos definimos la visión de cómo podrían los dos líderes en el mercado del café

—Selecta en el café para oficina y Starbucks en venta al menudeo—, unirse para diseñar una emocionante proposición con el café Starbucks para los clientes en oficinas. En un lapso de cinco meses desarrollamos nuestro concepto escalable de café para centros de trabajo. Para mí lo más importante es que los clientes que vienen a nosotros tengan la oportunidad de disfrutar de su bebida favorita sentados a su escritorio en su oficina. Y a la inversa, que la gente que nunca ha ido a nuestras tiendas pueda hacerlo ahora gracias a la calidad del café Starbucks que disfrutan en su lugar de trabajo." Los líderes creen que, en lugar de restarle valor a la conexión Starbucks en las tiendas, lo que deben hacer es asegurarse de que el producto esté disponible tanto en el contexto hogareño como el laboral del consumidor. Esta disponibilidad incrementa el contacto del cliente con el producto y lo integra en un nivel más profundo de los rituales, el estilo de vida y la identidad del consumidor.

La creación de soluciones "para llevar"

Si bien buena parte de la vida se desarrolla en el hogar o el trabajo, Starbucks ha diseñado productos para llevar y consumir en el camino, a la velocidad con que muchos vivimos. Ya sea probando el sistema de compra desde el automóvil, como se hizo en California en 1994; colaborando con Pepsi para fabricar bebidas frapuchino embotelladas en 1996; o en el arduo proceso de diseño de VIA —el producto de porciones individuales de café instantáneo lanzado en 2009—, Starbucks siempre ha tratado de hacer que sus productos estén disponibles para los clientes con el objetivo de que éstos puedan disfrutar de una bebida de alta calidad adonde quiera que vayan. Howard Schultz les explicó el concepto de VIA a los *partners* de Starbucks con el siguiente comentario: "Anunciamos que Starbucks presentaría un café instantáneo para brindarles a nuestros clientes el gran sabor de nuestro café en cualquier lugar y momento. Naturalmente, esta noticia causó suspicacia, incluso algunos cínicos se preguntan '¿Para qué vender café instantáneo, Starbucks?' Pero hay muchas razones lógicas: el importante tamaño del mercado del café instantáneo, la creciente movilidad de los consumidores (imaginen una taza de café Starbucks VIA Ready Brew en la cima de una montaña), y el hecho de que, independientemente de nuestra presencia en todos lados, los clientes continúan diciéndonos que quieren más productos Starbucks y más maneras y oportunidades de disfrutarlos." Más allá de las tendencias del mercado, Howard también destacó la importancia de mantener los valores fundamentales de la empresa e innovar con soluciones dinámicas que respondan a las cambiantes necesidades de los clientes, sin tomar en cuenta las inevitables críticas: "Sé que algunos cuestionarán nuestra decisión, y puedo entender esta reacción. Las expectativas que tiene la gente respecto a una marca como Starbucks son muy altas, y además, la interacción con la marca es muy personal. Pero a pesar de esas expectativas (o quizá, debido a ellas), confiamos en que podemos irrumpir y reinventar la categoría del café instantáneo por medio de la introducción de calidad y valor aunados. Creo que el producto VIA Ready Brew de Starbucks es justamente eso; la prueba está en cada taza."

Bueno, pero la prueba no solamente se encuentra en cada taza, sino también en las ganancias por productos como VIA, el cual tuvo ventas globales de 100 millones de dólares en sus primeros diez meses. Esta cifra representó aproximadamente el treinta por ciento de los 330 millones de la categoría de porciones individuales prémium. Domenick Celentano, ejecutivo de la industria de alimentos, dijo que, el de Starbucks VIA, era uno de "los más memorables lanzamientos de productos nuevos", y para esa aseveración se basó en la forma tan eficaz en que los líderes de la empresa probaron el producto en sus tiendas y a través de otros canales (dentro de tiendas y supermercados), y en la manera en que los integraron el lanzamiento del producto con estrategias en redes sociales como las que analizamos en el Capítulo 8. En lo que se refiere al proceso de muestreo, Domenick explica, "El período de muestreo es un método comprobado que facilita que los clientes prueben el producto. Como Starbucks tiene control total en sus propias tiendas, organizó un proceso de muestreo del café VIA, el cual les fue servido gratuitamente a los clientes. Para controlar este trabajo de prueba, los líderes esperaron hasta algún momento de 2010 para hacer llegar el producto a las tiendas. Aunque al principio no estuvieron en las tiendas de venta al menudeo, usaron la presencia de marca de su línea regular de café y enviaron a los baristas a lugares como Safeway y Target para repartir muestras a los compradores."

Annie Young-Scrivner, presidenta de Starbucks Canadá, hace un comentario que nos recuerda la visión de Domenick respecto a la repartición de muestras. Al hablar sobre el café de tueste rubio de Starbucks, el Starbucks Blonde Roast, Annie señala, "Lo que nos diferencia de otras empresas de productos empacados para el consumidor es nuestra habilidad para generar conciencia e impulsar los procesos de prueba en una manera que, en términos de costo, es muy eficaz. Podemos mencionar, por ejemplo, que dos semanas después la gente ya había desarrollado una conciencia excepcional del producto Starbucks Blonde Roast, lo cual es increíble." Annie cree que esos extraordinarios niveles de conciencia se logran con una tasa absoluta de gasto de solamente el diez por ciento de lo que los competidores normalmente necesitan invertir para obtener resultados similares. Annie nos sigue explicando, "Nosotros pudimos crear conciencia y tener períodos de prueba de manera eficaz gracias al entusiasmo de nuestros fantásticos 200 000 *partners* en todo el mundo, quienes logran atraer a casi 70 millones de consumidores a la semana. Por lo general, para realizar un período de prueba, otras empresas de CPGs tienen que involucrarse en un muestreo con un tercer participante o repartir gratuitamente su producto de manera superficial en eventos. Nosotros, por otro lado, podemos servir una taza de café recién hecho frente a nuestros clientes en cuanto ellos entran a la tienda, y podemos generar emoción respecto al lanzamiento del nuevo producto. Además, también les podemos pedir a los clientes que nos den su opinión." Starbucks tiene una gran ventaja en sus tiendas porque puede entrenar a los *partners* para ofrecer una muestra de los productos nuevos, recolectar opiniones y compartir los resultados con los líderes. Como lo señaló Domenick Celentano, en el caso del producto VIA, se enviaron baristas a los pasillos de Target y Safeway. Este enfoque nos habla de la genialidad de aprovechar los recursos humanos para maximizar la eficacia en los distintos canales en que se realizan las pruebas.

Desde la perspectiva de la integración con las redes sociales y la promoción en distintos canales, Domenick señala, "Uno no puede sustraerse del hecho de que las redes sociales son muy fuertes en la promoción de alimentos y, como quienes trabajan en Starbucks son genios de la mercadotecnia, las redes sociales les dieron publicidad viral a un costo muy bajo para la empresa. Starbucks promovió su desafío de prueba del VIA en Facebook, con lo que logró que la gente fuera a las tiendas para comparar VIA con el café recién hecho en el local. La promoción de Starbucks incluía un café gratis en la tienda para probar." ¿No te parece que usar las redes sociales para llevar a los clientes a tu negocio y que ahí tu gente pueda enriquecer la conexión e incrementar la conciencia de los consumidores sobre los productos para que los adopten es una fórmula perfecta para el éxito? ¡Yo creo que sí!

Cómo lograr que los clientes crucen hacia otro canal

Además de las promociones en distintos medios y canales que se mencionaron anteriormente, Starbucks ha explorado y se ha involucrado en diversas formas de baja y alta tecnología para lograr que sus clientes puedan ir de alguno de los canales a otro. Entre las estrategias de la tecnología menos sofisticada, podemos mencionar que la empresa les ha dado a sus clientes un café alto gratis en tienda a cambio de una bolsa vacía de medio kilo de granos de café adquirida en otro lugar que no sea la tienda Starbucks (estos artículos traían un cupón que la empresa no incluía en las bolsas del mismo producto que vendía en sus tiendas). De manera similar, al inicio del lanzamiento del sistema Verismo, a los compradores se les entregó una membresía Nivel Oro del programa My Starbucks Rewards, de la cual normalmente sólo habrían comenzado a recibir los beneficios de recompensas especiales en bebidas y alimentos en tienda, después de haber comprado cuarenta y dos bebidas.

En el ámbito de la integración por medio de alta tecnología, podemos hablar de que Starbucks trabaja con algunos supermercados y otros distribuidores para permitir que las compras de café Starbucks a granel o de productos de este tipo para el consumidor, cuenten para la obtención de recompensas por lealtad en la tarjeta Starbucks. Asimismo, la empresa explora materiales de empaque que podrán interactuar con la aplicación móvil. Annie Young-Scrivner nos explica cómo surgió la relación entre los empaques de Starbucks y la tecnología: "El Caffè Verona es uno de nuestros cafés de tueste oscuro. De hecho, lo llamamos el café del amor. En las bolsas del Caffè Verona colocamos un código QR que vincula a las tiendas con el café. Como ejemplo de su funcionamiento, podemos mencionar la historia de cómo se comprometió una pareja de clientes. "Él tuvo su primera cita con ella en un Starbucks y después le pidió matrimonio en un bosque que él mismo adornó para que se pareciera a una tienda Starbucks. Luego tomó fotografías del compromiso y las subió a Facebook. Buscamos a la pareja y les preguntamos si podíamos recrear su experiencia y hacer que su historia estuviera disponible a través de un código QR en nuestras bolsas de café. Es por eso que, si te encuentras en el pasillo de un supermercado o si estás bebiendo tu café en casa, puedes hacer clic en la bolsa de Caffè Verona y vivir una verdadera historia de amor sobre nuestros clientes y Starbucks. Éste es un ejemplo de la manera en que nos gusta compartir nuestra historia, aprovechar la tecnología e involucrarnos con nuestros clientes mediante los distintos canales. Queremos alcanzar la magia." Como tal vez no tengas a la mano una bolsa de café Starbucks, a continuación reproducimos el código QR. Sólo tienes que dirigir tu lector al código o visitar http://tinyurl.com/clu9bmm:

Baste decir que los líderes de Starbucks están en la búsqueda permanente de magia y exploran sinergias que sirvan para motivar a los clientes o que les den los incentivos necesarios para ampliar la variedad de los productos Starbucks que compran o consumen, así como los ámbitos en que lo hacen. Con frecuencia, la magia se puede lograr de maneras muy sutiles, como en sencillos correos electrónicos parecidos a uno que recibí, en el que se anunciaba que me darían una tarjeta Starbucks de temporada navideña si compraba tres productos Starbucks o Tazo que participaran en la promoción. En el correo electrónico se mostraban varios productos y se indicaba que, aquéllos que formaban parte de la promoción tenían que ser comprados en otro lugar que no fueran las tiendas Starbucks. Para hacer efectivo el canje, era necesario presentar el recibo de la tienda y el código universal del producto (UPC, por sus siglas en inglés), el cual aparece en el empaque.

Promoción de temporada navideña por correo electrónico de Starbucks y Tazo

REFLEXIÓN SOBRE LA CONEXIÓN

1. ¿Ya definiste los puntos clave de contacto que tienes con tus clientes? ¿Has identificado las oportunidades estratégicas que te podrían permitir conectarte con tus clientes y atenderlos en otros ámbitos?

2. ¿Qué métodos empleas para crear conciencia y para promover las etapas de prueba y la adopción del producto de una manera eficaz en cuanto al costo? ¿De qué manera podrías lograr que los consumidores prueben tus servicios o productos?

3. ¿De qué manera motivas a tus clientes para que experimenten el tipo de productos o servicios que ofreces en más de un solo canal o medio?

Innovación y adquisición de productos sólidos en categorías adyacentes

En el Capítulo 3 hablé sobre cómo los líderes Starbucks se movieron de manera táctica a otras categorías adyacentes de bebidas por medio de la adquisición de Tazo y Evolution Fresh. En ese capítulo nos enfocamos específicamente en la forma en que esos productos le permitieron a Starbucks llevar su capacidad fundamental de crear experiencias en tienda a otras plataformas de producto. Por medio de este tipo de adquisiciones, y la innovación en aspectos que no tenían que ver con el café, Starbucks también ha podido fortalecer el espacio que ocupa en el ámbito de los productos empacados para el consumidor. Los jugos embotellados de Evolution Fresh, por ejemplo, incluyen sabores en cuatro categorías:

- Fruta (naranja orgánica, granada y otros).
- Vegetales verdes y mixtos (variedad amplia que incluye los vegetales esenciales y los vegetales verdes).
- Refrescantes (limonada orgánica con jengibre, agua de piña y coco, y otros).
- *Smoothies* (*smoothie* de fibra con manzana y bayas, *smoothie* energético de proteína, *smoothie* de súper vegetales verdes, y más).

Estas bebidas se están poniendo a disposición de los consumidores en tiendas Starbucks selectas en Estados Unidos. Evolution Fresh y Tazo, a su vez, se están convirtiendo en marcas más prominentes gracias a su presencia en tiendas de abarrotes como Whole Foods, Albertsons, Ralphs, Vons y Gelson's. De hecho, para atender la demanda de los jugos de Evolution Fresh, Starbucks tuvo que expandirse más allá de sus instalaciones originales de producción de 22 000 metros cuadrados en San Bernardino, California, a un edificio de 79 000 metros cuadrados en Rancho Cucamonga, también en California.

Por otra parte, además de iniciar el concepto de la tienda Tazo Tea que se mencionó en el Capítulo 3, a finales de 2012, Starbucks también adquirió Teavana. Teavana tiene más de trescientas tiendas que le pertenecen a la empresa y llega a los clientes de todo el mundo a través de su sitio de internet, www.teavana.com. Como su nombre lo indica, Teavana está considerado el "paraíso del té", y es un proveedor artesanal que atiende a los recién llegados al ámbito del té, así como a los más conocedores, y ofrece una variedad de más de cien tés prémium en hojas sueltas, así como artículos artesanales para preparar y servir café, y otro tipo de mercancía relacionada con este producto. Aunque todavía está por verificarse el valor total estratégico de esta adquisición, Teavana ya es, en sí misma, un canal de distribución para Starbucks (gracias a su red existente de tiendas en prominentes áreas con mucho tránsito como lo son los centros comerciales) y le ofrece a la empresa la oportunidad de atender a una base más amplia de consumidores.

Starbucks también ha hecho crecer sus oportunidades de venta al menudeo gracias a la innovación, particularmente en lo que se refiere a productos como Starbucks Refreshers, una bebida hecha con extracto de café verde que entra en la categoría de "bebida energética" en lugar de la de "café". En 2012, al anunciar el lanzamiento de Refreshers, Annie Young-Scrivner, presidenta de Starbucks Canadá, hizo el siguiente comentario sobre la importancia del ingreso de Starbucks al sector de las bebidas energéticas: "La categoría de bebidas energéticas es la de mayor crecimiento dentro de los canales medidos de CPG. Actualmente tiene un valor de ocho mil millones de dólares, lo cual equivale a un crecimiento del dieciséis por ciento en el último año. El lanzamiento de las bebidas Starbucks Refreshers continúa respaldando nuestra estrategia de crecimiento que se basa en innovar con el lanzamiento de productos nuevos, el ingreso a nuevas categorías y una expansión hacia otros canales de distribución."

Starbucks Refreshers se venden en tres presentaciones: como bebidas preparadas a mano en las tiendas, como bebidas gasificadas en lata y como porción individual de VIA. En estos tres formatos, la esencia de Refreshers es la misma: una mezcla de jugo de frutas y extracto de café verde. Cliff Burrows, presidente de Starbucks Región América, hace énfasis en la importancia del innovador componente de Starbucks Refreshers: "La innovación es el factor fundamental de todo lo que hacemos. La introducción de la plataforma de las bebidas Starbucks Refreshers con extracto de café verde es una innovadora extensión del mercado del café, y es la solución perfecta para los clientes que quieren un impulso de energía natural y una bebida deliciosa que sacie su sed." Expandir el mercado del café hacia el té, los jugos y las bebidas energéticas, ciertamente le abre a la marca más oportunidades de crecimiento tanto en los ámbitos de servicio del café y las bebidas, como en los espacios en los anaqueles de las tiendas de venta al menudeo. Naturalmente, como sucede con todas las decisiones estratégicas, existen riesgos y recompensas.

Los riesgos y las recompensas

Jane Genova, miembro de la Red Motley Fool blog, identificó de manera muy elocuente los cuatro riesgos que corre Starbucks con su estrategia expansiva de productos empacados para el consumidor. Desde la perspectiva de Jane, estos desafíos incluyen la competencia con las marcas establecidas de productos empacados, la competencia que representan las marcas privadas de descuento, las proyecciones de ventas del café empacado ordinario y, como el cuarto peligro, la combinación de la sobreexposición de la marca (es decir, que los productos de Starbucks se distribuyan a través de demasiados canales del mercado) con el hecho de que se deje de vincular a la bebida con el icónico ritual de transportarla en el vaso desechable con el logo verde y la manga de cartón que lo envuelve." En efecto, Jane formula una pregunta importante sobre la sobreexposición de la marca y la presentación de los productos en un ámbito ajeno a la relación familiar que ya se forjó con el cliente; no obstante, Starbucks ha invertido mucho en la creación de esta relación fundamental con los consumidores en el ambiente de la tienda y ha generado una demanda global por sus productos. En lugar de hacer que la gente se canse de la marca, la empresa ha ido encontrando maneras de ampliar las oportunidades para involucrar a los clientes y aumentar el número de lugares en que se fortalece la relación con ellos. Las preocupaciones de Jane son aspectos que Starbucks ha atendido por medio de la diversificación más allá de las ventas de café empacado y con el retorno sobre inversión que genera la estrategia de canales de la empresa.

En 2012, las ganancias en tiendas de abarrotes crecieron con casi tres veces mayor rapidez que las de las ventas en las tiendas de la marca. Hoy en día Starbucks sigue recibiendo la mayor parte de sus ganancias de sus propias tiendas, sin embargo, las ganancias de operación para el año fiscal 2011 reflejan que el negocio de los productos empacados representó el treinta y dos por ciento de las ganancias globales y el diecinueve por ciento de todos los negocios realizados en Estados Unidos. Bill Smead, gerente de portafolio de Smead Capital Management Inc., señala, "El verdadero valor y el crecimiento potencial de la empresa radica en su marca. Starbucks vende agua, leche y granos de café a niveles impresionantes. Warren Buffett dice que las mejores empresas son las que compran insumos pero venden una marca."

Los líderes de Starbucks definitivamente compran insumos, establecen conexiones y luego movilizan estas últimas para fortalecer aún más la marca. En los capítulos anteriores se hizo evidente que los líderes de esta empresa comienzan con su pasión por los insumos y su gente, y que, a partir de ahí, protegen las relaciones (conexiones) entre los *partners* y los clientes. Cuando ya se establecieron esos vínculos, los líderes fortalecen todavía más la marca a través del aprovechamiento de la tecnología y por medio de una exploración constante de las maneras en que pueden ofrecer más productos en más áreas de la vida del consumidor. Finalmente, los líderes elevan los productos al nivel de marcas y luego aprovechan esta solidez para ofrecer más productos diseñados para crear, en última instancia, un patrimonio de marca aún mayor.

PUNTOS DE CONEXIÓN

- Si las marcas fomentan las relaciones entre los empleados y los clientes, y las fortalecen por medio de la tecnología, obtienen el permiso de transferir esos vínculos emocionales a sus nuevos productos.

- Para lograr la mayor presencia posible en la vida de tus clientes, tal vez tengas que atender las necesidades de otros negocios para que vendan o distribuyan tus productos.

- La decisión fundamental para la expansión de la marca es el grado al que tu empresa es propietaria de la infraestructura con la que harás crecer la marca, y el punto al que puedas controlar —más que influir en—, a quienes les has confiado el mantenimiento de los estándares de tu marca.

- Un negocio no es sus edificios ni el nombre de su marca. Un negocio es un grupo de gente que debe tener los mismos objetivos en mente.

- Los principios que definen las mejores experiencias del cliente son extremadamente similares, sin importar si tu cliente es un individuo o un grupo conformado por gente de los distintos departamentos de un negocio.

- El liderazgo en el mundo de los productos empacados para el consumidor exige la habilidad de, en un esfuerzo conjunto, colocar los productos en el contexto de los sistemas patentados de los competidores y, al mismo tiempo, innovar los sistemas patentados propios por medio de relaciones estratégicas con los socios de producción y distribución.

- En lo que se refiere a la introducción de productos nuevos, las redes sociales resultan una herramienta importante para crear conciencia y promover las etapas de prueba y la adopción del producto.

- Los líderes con un pensamiento avanzado siempre encuentran formas de motivar a los clientes o darles los incentivos necesarios para ampliar la variedad de los productos que compran o consumen, así como los ámbitos en que lo hacen.

- Según Warren Buffett, las mejores empresas son las que compran insumos pero venden una marca.

Principio 5

Celebra y desafía tu legado

Como asesor y orador, tengo que trabajar con un número importante de empresarios, dueños de negocios y ejecutivos de corporaciones. Aunque hay grandes diferencias entre estos líderes, la mayoría muestra dos rasgos en común. El primero es que tienen el deseo de dirigir a su gente y sus negocios por un camino que los lleve a ser rentables. El segundo es que quieren marcar una diferencia importante y sustentable con su trabajo. El principio "Celebra y desafía tu legado" se enfoca tanto en el éxito como en la ambición de los líderes, al mismo tiempo que explora la forma en que éstos tratan de alcanzar sus objetivos.

En el Capítulo 10, "Honra el pasado pero no te quedes atrapado en él", se demuestra la forma en que los líderes de Starbucks han renovado el espíritu empresarial que condujo al éxito de la compañía cuando apenas comenzaba. Asimismo, se explora lo que hacen los líderes para llevar ese espíritu hacia las soluciones a las necesidades futuras de sus *partners* y clientes. En el Capítulo 10 conocerás algunos de los temerarios e innovadores pasos que los líderes de la empresa están dando para aumentar la importancia y originalidad de la marca. Además te enterarás de varios de los nuevos logros y tropiezos de la empresa.

En el Capítulo 11, "La visión a largo plazo: construye éxito duradero", se habla de las decisiones que toman los líderes para lograr un impacto positivo y duradero en los *partners*, los clientes y las comunidades. Ahí se examina la forma en que Starbucks funciona como catalizador en áreas como el diseño sustentable de edificios, resguardo ambiental, viabilidad de pequeños negocios y empleo global. Además se demuestra la fuerza de convicción necesaria para mantener el enfoque en el valor de tu impacto, y no solamente en las pérdidas y ganancias que aparecen en tus estados financieros trimestrales.

Finalmente, "Celebra y desafía tu legado" deberá motivarte a definir el legado que quieres dejar y a evaluar el desempeño de tus líderes basándote, en parte, en el progreso que logres en tu camino a la creación de dicho legado.

Capítulo 10

Honra el pasado pero no te quedes atrapado en él

Un día antes de que algo sea un gran logro, es una idea loca.

PETER DIAMANDIS

Antes de analizar las estrategias de adaptación y progreso que diseñó Starbucks para asegurarse de que su marca continuara siendo importante, tomemos un momento para hablar sobre cuáles son los mayores desafíos al impulsar la innovación para marcas fuertes como ésta: la complacencia y la inercia generadas por el éxito. Uno de los mejores ejemplos del tipo de carga que pueden producir los logros anteriores es Polaroid Corporation.

Los días de gloria de la legendaria marca Polaroid duraron desde la creación de la empresa en 1937, hasta finales de la década de los setenta. Durante la Segunda Guerra Mundial la empresa prosperó porque fue contratista de defensa, sin embargo el momento coyuntural de innovación para la marca se presentó en 1948 cuando Edward Land, fundador de la compañía fabricó una cámara que podía procesar fotografías en minutos. En los siguientes veinte años y un poco más, ese solo invento bastó para que Polaroid ejerciera el monopolio del mercado de la fotografía instantánea.

A pesar de que Polaroid invirtió más del cuarenta por ciento de su presupuesto para investigación y desarrollo en tecnología digital, los líderes de la empresa en realidad nunca involucraron a los clientes en el esfuerzo que hicieron para desarrollar las cámaras digitales. El resultado fue que la participación de Polaroid en el mercado decayó y, al final, la empresa se vio forzada a declararse en bancarrota en 2001.

En un escrito para la Escuela de Administración de Yale, Andrea Nagy Smith le atribuye el fracaso de la empresa directamente a las deficientes "asunciones que les impidieron a los líderes de la gerencia ajustarse a las nuevas realidades del mercado. En primer lugar, los líderes de Polaroid creyeron que los clientes siempre querrían tener una impresión en papel. El hecho de que los clientes dejaran atrás las impresiones tomó a Polaroid por sorpresa." Andrea también menciona que los líderes de esta empresa tenían ciertos antecedentes y sesgos que los hacían preferir hacer dinero con la fotografía procesada con químicos por encima de la producida con los nuevos adelantos digitales. Según Andrea, "Tan sólo las ganancias por ventas fueron un obstáculo más que les impidió a los líderes pensar en nuevos modelos de negocios. 'La fotografía instantánea tenía excesivos márgenes brutos que estaban por encima del sesenta y cinco por ciento. Así que, si estás lidiando con un cambio en tu medio, ¿cómo reemplazas eso con algo que es igual o casi tan rentable como la película instantánea?'" Los líderes de Polaroid fueron víctimas de su propio éxito. Las mismas cualidades que llevaron a la empresa a dominar su mercado fueron lo que estuvo en contra de su superficial búsqueda de un camino alternativo. Aunque a un nivel mucho menor, entre el 2000 y mediados de esa década, los líderes de Starbucks también se casaron con un modelo demasiado rápido de crecimiento de sus tiendas.

Un cambio en el paradigma

En 2006, cuando escribí mi libro anterior sobre Starbucks, noté que la empresa estaba abriendo una tienda cada cuatro horas y que Howard Schultz comentó que estaba "en 'las primeras etapas de crecimiento', 'la segunda entrada de un juego de nueve', y en 'los primeros capítulos de un libro extenso'." Ese mismo año también di ejemplos de los planes de crecimiento inminente de Starbucks, e incluso, de "la agresiva expansión en China, las descargas de música a los reproductores MP3 de los clientes en las tiendas, las citas de amor con espresso en colaboración con los anuncios Yahoo!™ Personals y la distribución de películas y libros."

Aunque el enfoque en el crecimiento internacional (en China y en el resto del mundo) se ha mantenido desde 2006, han cambiado muchas cosas. Los reproductores de MP3 ya no son tan populares como antes. De hecho, en 2012, drippler.com, una fuente de noticias sobre artefactos electrónicos, reportó un incremento sustancial en el número de visitantes del sitio que ya no estaban interesados en tener un reproductor de MP3 debido a que sus deseos de tener teléfonos inteligentes eran mucho mayores. Yahoo! Personals cerró en 2010 y los clientes migraron a Match.com. El gran salto que dio Starbucks en 2006 al negocio del comercio de películas con el lanzamiento de *Akeelah and the Bee*, no ofreció los resultados que se esperaban, razón por la que la empresa se retiró de la distribución de películas. El último golpe que dio la realidad fue que la tasa de crecimiento de las tiendas en 2006 no era sostenible. De hecho, abrir seis tiendas nuevas al día implicaba un desafío operativo y de personal tan grande, que la empresa no estaba siendo capaz de mantener la fuerza de las conexiones de la marca, en particular, en el contexto de los desafíos económicos globales del momento.

Jon Gertner, autor de *The Idea Factory: Bell Labs and the Great Age of American Innovation*, describe cómo los líderes de Starbucks cambiaron el rumbo de la estrategia. En su opinión, "Starbucks ya no parece creer que su futuro depende de la habilidad de clonar su concepto fundamental de tienda de manera infinita. En la actualidad, la filosofía de amplios alcances de la empresa —que se hace evidente en sus planes para el rediseño de tiendas, las inversiones en innovadoras máquinas para preparar café y en la expansión de sus redes digitales y sus programas de recompensas— tiene como objetivo que cada sucursal sea, además de más versátil, más artesanal."

Consolidación

Además de confiar en el aspecto artesanal y en la versatilidad, Troy Alstead, ejecutivo de finanzas en jefe y director administrativo, nos comenta que la transición también se apoyó en una atención fervorosa a la excelencia y la eficiencia operativas: "En retrospectiva, me resulta interesante reconocer que el crecimiento en la cantidad de tiendas nuevas estaba ocultando problemas que empezamos a tener antes de cerrar 800 sucursales en Estados Unidos en 2008 y 2009. Mucha gente de la prensa, muchos consumidores, analistas, e incluso la mayoría de la gente de la empresa, creía que éramos increíbles como operadores de tiendas." Troy continúa diciéndonos que la fuerza de la marca Starbucks para atraer clientes estaba opacando el panorama, que cubría operaciones que eran apenas satisfactorias. El ejecutivo señala específicamente la eficacia del uso del trabajo o del uso de la información para definir si los horarios de una tienda tenían que ajustarse. Según Troy, "Entre muchos elementos operativos de importancia, estábamos saliendo meramente bien. Por lo tanto, teníamos que innovar para ejercer una mejor disciplina financiera. Todavía tenemos que lograr establecer conexiones humanas sólidas, pero en ese proceso también tenemos que ser más eficientes en el aprovechamiento del trabajo del personal y alcanzar un mejor manejo de la productividad y el desperdicio."

Uno de los elementos clave en el éxito de la transformación de Starbucks en el área del mejoramiento de la eficiencia es resultado de la coincidencia entre los líderes que están encargados de impulsar el cambio y quienes tienen la responsabilidad de asegurarse de que las operaciones sean consistentes. Craig Russell, vicepresidente *senior* de Café Global, lo describe así: "Si dejáramos que sólo los operadores dirigieran el mundo, probablemente no tendríamos tantas tiendas ni aportaríamos tantas innovaciones. Si permitiéramos que sólo los innovadores dirigieran el mundo, tendríamos negocios muy difíciles de controlar que no producirían tanto dinero. Nuestro desafío ha consistido en unir los dos extremos de esta ecuación para generar innovaciones que mejoren las operaciones, impulsen el crecimiento, mejoren la experiencia de los *partners* y los clientes, e incrementen la rentabilidad. Es una misión difícil, pero con frecuencia se da de las maneras más sutiles." El éxito en el impulso de la innovación depende de que quienes fomentan el cambio y quienes mantienen la estabilidad y trabajen en conjunto.

Un ejemplo de la sutileza de las mejoras que han resultado de este enfoque de "innovación operativa" es la "jarra espumadora". Los líderes de Starbucks anunciaron esta nueva jarra en 2012 y explicaron lo siguiente: "su innovador diseño les permitirá a los baristas preparar bebidas artesanales de espresso con más eficiencia y consistencia para que puedan ofrecer un gran servicio al cliente." Para ser específicos podemos decir que el afilado fondo de la jarra no sólo se creó para obtener leche perfectamente vaporizada, sino también para permitirles a los baristas verter con facilidad la leche hasta las líneas marcadas en la misma jarra, las cuales definen todos los tamaños de las bebidas de Starbucks. También limitó el espacio disponible en el que se podía sobrellenar la jarra y, gracias a eso, disminuyó el desperdicio. En pocas palabras, la jarra, que era más pequeña que su antecesora, ofreció tres ventajas: (1) mejoría en la calidad y la consistencia del producto, (2) mayor facilidad de uso para los baristas y (3) reducción en el desperdicio de leche. Si bien algunas innovaciones se producen al modificar una herramienta tan importante como la jarra espumadora, hay otros logros que exigen un trabajo de rediseño total de sistemas como el *Drive Thru* para comprar bebidas sin bajarse del auto.

Como se mencionó en el Capítulo 9, la historia del concepto Drive Thru de Starbucks data de 1994, cuando se abrió el primero en Vancouver, Washington. Aunque las primeras investigaciones arrojaron que muchos clientes deseaban poder comprar las bebidas desde la comodidad de su vehículo, la ejecución de este sistema ha sido una fuente de innovación continua y de mejoras en la operación. Clarice Turner, vicepresidenta *senior* de Negocios en Estados Unidos, comenta, "El Drive Thru ha sido una especie de desafío para quienes trabajamos en Starbucks. Estamos muy orgullosos de ser el tercer lugar de la experiencia de vida del cliente, pero en ocasiones nos ha resultado difícil recrear esa sensación en el Drive Thru. De hecho, nuestra investigación entre los clientes nos ha mostrado que hay una diferencia entre la manera que funciona el Drive Thru y la experiencia en la tienda. La diferencia se basa, fundamentalmente, en la consistencia y la velocidad del servicio." Un punto de referencia para la evaluación del éxito del Drive Thru es la tasa de resistencia, es decir, la cantidad de gente que abandona la línea de espera antes de ordenar. Clarice señala, "Nuestras tasas de resistencia eran inaceptables, por eso diseñamos una plataforma de emergencia basándonos en esta información y les preguntamos a nuestros *partners*, '¿Cómo solucionamos este problema?' La respuesta nos condujo a la creación de estándares operativos, estrategias para facilitar el trabajo y a la designación de los papeles de cada empleado para tener resultados semejantes en todos los Drive Thru." Lo anterior fue esencial para Starbucks porque los Drive Thru son tiendas operadas por la empresa y equivalen a casi cuarenta y cinco por ciento de las ganancias por venta al menudeo en Estados Unidos.

Según Clarice, el proceso de estandarización comenzó con una mejora global que incluyó auriculares con tecnología de punta, así como otras herramientas que sirvieron para que los baristas pudieran comunicarse de manera eficaz con los clientes. Más adelante se empezaron a utilizar cronómetros para crear conciencia del tiempo, pero con la advertencia para los *partners* de que, aunque la velocidad del servicio era importante, no era el aspecto fundamental de esta experiencia. Después se introdujeron escáneres inalámbricos 2D para facilitar los pagos con celulares en los carriles de los Drive Thru. Tras anunciar que a partir de entonces sería posible utilizar la aplicación móvil Starbucks Card para pagar en el Drive Thru, los líderes de la empresa explicaron los desafíos de innovación que tuvieron que enfrentar: "La implementación del pago con celulares en el Drive Thru involucró más aspectos que los que tuvimos que considerar para su uso dentro de las tiendas. Para empezar, necesitábamos algo que le permitiera al cliente escanear por sí mismo en lugar de que tuviera que entregarle su celular al *partner* que lo atendería. Además necesitábamos un escáner que proveyera una experiencia agradable y sutil incluso cuando el clima no estuviera de nuestro lado, y por la noche, cuando es más difícil ver. También era indispensable que los clientes pudieran alcanzar bien el artefacto independientemente de la altura de sus autos." Si quieres pagar con tu celular en un Drive Thru de Starbucks, el barista puede, con toda facilidad, usar su escáner inalámbrico portátil 2D para registrar el código de barras de tu teléfono, sin importar qué auto manejes, si hay suficiente luz, o si el clima es inclemente. La conquista de los obstáculos, la implementación de elementos innovadores, el éxito en la eficiencia operativa y la mejoría de la experiencia del cliente: éstas son las etapas de la evolución de los grandes avances en un negocio.

REFLEXIÓN SOBRE LA CONEXIÓN

1. ¿Cuáles son las cualidades de tu negocio que más te han ayudado a alcanzar el éxito que tienes? ¿Podrían esas cualidades convertirse, sin que te des cuenta, en trampas que te impidan crecer en el futuro?

2. ¿Qué tanto coinciden los operadores y los innovadores en tu negocio? ¿Podrías decir que estos grupos tienen la misma forma de pensar respecto a la "innovación operativa"?

3. ¿Tu organización innova en las herramientas con que se ofrecen los productos o servicios, y en las mejoras globales e integrales de los procesos?

La curiosidad dirigida al interior

Muchas personas han expresado su opinión en cuanto a la diferencia entre invento e innovación. Yo siempre he estado a favor de quienes piensan que un invento es una creación nueva, y que una innovación es una solución nueva que atrae al cliente. Fundamentalmente, la innovación es un fenómeno que se aplica y es comercializable. Implica tomar un invento y/o un producto o servicio ya existente, y mejorarlo de tal forma que sea más valioso para la gente a la que atiendes. Es común que los líderes tengan un apetito voraz por las innovaciones con que enfrentan a sus clientes, pero en Starbucks se le presta la misma atención a las mejoras que le añaden valor a la vida de los *partners*. Los aspectos centrales de este tipo de innovación son la curiosidad y la disposición para formular preguntas y escuchar las ideas y las preocupaciones de la gente.

Aunque los líderes de Starbucks se han reconocido siempre por realizar encuestas entre los *partners*, esta tendencia se intensificó como parte de la agenda de transformación de la empresa. Específicamente, los líderes se involucraron en una programa de entrevistas globales de treinta minutos, con la que complementaron la encuesta de rutina a puerta cerrada de diez minutos. Esta otra encuesta, más intensa, tuvo como objetivo llegar al centro de la experiencia de los *partners*, e implicaba un diálogo de calidad en el que se formularon preguntas de sondeo. Debido a la cantidad de empleados que tiene Starbucks, el hecho de involucrarlos en una encuesta que toma tres veces más tiempo para contestarse que el formato típico, implicó una inversión bastante considerable. Esto se notó más cuando la primera ronda de la encuesta produjo una tasa del novena y uno por ciento de respuestas por parte de más de 100 000 *partners* de Estados Unidos. El procesamiento de la encuesta también exigió bastante tiempo porque en ella se reunieron cientos de miles de comentarios abiertos. Más adelante, la empresa lanzó su detallada encuesta en los mercados internacionales y obtuvo una tasa de respuestas del noventa por ciento. Estas respuestas se utilizaron para dirigir el esfuerzo que estaban realizando los líderes para comprender mejor las necesidades de los *partners* y para innovar en las mejoras en los productos que eran importantes para grupos específicos de *partners* como Starbucks U (mencionado en el Capítulo 5).

Howard Schultz describe estas innovaciones enfocadas en los *partners* de la siguiente manera: "Acabamos de hacer algo en China, que me parece que es de lo más innovador en nuestra historia, y no tuvo nada que ver con los clientes. Piensen en la Reunión Anual de Accionistas, bien, pues tuvimos una reunión similar con los *partners* y sus padres en

Beijin y Shanghái, y contamos con una participación del noventa por ciento." Desde la perspectiva de Howard, el beneficio de este nuevo enfoque (reunirse con los padres de los *partners* chinos) refleja la capacidad de la empresa para fortalecer los valores basados en la conexión de Starbucks, en un evento centrado en la familia, el cual da una idea de la importancia de los aspectos culturales y locales.

Relevancia y riesgo

Por definición, la clave para la innovación es la relevancia para cualquier público. Sin embargo, este trabajo de búsqueda en pos de la innovación, no es para los débiles ni para quienes prefieren no correr riesgos. Asimismo, tratar de adquirir relevancia tampoco puede ser un acto imprudente. De hecho, por lo general se trata de la combinación de pequeñas mejoras repetitivas y temerarios movimientos calculados que, con suerte, lograrán cambiar la jugada. En los capítulos anteriores ya se habló de muchos de los esfuerzos que se han realizado en Starbucks para cambiar la jugada; entre ellos se encuentran las considerables inversiones que se necesitaron para diseñar los productos VIVA, Blonde, Verismo, aplicación móvil Starbucks, y la sociedad con Square. Este tipo de movimientos también se pueden encontrar en la valentía y la cantidad de capital que se requirió para adquirir Tazo, La Boulange, Evolution Fresh y Teavana.

Al hablar sobre innovaciones de relevancia, Howard Schultz describe el papel del riesgo calculado y las jugadas temerarias de la siguiente manera: "El futuro de nuestra empresa se basa en el hecho de que tengamos el tipo de curiosidad que posee el ADN de los esfuerzos empresariales que hemos realizado en los últimos cuarenta años. Y esa curiosidad tiene que anticipar y entender lo que se avecina y qué cosas se volverán relevantes. Luego, uno tiene que hacer una gran apuesta". Como ejemplo de esta "gran apuesta", Howard mencionó la disposición que tiene la empresa para participar en el mercado del café instantáneo con VIA. En pocas palabras, los líderes de Starbucks decidieron entrar a una categoría de más de diecisiete mil millones de dólares, la cual no había presentado una innovación en cincuenta años, y estaba dominada por una sola empresa. Howard añade, "Decidimos tomar Starbucks —una franquicia prémium—, y tomar un camino que ha estado vinculado siempre con lo más íntimo de la calidad. Teníamos suficiente perspicacia, curiosidad, valor y confianza para descifrar el código de la calidad apoyándonos en la tecnología. Estábamos dispuestos a hacer una apuesta enorme, dar un gran salto y demostrarle a nuestra gente y a los consumidores que contábamos con lo necesario para ir por una senda poco explorada. Y es que nosotros así somos."

En el contexto de esa "perspicacia, curiosidad, valor y confianza", Howard advierte con rapidez que ninguna empresa debe hacer muchas apuestas grandes en un solo año. Él cree que cada una de estas inversiones tiene que realizarse de una forma "Muy calculada y bien sustentada. Tiene que existir un interés particular por parte de los líderes, y tenemos que estar seguros de que somos un grupo unido porque necesitamos convencer a toda una organización de seguirnos, y darles una razón para hacerlo. Uno tiene que hacer la pregunta y contestarla afirmativamente, '¿Qué beneficios les va a aportar a quienes participen?'"

Starbucks fomenta su cultura de tolerancia al riesgo con dos acciones importantes: el acuerdo entre los líderes y el análisis previo del impacto que ejercerán los cambios en las personas que tendrán la responsabilidad de implementarlos. Katie Seawell, vicepresidenta de café espresso y preparado al momento, señala, "Lo que me encanta de esta empresa es que no nos da miedo explorar ideas nuevas. Ha sido atemorizante impulsar los productos Blonde y VIA, y también participar en el mercado de los jugos, pero uno necesita estar dispuesto a llevar la marca y el producto a nuevos espacios. Si no lo haces, corres el riesgo de volverte obsoleto, y de que los clientes y los *partners* pierdan interés en ti cuando la competencia ocupe ese lugar vacío con sus nuevos productos e ideas."

Si bien el siguiente "proyecto grande" o "riesgo de importancia" es un elemento esencial del liderazgo empresarial, Starbucks siempre trata de que haya un equilibrio entre la noción de urgencia y la tarea que se debe hacer previamente a cualquier proyecto. Jon Gertner, autor sobre innovación, reconoce a Starbucks como parte de las 25 Empresas Más Innovadoras según la revista *Fast Company*, y describe el equilibrio que tiene la empresa entre la urgencia y la prudencia, con una referencia al hecho de que Howard Schultz (al igual que lo fue Steve Jobs en Apple) "continúa siendo el principal instigador de la empresa. Primero presenta el núcleo de la idea. Luego pone en acción a un equipo, e incluso invita a los integrantes a su casa para comer pizza, si eso es lo que se necesita para crear la atmósfera de urgencia. Se supone que en Starbucks las ideas tienen que pasar por un riguroso proceso de revisión y permanecer en él entre seis y doce meses. A veces puede tomar más tiempo, como fue el caso de Blonde (que estuvo dieciocho meses en desarrollo) y de VIA instantáneo (que requirió veinte años)." En otras situaciones, como en el lanzamiento que se hizo en las tiendas de una campaña para vender brazaletes y apoyar el programa de creación de empleos de Starbucks llamado Create Jobs for USA (del cual se hablará en el Capítulo 11), el proceso de innovación y lanzamiento se redujo a un rápido período de solamente treinta días.

La innovación general de la marca en Starbucks es subproducto de la atención que se le presta al accionista, la evaluación cuidadosa de ideas nuevas, un ciclo oportuno de desarrollo y de una precavida fase de prueba de comercialización. Troy Alstead, ejecutivo financiero en jefe, y jefe administrativo, explica, "Hemos mejorado mucho en tomar ideas, explorar su viabilidad, hacerles ajustes y convertirlas en ganancias. Parte de eso se debe a que hemos aprendido gracias a nuestros errores del pasado y a que sabemos limitar el alcance de las pruebas de ideas nuevas. Un ejemplo de ello es el fracaso en el lanzamiento de nuestro producto llamado Sorbetto."

En la primavera de 2008, Starbucks hizo pruebas de comercialización de la bebida helada Sorbetto™ en algunas tiendas selectas del norte de Seattle; para cuando llegó el verano de ese mismo año, ya se había involucrado en una prueba ligeramente más amplia en Los Ángeles y Orange County, al sur de California. Melody Overton, quien tiene un popular blog sobre Starbucks llamado StarbucksMelody.com (el cual cuenta con aproximadamente 55 000 lectores individuales y 90 000 visitas mensuales), cree que el fracaso de Sorbetto no tuvo que ver con el sabor. La bloguera nos cuenta, "Era absolutamente delicioso. Le gustó a mucha gente." Melody destaca los factores que probablemente condujeron a la desaparición de Sorbetto; la lista incluye el momento en que se lanzó el producto en relación con la recesión en Estados Unidos y el cierre de tiendas de Starbucks. A ella le parece que Sorbetto era un producto ambiguo porque estaba entre bebida y postre. Según la bloguera, "Las máquinas que se necesitaban en las tiendas para preparar la bebida eran un problema terrible. Su limpieza implicaba demasiado trabajo y ocupaban mucho espacio sobre los mostradores. Parecían una enorme máquina de Slurpee, lo cual le daba a Starbucks una imagen muy pobre parecida a la de las tiendas 7/11. En suma, había varios factores negativos."

Aunque Sorbetto no fue un éxito comercial para Starbucks, Troy Alstead cree que la forma en que se manejó el lanzamiento refleja la madurez de los líderes: "Sorbetto nos muestra que nuestra estrategia de innovación sigue evolucionando. Por ejemplo, en aquella ocasión sólo distribuimos el producto en algunas tiendas y, en cuanto notamos que financieramente no tenía caso continuar, dimos marcha atrás con rapidez. Eso marca una diferencia con lo que llegó a suceder tiempo atrás, cuando lanzamos masivamente un producto llamado Chantico™ que no tuvo éxito, y lo dejamos en el mercado por todo un año." Chantico era un chocolate caliente bebible pero muy denso y dulce, como el que se puede encontrar en los cafés europeos. Starbucks lanzó el producto a nivel nacional en enero de 2005 y lo describió como "un postre que se puede beber." En el lanzamiento, los líderes de la empresa predijeron que Chantico produciría varias extensiones de líneas de bebidas, sin embargo, fue retirado de las tiendas en enero de 2006. Uno nunca espera que las pruebas de productos fracasen, pero los líderes que pueden impulsar la innovación de manera exitosa aprenden a manejar la velocidad y el alcance con que se presentan y se retiran del mercado los productos.

El siempre cambiante objetivo de la relevancia

John Kotter, antes profesor de la Escuela de Negocios de Harvard y autor de *Leading Change: An Action Plan from the World's Foremost Expert on Business Leadership*, confirma lo que muchos líderes viven todos los días, "La tasa de cambio está subiendo en el mundo. Está subiendo con rapidez y está afectando a las organizaciones de una manera increíble. Parecería que surgen empresas nuevas de la noche a la mañana. Los productos y servicios que causaron una revolución hace dos años se vuelven obsoletos si no logran adaptarse a los cambios del mercado con la rapidez suficiente." A lo largo de este libro has podido conocer las distintas maneras en que los líderes de Starbucks tratan de mantenerse un paso delante de la curva de obsolescencia. Para cumplir con el propósito del libro, ahora veremos cómo se enfocan los líderes en la innovación, a través de los experimentos con alimentos y bebidas, el diseño de conceptos nuevos y los avances tecnológicos, tanto en el interior como en el exterior de las tiendas Starbucks.

Experimentos con alimentos y bebidas

Desde su creación, Starbucks ha tenido una historia accidentada con los alimentos que ofrece. En 1998 la empresa hizo pruebas de comercialización del concepto de un restaurante integral al cual denominó Café Starbucks. Para otoño de 1998, ya se habían abierto tres Café Starbucks en el área de Seattle. Ahí se servían alimentos preparados al momento como pay de guisado de pollo y pastel de carne. Roseanne Harper, quien entonces escribía para Restaurant News, señaló, "El concepto del Café Starbucks incluye meseros, asientos para sesenta y cinco personas y un menú que cubre todas las comidas del día, comenzando con desayunos completos. Además de su repertorio de bebidas con el espresso como base, en el Café Starbucks se vende vino y cervezas."

También en 1998, los líderes de Starbucks estaban probando el concepto de marca Circadia, en San Francisco, California. Mark Gimein describió Circadia en la revista *Fortune*: "Rodeada de los costosos *lofts* nuevos de San Francisco, [Circadia] resucita la atmósfera de las cafeterías de Greenwich Village de los sesenta. Circadia podría ser el comienzo de una cadena más grande y de la zona de prueba de conceptos para la tienda insignia de Starbucks." Mark continuó describiendo Circadia como una "oficina en el camino" para los futuros emprendedores de San Francisco, ya que contaba con internet de alta velocidad (para cuyo uso se requería deslizar una tarjeta de crédito), y una sala de juntas bien equipada que se podía rentar por cincuenta dólares la hora. Según Mark, el menú de Circadia incluía "ensaladas, sándwiches y 'platillos tipo tentenpié'. Toda la barra de Circadia es un despliegue de productos típicos y creativos." Aunque ni Café Starbucks ni Circadia tuvieron éxito, ambos reflejan la larga historia de exploración que ha realizado la marca en el ámbito de los alimentos y bebidas cuya base no es el café.

Como se mencionó en el Capítulo 3, Howard Schultz mantuvo los alimentos fuera de la oferta matutina de Starbucks hasta que pudo asegurarse de que el olor de la comida (en particular el del queso asado), no opacara el aroma del café recién hecho. Para 2008, los líderes de Starbucks no solamente habían encontrado la manera de que el café y los alimentos calientes coexistieran en las tiendas, sino también habían perfeccionado sus opciones de alimentos para llevar y el tamaño de las porciones. Erin Zimmer, editor a nivel nacional de *Serious Eats*, señaló, "Starbucks lanzó un nuevo plan de juego, una serie de desayunos 'más saludables', con menos calorías y más proteína."

En 2011, para seguir en el camino de las opciones de alimentos para llevar y de ofrecer productos con menos calorías, y como parte de la celebración del cuarenta aniversario de Starbucks, los líderes de la empresa presentaron ocho postres de porciones manejadas y ocho cajas bistro (cuatro de ellas con porciones de tamaño bocadillo, y cuatro con porciones tamaño entrada). Los postres, a los que se llamó Starbucks Petites, incluían los Mini Cupcakes de crema de cacahuate, Pays Whoopie Terciopelo Rojo, Cuadritos Dulces de Limón y Paletas de Pastel. Cada uno de estos pequeños postres contenía menos de doscientas calorías. La primera línea de las cajas bistro incluyó productos como los *wraps* de pollo al chipotle, fideos al ajonjolí, ensalada de atún, pollo y hummus. Todos los alimentos de la caja bistro fueron diseñados para contener menos de quinientas calorías, y los que acabo de mencionar, contenían, específicamente, menos de cuatrocientas. La línea de pequeños postres y cajas bistro va cambiando con el tiempo, pero siempre se mantiene el enfoque en la creación de opciones llenas de sabor que resulten convenientes y tengan porciones adecuadas.

El enfoque estratégico que ha tenido Starbucks respecto a los alimentos, hizo que Christine Hall, una mujer de sesenta y seis años de Virginia, captara la atención de los medios cuando declaró que se había hecho adepta a lo que ahora se conoce como la "Dieta Starbucks". Por un período de más de dos años, Christine bajó de ochenta y seis kilos, a cincuenta y tres consumiendo casi exclusivamente en Starbucks. En un día promedio, Christine supuestamente tomaba café americano y una taza de avena en el desayuno. A la hora de la comida y la cena, consumía una caja bistro o un sándwich panini.

Como parte de la constante evolución de sus productos alimenticios, Starbucks adquirió Bay Bread LLC, una compañía panadera que cuenta con veinte tiendas La Boulange en toda el área de la Bahía de San Francisco. La transacción, efectuada en 2012, ascendió a cien millones de dólares. Cuando se realizó la compra, Cliff Burrows, presidente de Starbucks, Región América, explicó, "Es una oportunidad magnífica para ofrecer alimentos de alta calidad en Starbucks", y cuando se refirió a la expansión, dijo, "Lo haremos tienda por tienda. Iremos a donde nos conduzcan las opciones." En cuanto se realizan experimentos o se hace alguna adquisición, los líderes deben tener muchísima paciencia y disciplina para permitir que las marcas se dirijan al éxito.

Conceptos nuevos

En congruencia con el título de este capítulo, podemos mencionar que los líderes de Starbucks no abandonaron sus valores ni le dieron la espalda al desempeño fundamental con tal de perseguir los cambios que se debían realizar como parte de la agenda de transformación. No obstante, algunos observadores han expresado su preocupación respecto a la velocidad y la magnitud del apetito de estos líderes por la innovación. Algunos comentaristas, por ejemplo, alertaron de la posibilidad de que el alcohol se volviera un rasgo generalizado en las tiendas Starbucks, y cuando los líderes incorporaron bebidas alcohólicas ocasionalmente como parte de un concepto emergente llamado Starbucks Evenings, comenzaron a proliferar los encabezados como "Latte o Lager". Las tiendas en que había Starbucks Evenings ofrecían los productos tradicionales durante todo el día y la tarde, pero después de las 4:00 p.m. incorporaban un menú de pequeños platillos, vino y cerveza. Para finales de 2012, sólo se habían abierto cinco tiendas Starbucks Evenings en Seattle, Washington y el área circunvecina; había cinco más en Chicago, Illinois; cuatro en Atlanta, Georgia y sus alrededores; dos en Los Ángeles, California, y una en Portland, Oregon. Las tiendas con Starbucks Evenings están diseñadas para ser centros de reunión en el vecindario. El sitio de la empresa comparte su propuesta del valor que hay detrás de este concepto, destacando la noción de que, a los clientes que ya les encanta Starbucks durante el día, les ofrece aún más razones para que les encante por las noches. Según el sitio de la empresa, "A veces sólo quieres una copa de vino y algo delicioso de comer sin tener que ir a un bar o hacer una reservación en un restaurante. Ven con tus amigos después del trabajo, después de la clase de yoga, solo, después de una larga jornada de trabajo o después de un gran día. Los alimentos son sorprendentes. La selección de vinos es sencilla y elegante. Los sillones son tan cómodos como los de la mañana." En los locales donde hay Starbucks Evenings se ofrecen alimentos como macarrones trufados con queso, dátiles envueltos con tocino y glaseado balsámico, pan pita con alcachofa y queso de cabra y *fondue* de chocolate. En lugar de ver el concepto Starbucks Evenings como una estrategia omnipresente con la que se intenta atraer clientes por las noches, los lideres están explorando un enfoque que tiene un objetivo muy especial, ya que esta opción sólo está disponible en los vecindarios en donde la empresa cree que será bien recibida.

De una manera muy similar, los líderes lanzaron un concepto dramáticamente distinto de tienda modular a la que se puede llegar caminando o en auto. El primer local se abrió en Denver, Colorado, a finales de 2012. Mark Wilson, quien escribe para fastcodseign.com, describe el concepto: "Starbucks abrió una tienda nunca antes vista. Aquí no hay sillones de piel ni tomas de corriente con electricidad gratuita. De hecho, no hay espacio para los clientes. Starbucks reinventó la casita

Nuevo concepto de tienda modular, Denver, Colorado, Estados Unidos.

del café y la convirtió en un 'modular moderno' con un Drive Thru certificado por LEED® (Liderazgo en Energía y Diseño Ambiental, por sus siglas en inglés), y en una tienda de paso. El edificio se construyó en una fábrica y llegó en un camión, pero su fachada está revestida con una hermosa valla contra nieve al estilo Wyoming.

Aunque el módulo es diminuto, el diseñador quiere que los conductores que pasen por ahí se pregunten, '¿Qué es eso?, y luego sólo lleguen a la conclusión de que, ¡ah! 'es arte'".

Este concepto de tienda atiende objetivos de construcción sustentable (que serán discutidos con más detalle en el Capítulo 11), pero también adquiere relevancia local como una opción de bajo costo pero fácilmente escalable. Este módulo, al que se puede llegar caminando o en auto, sólo necesita cuarenta y seis metros cuadrados de espacio de venta y en él caben cinco baristas y todo el equipo necesario para ofrecer el menú Starbucks completo.

Según Chris Carr, vicepresidente ejecutivo de tiendas al menudeo en Estados Unidos, todos los conceptos nuevos, ya sea Starbucks Evenings, la tienda modular, o cualquier idea que esté empezando a surgir en la línea de proyectos de innovación, debe "analizarse a través de los tres filtros de nuestro modelo operativo de venta al menudeo: *partners*, clientes y negocio.

Hemos establecido la disciplina operativa de preguntarnos: ¿esto es lógico para nuestros *partners*? ¿Es lógico para nuestros clientes? ¿Es lógico para el negocio? Cada vez que probamos una iniciativa nueva, tenemos la responsabilidad de asegurarnos de que la solución innovadora

REFLEXIÓN SOBRE LA CONEXIÓN

1. ¿Estás dispuesto a hacer grandes apuestas que, en potencia, puedan cambiar la jugada? ¿Cómo calificarías tu capacidad para impulsar la innovación desde el punto de vista de tu perspicacia, curiosidad, valor y confianza?

2. ¿Qué riesgos de innovación estás corriendo en este momento? ¿Cuáles son los riesgos en los que incurres al no llevar tu marca hacia nuevos espacios?

3. En lo que se refiere a ideas innovadoras, ¿te has preguntado si la solución que se propone es lógica para tus clientes, el negocio y tu personal? ¿Qué otros filtros (por ejemplo, costo, facilidad de implementación, o posibles recompensas) aplicas al evaluar la viabilidad de una idea?

pase estos tres filtros de manera exitosa. También hemos desarrollado una disciplina que nos obliga a retirarnos si la prueba no satisface a los *partners*, los clientes y al negocio". La innovación sólo es tan buena como los mecanismos que tiene una organización para interpretar el éxito o la viabilidad de los conceptos. Los líderes de Starbucks han definido con claridad los criterios para impulsar o limitar la innovación.

Avances tecnológicos para las experiencias en tienda y en el exterior

En el Capítulo 8 vimos que los líderes de Starbucks han aprovechado la tecnología para mejorar la conexión con los clientes. Desde la perspectiva de la innovación, también se están realizando avances tecnológicos para diseñar opciones avanzadas para servirle al público, así como mejoras en la experiencia. Pensando en las nuevas formas de venta, imagina por un momento que puedes comprar tu bebida favorita, preparada en el momento, por una máquina expendedora. Los primeros prototipos de esta tecnología fueron presentados por la marca Seattle's Best Coffee.

Como recordarás, Seattle's Best Coffee es la empresa cafetera que Starbucks adquirió en 2003. Chris Bruzzo, vicepresidente *senior* de administración de canales de la marca, destaca la estrategia global para el reposicionamiento de Seattle's Best Coffee. Según Chris, "En algunas ocasiones hemos batallado para aclarar el papel de Seattle's Best Coffee en la familia de nuestra marca. La marca ahora se enfoca en ser el café de entrada hacia el nivel prémium para los individuos cuyo estilo de vida no se encuentra en este momento vinculado con la marca Starbucks. Nos estamos posicionando para atender a los 107 millones de adultos en Estados Unidos que tienen hogares con ingresos medios de cerca de 50 000 dólares. La mayoría de esta gente considera que el tiempo es muy valioso, por eso sus rituales del café están íntimamente ligados a lo que hacen en sus vehículos y/o a la conveniencia y el valor. Estas personas van camino al trabajo y compran su café en tiendas de conveniencia, gasolineras o restaurantes de comida rápida como Subway o Burger King."

Debido al tipo de consumidor en que se enfoca Seattle's Best Coffee, la marca está innovando en cuanto al posicionamiento del producto en tiendas de conveniencia o en restaurantes de comida rápida, creando modelos de franquicia, así como la máquina expendedora Seattle's Best Coffee. Como parte de esta estrategia, en 2012 los líderes de la empresa anunciaron un modelo de Drive Thru franquiciado. Melissa Allison, reportera de la sección de negocios del *Seattle Times*, señaló, "La divergencia más reciente de Seattle's Best Coffee de su empresa madre, Starbucks, es que cada una de sus nuevas ubicaciones será un café de cincuenta metros cuadrados en donde sólo se venderá café a través del Drive Thru. La cadena espera abrir miles de estas tienditas rojas en las que los baristas venderán café recién hecho, lattes saborizados, pays para comer en el camino y sándwiches para el desayuno. Si todo sale como se planea, los pequeños cafés se ubicarán principalmente en espacios suburbanos vacíos. Las tiendas les pertenecerán a concesionarios que puedan pagar ubicaciones múltiples. El costo de lanzamiento mínimo en el rango de inicio de franquicia de Seattle's Best Coffee es actualmente de 265 000 dólares por un quiosco."

Si esos cincuenta metros son demasiado para vender café, ¿qué pensarías de una ubicación de café "para llevar" de un metro cuadrado? Los líderes de Seattle's Best Coffee han trabajado con Coinstar Inc. (la empresa asociada con los quioscos de renta de DVDs Redbox) para diseñar una opción de venta llamada Quiosco Rubi, la cual, en un minuto, puede moler y preparar un vaso desechable de doce o dieciséis onzas de café prémium, así como otras bebidas.

Según Bill Mikulka, gerente general de Rubi, "El mercado del café es enorme [y] tiene que ver mucho con la conveniencia, la calidad y el valor. Nosotros construimos una plataforma que está al alcance de la mano del deseo." Pensando en la capacidad de compra y en el valor, el precio del café recién preparado que se vende en los quioscos Rubi comienza desde un dólar por vaso.

Otras de las exploraciones tecnológicas de Starbucks tienen como objetivo mejorar la calidad de la experiencia en las tiendas de la marca. Un ejemplo de ello son los puntos inalámbricos de carga que tienen plataformas de carga Duracell (Duracell Powermats). En ocasiones he utilizado las tiendas Starbucks como centro de trabajo para escribir mis libros y he tenido que buscar una toma de corriente disponible para conectar mi laptop. En un esfuerzo por disminuir esa búsqueda de corriente eléctrica, los líderes de Starbucks colocaron tecnología inductiva de carga en algunas de las superficies de las mesas de varias tiendas de Boston, Massachusetts. El propósito de la incorporación de este equipo es evaluar cómo responden los clientes a la nueva tecnología para cargar artefactos en el contexto de la utilidad general en la experiencia del café.

Quiosco Rubi de Seattle's Best Coffee

Laboratorio de aprendizaje virtual

Sería imposible ofrecer una reseña profunda de todos los productos, las formas de servicio e innovaciones para mejorar la experiencia que se están explorando actualmente en Starbucks. Este tipo de innovaciones pueden ser tan diversas como la relación con el Museo de Historia Nacional en el Reino Unido para que ahí se les ofrezca a los miembros de My Starbucks Rewards la oportunidad de recibir productos al dos por uno, así como un acceso privilegiado a la pista de patinaje anual de Navidad que está cerca del museo. La innovación tecnológica también puede constatarse en una pantalla que aparece de repente para los usuarios de computadora en las tiendas de Starbucks en Suiza y Austria, las cuales les solicitan que califiquen la calidad de sus bebidas para que, si es necesario que éstas sean reemplazadas, se haga de inmediato.

Finalmente, Starbucks tiene la suerte de contar con un equipo de liderazgo que mantiene la pasión por el espíritu emprendedor que condujo originalmente al meteórico ascenso de la empresa. Esta pasión se revigorizó cuando se llevaron a cabo acciones para ayudar a la marca a sobrevivir entre los años 2008 y 2009. Los líderes hicieron más severa su disciplina de operación y diversificaron las plataformas de entrega del producto. Howard Schultz sintetizó cuán necesaria era la innovación para Starbucks, y tal vez para tu negocio también, cuando, ante un foro británico en Londres, dijo: "Ya sea grande o pequeña; para consumidores, o perteneciente a otro rubro, cualquier empresa que vaya a darle la bienvenida al *status quo* como principio operativo, sencillamente, morirá. La necesidad de aplicar innovaciones de manera constante y empujar hacia adelante, jamás había sido tan grande como ahora. Toda empresa debe tener la capacidad y la disciplina para ser en verdad curiosa, mirar más allá y ver y anticipar aquello que los otros no pueden. Pero eso no es suficiente. También es necesario tener el valor de perseguir eso que se ve. No apostar toda la empresa, pero sí aplicar ese tipo de coraje." Si tuviéramos que sintetizar el modelo de innovación de Starbucks en una oración, sería la siguiente:

Mezcla curiosidad, valor y disciplina para realizar una incansable búsqueda por satisfacer las cambiantes necesidades de tu gente, tus clientes y la rentabilidad de tu negocio.

Parece ser una fórmula sólida para cualquier líder que quiera "honrar el pasado pero no quedarse atrapado en él."

PUNTOS DE CONEXIÓN

- Los mayores desafíos que enfrentan las marcas de éxito al impulsar la innovación son la complacencia y la inercia.

- Buena parte del éxito a largo plazo de un negocio tiene que ver con las innovaciones en la excelencia operativa y con la eficiencia.

- El acuerdo entre los líderes es fundamental para la innovación. Los innovadores y los operadores deben tener la misma visión.

- Un invento es una creación nueva. Una innovación es una creación nueva que atrae al cliente.

- Por definición, la innovación debe ser importante para tu público previamente identificado.

- Al hacer apuestas grandes que podrían cambiar la jugada, los líderes deben demostrar perspicacia, curiosidad, valor y confianza.

- Si no estás dispuesto a llevar tu marca a un nuevo espacio, la gente perderá interés en ella, y mientras tanto, otros estarán presentando ideas y productos nuevos.

- Para hacer que las ideas se vuelvan rentables de una manera eficaz, los líderes deben estar dispuestos a cometer errores y aprender de ellos.

- La innovación debería filtrarse a través de tres preguntas: ¿es lógico para los clientes? ¿Es lógico para el negocio? ¿Es lógico para el personal?

- Si aceptas el *status quo* como principio operativo, lo más probable es que tu negocio muera.

- Los grandes líderes corporativos deben tener la habilidad y la disciplina de mirar más allá, y ver y anticipar aquello que los otros no pueden.

Capítulo 11

La visión a largo plazo: construye éxito duradero

No estás aquí tan sólo para ganarte la vida. Estás aquí para hacer que el mundo viva con más plenitud, con una visión más grande, con un espíritu más grande de esperanza y logro.

WOODROW WILSON

¿Cuáles son tus responsabilidades principales como líder? ¿Son impulsar la rentabilidad, maximizar el potencial de tu gente y fortalecer el patrimonio de la marca? En el libro *A Leader's Legacy*, James Kouzes y Barry Posner explican que el verdadero liderazgo "conlleva la responsabilidad de hacer algo de importancia para que las familias, las comunidades, las organizaciones, las naciones, el ambiente y el mundo sean mejores de lo que son ahora." Aunque las palabras de Kouzes y Posner pueden sonar como clichés idealistas e inalcanzables, los líderes de Starbucks se consideran responsables por algo más que sólo el éxito del negocio. De hecho, Howard Schultz integra el bien social con la viabilidad general del negocio de Starbucks de la siguiente manera: "Desde los primeros días de Starbucks, he creído que hay un fuerte vínculo entre el desempeño de nuestra empresa, nuestros valores y el impacto que tenemos en las comunidades en donde hacemos negocios. Esta interdependencia es parte fundamental de nuestra misión… También es algo benéfico para el negocio, particularmente por el tiempo en que vivimos. Los consumidores han recompensado durante mucho tiempo a las marcas con su lealtad, pero sólo si sienten que la misión y las aspiraciones de la empresa coinciden con las suyas."

En Starbucks, de hecho, las aspiraciones de los líderes que tienen que ver con la responsabilidad social se definen en uno de los principios fundamentales de la empresa, aquél relacionado con los vecindarios. Éste es el principio:

Nuestro vecindario

Todas las tiendas son parte de una comunidad, y nosotros tomamos con seriedad la responsabilidad de ser buenos vecinos. Queremos ser bien recibidos en donde quiera que hagamos negocios. Podemos ser una fuerza para la acción positiva: reunir a nuestros *partners*, clientes y a la comunidad para contribuir todos los días. Ahora vemos que la responsabilidad, y nuestro potencial para hacer el bien, es aún mayor. El mundo mira a Starbucks como un nuevo estándar, una vez más. Nosotros marcaremos el camino.

A lo largo de este capítulo veremos tan sólo algunas de las áreas de responsabilidad social en que Starbucks establece "un nuevo estándar" y "marca el camino". Nos enfocaremos particularmente en el comportamiento de los líderes al establecer objetivos, actuar y medir el progreso en áreas de cuidado ambiental, abastecimiento ético, desarrollo de la comunidad y creación de empleos.

Cuidado ambiental

Si buscaras en Google la frase, "la deuda que le endilgamos a las futuras generaciones", tendrías más de 356 000 resultados. La mayoría de estas referencias se refieren a las deficiencias que se perciben en los líderes políticos a nivel global, quienes piden dinero prestado para pagar por servicios en el presente, pero luego les endosan el pago de esos présta-mos a las futuras generaciones de contribuyentes. Aunque este compor-tamiento es muy conveniente para la reelección de los políticos, muchos críticos piensan que es una política social irresponsable y limitada. El equivalente en los negocios sería el líder que obtiene rentabilidad a corto plazo, a costa de la sustentabilidad a largo plazo. Este tipo de líder podría consumir grandes cantidades de insumos finitos y "endilgarles a las futuras generaciones" de líderes una carencia de suministros. Por ejemplo, los líderes en los negocios de agricultura y pesca comercial han sido acusados de buscar ganancias a corto plazo debido a la explotación excesiva que realizan de los recursos pesqueros y agrícolas.

En Starbucks, los líderes no sólo toman en cuenta el impacto a corto plazo de los recursos que consumen, también buscan maneras de hacer negocios que disminuyan el consumo a mediano y largo plazo. Asi-mismo, estos líderes tratan de impulsar iniciativas que influirán en otras organizaciones para que éstas ejerzan una administración responsable de los recursos no renovables. El impacto en otras organizaciones se hace particularmente evidente en las áreas de diseño arquitectónico sustentable, el reciclaje de los vasos de Starbucks y los procesos de fa-bricación (por ejemplo, los cambios que se le hicieron a las mangas de cartón en favor del ambiente).

Diseño arquitectónico sustentable

Si bien he hablado del diseño arquitectónico con relevancia cultural (como en el caso de la tienda El Banco en Ámsterdam) y de los dise-ños que ofrecen nuevas plataformas para servir los productos (como el concepto de tienda modular en Denver, Colorado), Arthur Rubinfeld, jefe creativo de Starbucks y presidente de innovación global y venta al menudeo de Evolution Fresh, indica que la electrizante y vigorizante fuerza entre los diseñadores de tiendas de Starbucks es "un cimiento que construimos en 2008, cuando anunciamos nuestro objetivo de diri-gir el mundo en cuanto a las prácticas de construcción sustentable para las tiendas de la empresa a nivel global. Las preocupaciones ambientales han sido parte de nuestra empresa durante mucho tiempo, pero en 2008 afirmamos una aspiración específica y modificamos nuestro papel para no solamente ser guardianes, sino también educadores responsables.

Estamos construyendo tiendas con productos sustentables y utilizamos metal, madera, piedra y materiales orgánicos, así como materiales reciclables y reciclados. De igual manera, estamos haciendo que la sustentabilidad sea más evidente para que la gente de todo el mundo considere adoptar un estilo de vida más ambiental. Estamos educando a los consumidores respecto a la conservación del agua y de la electricidad, y hemos tomado una posición líder en lo que se refiere a tiendas con una conciencia ecológica. Para nosotros es inmensamente satisfactorio inspirar a otros."

Un ejemplo bastante evidente del diseño de tiendas sustentables se puede encontrar en el concepto de tienda conocido como Drive Thru de Recuperación, el cual se ubica en Tukwila, Washington.

Anthony Perez, gerente *senior* de Diseño Global de Tiendas, fue responsable del proyecto y nos habla de la naturaleza de conciencia ecológica de su diseño: "Los contenedores para el transporte de nuestros cafés y tés en todo el mundo generalmente acaban en tiraderos cuando termina su promedio de vida de veinte años. Al Drive Thru de Recuperación lo inspiró el deseo de ayudar a que los artículos que se usan en nuestra cadena de distribución, como los viejos contenedores de transporte, se mantengan fuera del flujo de desperdicios. El resultado fue un Drive Thru de cuarenta y dos metros cuadrados y una tienda modular fabricada con cuatro contenedores para transporte que ya habían llegado al final de su ciclo de vida. Un pequeño contenedor de dos metros cuadrados sirve para la basura, el material de reciclaje y algunos

Drive Thru de Recuperación, Tukwila, Washington, Estados Unidos.

otros artículos, pero fuera de eso, toda la tienda cabe en el cascarón de cuatro contenedores que fueron recuperados, reparados, renovados y resucitados. ¡Y funcionó! Este pequeño proyecto llegó en un momento perfecto a Starbucks porque nos estamos desafiando a nosotros mismos para poder construir tiendas con certificación de LEED en todo el territorio de Estados Unidos."

La certificación LEED se obtiene cuando se cumplen los requisitos de la institución de Liderazgo en Energía y Diseño Ambiental (Leadership in Energy and Environmental Design). Si estos requisitos se cumplen, entonces procede una verificación voluntaria realizada por una tercera institución, U. S. Green Building Council, la cual indica que el edificio está diseñado, construido y operado de una manera profundamente ecológica. Ésta es una manera de crear un ambiente construido que sirva para ahorrar agua y energía, reducir emisiones de gases de efecto invernadero, e incrementar la salud y seguridad de los ocupantes. Muchos líderes de negocios no han querido remodelar o construir espacios físicos que cumplan con los estándares de LEED porque temen que los costos de construcción aumenten considerablemente. Sin embargo, el Consejo de Defensa de Recursos Naturales (Natural Resource Defense Council) asegura que, "Los escépticos de la construcción ecológica a veces argumentan que es difícil, o incluso imposible, construir de manera ecológica sin pagar un costo adicional. No obstante, los ejemplos en el mundo real nos muestran que uno puede concretar un proyecto de construcción ecológica con certificación LEED con un promedio de dos por ciento más de gastos directos, y a veces, incluso en un promedio por debajo de los costos de construcción estándar del mercado. Además, cualquier gasto adicional que hagas puede ser recuperado por medio de las tasas más rápidas de ocupación, los bonos por renta y el incremento en la valuación del mercado."

La administración responsable del gasto de capital es muy importante, y los esfuerzos para mantener la sustentabilidad en las tiendas Starbucks también tienen gran relevancia. Jim Hanna, director de impacto ambiental de la empresa, señala, "Cerca del setenta y cinco por ciento del control ambiental que ejercemos en nuestros espacios se logra gracias a las operaciones de venta al menudeo. Pensamos que si queríamos tener credibilidad como una empresa responsable en este campo, primero teníamos que arreglar la situación en nuestras tiendas."

Ben Packard, anterior vicepresidente de responsabilidad global, pone en perspectiva la posición de liderazgo de Starbucks en LEED: "Desde 2001 hemos estado trabajando con U. S. Green Building Council, la organización responsable de otorgar la certificación LEED. Sabíamos que lo importante no era establecer nuestros propios estándares en cuanto a construcción sustentable y luego tratar de validar nuestros esfuerzos, sino recibir la certificación de una agencia independiente. Los criterios de LEED fueron diseñados para edificios de oficinas, no para espacios para venta al menudeo, por eso me involucré y ocupé el puesto de presidente del comité de desarrollo de espacios comerciales de U. S. Green Building Council, y así puede trabajar con otros líderes de la industria de la venta al menudeo y del ámbito ecológico para hacerles los ajustes adecuados a los criterios. En cuanto se establecieron los estándares, fuimos muy agresivos para obtener la certificación LEED."

En una tienda Starbucks con certificación LEED, los clientes pueden llegar a ver algunos elementos que sirven para ahorrar agua y electricidad. Estos incluyen artículos como focos LED; equipo para un consumo más eficiente de la energía como máquinas para hacer hielos, lavaplatos y licuadoras; llaves de agua de presión baja y sanitarios de descarga dual. Entre los esfuerzos que hacemos para ahorrar agua y utilizar la electricidad de manera eficiente, pero que los clientes no pueden notar, están los sistemas de manejo de electricidad, los cuales nos han generado reducciones de hasta el veinte por ciento en el consumo de electricidad en los rubros de calefacción, ventilación y aire acondicionado (HVAC, por sus siglas en inglés); un sistema de filtración de agua que produce cincuenta por ciento menos desperdicio de agua que los sistemas anteriores, y un fregadero desinfectante que ahorra una buena cantidad de agua fresca pero se apega a todos los estándares aplicables de salud.

Para hacer un viaje interactivo virtual a una tienda Starbucks con certificación LEED, por favor visita http://tinyurl.com/orvk49d.

Todos los años Starbucks publica un reporte de responsabilidad social corporativa que sirve como una boleta de calificaciones del progreso de la empresa para alcanzar sus objetivos sociales y ambientales. En 2011, por ejemplo, el reporte reconoció que la empresa estaba "en camino" de cumplir la meta de que todos los edificios nuevos que le pertenecían, que lograran pasar el largo proceso para recibir la certificación LEED. En este mismo documento se hacía notar que setenta y cinco por ciento de todas las tiendas nuevas de la empresa habían obtenido esta certificación en un año.

Las lecciones que podemos aprender del camino que ha recorrido Starbucks para obtener la certificación LEED incluyen la importancia de establecer ambiciosos objetivos de sustentabilidad; la búsqueda de criterios de un tercero para validar tus logros; participación en el perfeccionamiento de dichos criterios para que se puedan aplicar en tu industria si es necesario; llevar a cabo las acciones necesarias para alcanzar las metas relacionadas con estos objetivos; transparencia en el reporte del progreso para cumplir las metas. Para los dueños de los negocios más pequeños, tal vez lo mejor sea obtener acceso a las herramientas que ofrece la Oficina de Programas para Pequeños Negocios a través de U. S. Environmental Protection Agency (puedes encontrar un ejemplo en http://tinyurl.com/m7tl7td).

Además de recibir un reconocimiento como el premio Green Building Design de Global Green USA, y el premio Good Design Is Good Business entregado por *Architectural Record* por los esfuerzos para obtener la certificación LEED, Starbucks también ha sido reconocido por sus logros generales en el campo de la conservación de energía y su uso de energía renovable. Asimismo, se le ha reconocido con el premio Green Power Leadership de Environmental Protection Agency porque la empresa es una de las compradoras más importantes de energía renovable en Estados Unidos. En 2011, por ejemplo, Starbucks adquirió, a través de los créditos certificados de energía renovable Green-e®, más de 421 millones de horas de kilowatts de energía verde. Estas compras de electricidad generada por viento hicieron funcionar más del cincuenta por ciento de las tiendas que le pertenecen a Starbucks en Estados Unidos. La empresa se ha puesto las metas de reducir su uso de electricidad en un veinticinco por ciento a partir de los niveles de 2008, y que, para 2015, el cien por ciento de su consumo eléctrico se genere a través de energía renovable.

Para fusionar la innovación con los esfuerzos por reducir el consumo de energía, Starbucks ha hecho equipo con Bonneville Power Administration y con un colectivo de empresas de servicio público del noroeste de Estados Unidos. El objetivo también es investigar si los cambios en el comportamiento humano pueden producir ahorros sustanciales de energía. En lugar de confiar solamente en la tecnología para ahorrar, los líderes de Starbucks piensan desafiar a los *partners* de las tiendas para que compitan contra los de otros locales para ver quién puede alcanzar la reducción más importante de electricidad. Los líderes se están responsabilizando de la eficacia de la energía a corto plazo y de la estabilidad ambiental a largo plazo; y al hacerlo, están sirviendo como guías para otros que también deseen realizar prácticas de negocios más sustentables. Esta posición de liderazgo no podría ser más evidente en otra área que en la del reciclaje.

La devolución del material para una secuela

De la misma manera que los líderes trabajaron con U. S. Green Building Council para establecer los criterios de LEED para los edificios destinados a la venta al menudeo, también colaboraron con otros expertos y líderes en el tema del reciclaje con el objetivo de llegar a una solución que disminuya la cantidad de desperdicio de los vasos desechables de Starbucks. Cuando estaba terminando de escribir el libro anterior sobre la empresa, ésta se encontraba lista para lanzar el primer vaso de papel para bebida caliente de la industria fabricado con un diez por ciento de fibras recicladas después del consumo. Starbucks demostró que el contenido reciclado de los vasos era seguro, pudo instar a U. S. Food and Drug Administration a modificar su posición respecto al uso de contenidos reciclados después del consumo en productos de papel que entraban en contacto con alimentos.

Aunque el uso de contenidos reciclados en los vasos fue un paso importante, esto no significó necesariamente que los vasos fueran reciclables. El asunto resultó ser un problema para los líderes de Starbucks, quienes se habían puesto la meta de asegurarse de que, para 2015, el cien por ciento de sus vasos fueran reusables o reciclables. Ben Packard, anterior vicepresidente de Responsabilidad Global, señala, "Nuestros vasos están hechos de papel, pero ese papel está recubierto de un polímero. Esto significa que son reciclables en las ciudades en donde el mercado del reciclaje acepta el material. En otras ciudades, el polímero hace que no lo sean. Este tipo de variabilidad nos instó a realizar una reunión en 2009, a la que llamamos la Cumbre de los Vasos."

La Cumbre de los Vasos ha seguido creciendo año con año y reúne a personas de todas las áreas de la cadena de los vasos de plástico y papel. Este grupo incluye a proveedores de materiales en bruto, funcionarios del gobierno, negocios de bebidas y al menudeo, fabricantes de vasos, organizaciones no gubernamentales, recicladores y expertos académicos de instituciones como MIT. Según Ben, "Al principio pensamos que la solución estaba en cambiar los materiales, pero nos motivaron a poner en duda todo lo que dábamos por hecho y a hacer un mapa de todos los aspectos del viaje de los vasos. Literalmente tuvimos que trazar el recorrido desde el árbol hasta el tiradero de basura y definir todo lo que tendría que modificarse y la forma en que necesitábamos realizar los cambios." Gracias al conocimiento que surgió en las Cumbres de los Vasos, los líderes de Starbucks ya implementaron el reciclaje en varios mercados de Estados Unidos por medio de las relaciones que han iniciado con los líderes de varios distritos. La empresa también comenzó proyectos piloto de reciclaje en todo el país y colaboró con fábricas papeleras estadounidenses y canadienses para analizar la compatibilidad y la forma en que se puede impulsar la demanda de vasos con contenido reciclado después de uso.

Jim Hanna, director de impacto ambiental, comenta que Starbucks está comprometida con el problema de los vasos reciclables porque éstos son benéficos para el ambiente y porque el asunto les importa a los clientes. Según Jim, "Lo que más afecta nuestro impacto es el ambiente construido que tenemos, así como la electricidad y otros recursos necesarios para operar las tiendas, pero cuando hablamos con los clientes y los accionistas, éstos nos preguntan acerca del progreso que hemos tenido en hacer reciclables nuestros vasos. El vaso Starbucks es un icono tangible y visible de la empresa, pues simboliza nuestro desempeño en el tema ambiental." Cuando un problema ambiental es importante para tus clientes, tiene que tomar un lugar más alto en tu lista de prioridades para proyectos.

Otro aspecto igual de icónico y tangible de la experiencia con el vaso de Starbucks es la manga de cartón. En 1997 Starbucks presentó la manga fabricada de cartón corrugado, con el objetivo de reducir el desperdicio que se producía cada vez que un cliente solicitaba que su bebida caliente se sirviera en dos vasos juntos. La manga ofrecía una capa de aislamiento entre la mano del cliente y el vaso, y además tenía el beneficio de que se podía fabricar con fibras recicladas después del consumo, ya que nunca tenía contacto con el café. Cuando se lanzó la manga, el sesenta por ciento de su composición era de material reciclado.

Al principio se quería que la manga fuera una solución provisional mientras los líderes analizaban estrategias alternativas para modificar las propiedades térmicas de los vasos de la empresa. Pero al final se determinó que la manga era la opción más viable y por eso se continúa usando. Matt Cook es presidente de LDP Manufacturing, proveedor de las mangas de cartón, y comenta que los líderes de Starbucks presionaron a su empresa para que mejorara el producto: "Básicamente, los líderes nos preguntaron, '¿Cómo luce la siguiente generación de mangas para vasos calientes? ¿Es posible fabricar un producto que tenga menos material, incremente el contenido reciclado y ofrezca el mismo tipo, o un nivel superior, de aislamiento térmico?' No puedo explicarles la magnitud del desafío, pero sí puedo decirles que trabajamos con Hinkle Corporation en la química que se producía entre los adhesivos internos y, al final, creamos una tecnología sumamente innovadora. Se trata de la nueva manga para vasos calientes, a la que Starbucks llama EarthSleeve™." En la nueva manga no se hacen concesiones respecto a las propiedades térmicas, pero se usa un treinta y cinco por ciento menos de papel y está fabricada con un ochenta y cinco por ciento de fibras recicladas después de consumo (es decir, hubo un aumento del veinticinco por ciento con relación a su predecesora). Las organizaciones certificadoras han determinado que la manga se puede transformar completamente en composta, y Western Michigan University declaró que tampoco deja residuos después de su tratamiento de reciclaje. Tan sólo en 2011, la producción de mangas ascendió a 3 mil millones, por lo que, según los cálculos de Starbucks, EarthSleeve™ ayudará a ahorrar más de 100 000 árboles.

Si bien los vasos y las mangas son bastante llamativos en los asuntos ambientales, en realidad la mayoría de los esfuerzos de la empresa por reciclar no están a la vista del público. Muchas de las iniciativas tienen que ver con las botellas de jarabes, las jarras de leche y las cajas de cartón. Sin embargo, los líderes de la empresa nunca se quedan satisfechos con estos esfuerzos que se realizan detrás de los mostradores porque entienden que la sustentabilidad no es algo que se deba hacer como parte de una campaña de publicidad o comercialización, sino un compromiso auténtico con la viabilidad del negocio a futuro y con las siguientes generaciones de consumidores. Es posible que los dueños de negocios más pequeños no sean capaces de hacer investigación sobre reciclaje, pero sí pueden realizar algunas acciones sencillas como buscar imprentas que utilicen papel reciclado o vendedores que ofrezcan productos ecológicos. Finalmente, hablar de sustentabilidad no es suficiente. El verdadero liderazgo exige que haya disposición para invertir en la salud a largo plazo del negocio y para actuar en colaboración con otros por un sentido de la responsabilidad genuino.

REFLEXIÓN SOBRE LA CONEXIÓN

1. ¿De qué manera te estás asegurando de que tus decisiones de liderazgo no resulten "una carga para las futuras generaciones" de líderes que se tengan que enfrentar a los desafíos de la sustentabilidad?

2. ¿De qué manera has manejado con responsabilidad los problemas de eficiencia energética, reciclaje y construcción ecológica en tu negocio? ¿Y cómo has trabajado en equipo con otros líderes para solucionar estas dificultades para tu industria?

3. ¿Cuáles son los problemas ambientales más destacados que tienes que atender y de los que tus clientes están al tanto o no?

El cuidado que le tienes a la gente que lleva tus productos al mercado

En el Capítulo 2 hablé sobre las prácticas C.A.F.E, es decir, el compromiso que tiene Starbucks con el éxito y la sustentabilidad de los proveedores en los países de origen del café. También señalé que la empresa trabajó con Conservation International para diseñar estas prácticas y satisfacer las necesidades de los agricultores. Con ese fin, los líderes han establecido tres objetivos principales de abastecimiento:

- Asegurarnos de que para 2015 el cien por ciento de nuestro café se obtenga a través de un abastecimiento ético.

- Invertir en los agricultores y sus comunidades por medio del incremento de los préstamos hasta llegar a los 20 millones de dólares en 2015.
- Mejorar el acceso de los agricultores a los mercados del carbón para que puedan generar ingresos adicionales al mismo tiempo que protegemos el ambiente.

Para 2011 Starbucks estaba en el camino para alcanzar estos objetivos. El ochenta y seis por ciento de su café se obtenía éticamente mediante las Prácticas C.A.F.E., y se habían comprometido 14.7 millones de dólares en préstamos a agricultores. Asimismo, en México e Indonesia se estaba preparando todo para que más agricultores tuvieran acceso a los mercados de carbón y a la protección ambiental.

Starbucks tiene un enorme desafío en lo que se refiere a la cadena de abastecimiento, la cual va más allá de los agricultores de café. Tan sólo en las tiendas, se requieren más de 83 000 entregas a la semana para que los locales puedan operar cada vez que un *partner* abre la puerta en la mañana. La cadena de abastecimiento también tiene que atender al crecimiento futuro y a la expansión del negocio en todos los productos, las categorías y los canales. De muchas maneras, la marca se apoya en el hecho de que la cadena de abastecimiento pueda ser mejorada con ideas y que éstas se puedan materializar en el mercado. A pesar de todos estos desafíos, los líderes deben asegurarse de que haya variedad en los proveedores y que éstos estén comprometidos con la ética del negocio y con las operaciones humanas. Los líderes entienden que pueden subcontratar la actividad física, pero no pueden hacer lo mismo con la responsabilidad de la calidad de sus productos o de la forma en que se trata a la gente que participa en la fabricación de éstos.

Un ejemplo de la disposición que tiene la empresa para llevar a cabo acciones contundentes pero respetuosas cuando se sospecha del comportamiento de los proveedores, se presentó cuando se recibieron algunas denuncias acerca de la seguridad en las zonas de trabajo de un proveedor que tiene su planta de manufactura en Estados Unidos. Según Kelly Goodejohn, directora de abastecimiento ético, "En ese caso le enviamos al gerente de la planta un mensaje que decía, 'Vamos a dejar de hacer negocios con usted a corto plazo, pero queremos entender qué está sucediendo en sus instalaciones y luego hablar respecto a la capacidad del edificio y sobre qué hacer para remediar cualquier problema'." Después de que se le hizo llegar la notificación al fabricante, los líderes hicieron que una tercera empresa de supervisión con la que Starbucks trabaja globalmente entrara a las instalaciones y condujera una investigación de tres días en persona. Además de hacer llegar comentarios a los líderes de la planta y reunirse con ellos, el equipo de evaluación entrevistó directamente a los empleados.

Lo que los líderes de Starbucks esperan en los casos en los que se requiere la participación de una tercera empresa es que las evaluaciones tengan como resultado la recuperación en las áreas que causan el problema, y que el vínculo con el proveedor se mantenga. Si eso no es posible, se termina la relación de trabajo. Kelly señala, "Reconocemos que la cantidad de dinero que invertimos en los proveedores es muy grande y, por lo tanto, tenemos la responsabilidad de asegurarnos de que nuestros valores estén incorporados en toda la cadena de abastecimiento. No es sencillo porque tenemos que lidiar con una amplia variedad de culturas y prioridades corporativas, pero siempre enlazamos la importancia del abastecimiento ético con el hecho de que cuidar de la gente y de la comunidad produce resultados positivos." Así como Starbucks demuestra una conexión positiva entre el trato humano para los trabajadores y el sólido crecimiento del negocio, los proveedores también deben tener un comportamiento similar para los subcontratistas y abastecedores. En pocas palabras, ser una empresa humana y responsable es bueno para el negocio.

Mejoramiento del trabajo en equipo en la comunidad

Los líderes de Starbucks tienen una larga historia en lo que se refiere a las oportunidades para los empleados, desarrollo del liderazgo y crecimiento económico. En 1998, por ejemplo, la empresa trabajó con la antigua estrella de la National Basketball Association, Earvin "Magic" Johnson a través de su empresa, Johnson Development Corporation. El proyecto se llamó Urban Coffee Opportunities, y se enfocaba en la construcción de tiendas en vecindarios en los que la gente no había sido atendida suficientemente. Magic, quien en 2010 le vendió de vuelta a Starbucks su participación en las 105 tiendas involucradas en el proyecto, señaló, "Gracias a nuestra asociación con Starbucks, pudimos servir como un catalizador económico para la creación de empleos en áreas urbanas."

Para 2011, la empresa había empezado a hacer la transición de Urban Coffee Opportunities a un nuevo modelo de tiendas comunitarias en el vecindario de Harlem, en Nueva York, y en la comunidad Crenshaw de Los Ángeles. Este programa piloto se desarrolló para tomar las contribuciones financieras de esas tiendas y repartirlas directamente con una organización dedicada a la construcción de la comunidad en cada una de dichas regiones. Al anunciar el nuevo modelo de tienda comunitaria, Howard Schultz comentó, "Starbucks se asoció con dos organizaciones que hacen un trabajo heroico para atender los desafíos económicos, sociales y educativos de sus comunidades. Estas dos asociaciones tienen como objetivo ayudarnos a entender de qué manera se puede unir una empresa con éxito —de una forma localizada, coordinada y duplicable— a organizaciones comunitarias que hacen cambios importantes." A través de estos esfuerzos coordinados iniciales, la empresa compartió 245 000 dólares con las dos organizaciones en el primer año de operaciones. Tras ver el éxito de las primeras tiendas comunitarias, los líderes de Starbucks anunciaron que extenderían el programa a Houston, Texas, con fondos que tenían como base el desempeño de la tienda de Gulfgate Center Mall, la cual acababa de ser remodelada, y que se entregarían a la institución llamada Association for the Advancement of Mexican Americans. A una escala menor, los líderes pueden solamente encontrar maneras de apoyar las actividades de la comunidad por medio de organizaciones de servicio, escuelas y organizaciones sin fines de lucro para ayudar a la comunidad. Este tipo de oportunidades forjan relaciones recíprocas en que todo mundo gana, y que conducen al éxito empresarial y al mejoramiento de la salud general de las comunidades a las que se atiende.

La administración a través de la fundación

La Fundación Starbucks, creada en 1997 con el precio de compra de *Pour Your Heart Into It*, el primer libro de Howard, ha servido como plataforma de lanzamiento de muchos proyectos de desarrollo comunitarios de la empresa, empezando por programas de alfabetización en Estados Unidos y Canadá. Con el paso de los años, la fundación extendió su trabajo para darle un alcance global. Actualmente, la Fundación apoya proyectos de desarrollo comunitario en regiones donde se cultiva café, té y cacao. Estos proyectos incluyen actividades como el mejoramiento de la purificación del agua, incremento en salud y nutrición y microcréditos y entrenamiento en agricultura. La Fundación Starbucks también se ha involucrado con Ethos Water, una empresa que inició sus operaciones en 2001 con una misión muy sencilla, "ayudar a que los niños tengan agua limpia." Ethos Water, que ahora es subsidiaria de Starbucks, ha conseguido más de siete millones de dólares en donaciones para apoyar su misión, a través de un sistema en que se donan cinco centavos para el objetivo de la empresa por cada botella de Ethos que se compre. La Fundación también administra subvenciones para servicio comunitario realizado por organizaciones sin fines de lucro, en las que los *partners* de los Starbucks locales invierten su dinero y su tiempo de forma activa.

Como no hay suficiente espacio en este libro para profundizar en todos los proyectos y programas que apoya la Fundación Starbucks, analicemos un par de iniciativas que atienden los temas principales de educación y desarrollo de liderazgo. Por ejemplo, la Fundación estableció el Proyecto Educativo China de Starbucks, el cual comenzó en 2005 y se sustenta en los sólidos valores culturales de la educación formal que se pueden encontrar en toda China. Para apoyar este proyecto, Starbucks consignó cinco millones de dólares (aproximadamente cuarenta millones de yuanes) para programas de educación en China a través de una organización estadounidense sin fines de lucro llamada Give2Asia. Los fondos del proyecto se utilizan para preparar a maestros en áreas rurales, becas de apoyo para los estudiantes universitarios que dan clases y para maestros asistentes y estudiantes que resultaron afectados por el terremoto de 2008 en Sichuán.

La Fundación Starbucks también está comprometida con el entrenamiento de los líderes juveniles de todo el mundo a través del programa Youth Leadership Grants. En 2012 los líderes reportaron que "hay más de 1.2 mil millones de jóvenes entre 15 y 24 años, es decir, éste es el grupo de jóvenes más grande a nivel global de la historia. Por desgracia, un creciente número de estos jóvenes no tiene ocupación ni empleo; de hecho, se les conoce como NEET (jóvenes sin ocupación ni empleo, educación o entrenamiento, por sus siglas en inglés). La Fundación está interesada en ofrecer becas del programa Youth Leadership a organizaciones internacionales que ayuden a la gente joven a desarrollar sus habilidades en el conocimiento empresarial, la conciencia social y la comunicación para el trabajo en colaboración.

El compromiso de la empresa para maximizar la capacidad de la juventud para conseguir empleo va más allá de las becas que entrega la Fundación. Blair Taylor, por ejemplo, era director ejecutivo de Los Ángeles Urban League cuando se acercó a Howard Schultz con una serie de preocupaciones y una solicitud. Blair nos cuenta lo que le dijo a Howard, "Los chicos de las escuelas de la ciudad no están recibiendo ese aprendizaje empírico que los chicos de las escuelas de los suburbios sí tienen. Estos niños no van a Europa en sus vacaciones de verano ni viajan a los Hamptons. No tienen la oportunidad de ver más allá de sus barrios." Además, Blair le comentó a Howard: "los jóvenes de las escuelas citadinas en el centro y de escuelas rurales pobres les siguen muy bien el paso a los chicos de las zonas suburbanas durante el año escolar, pero debido a la diferencia de experiencias que tienen en los meses de verano, se produce un vacío."

Blair le dijo a Howard que, por esta razón, quería llevar una delegación de entre veinte y treinta chicos de la Preparatoria Crenshaw —una escuela de bajo desempeño del Sistema de Escuelas Unificadas de Los Ángeles— a China en el verano de 2011. Para hacer realidad este viaje, Blair tuvo que involucrar a tres socios corporativos. La lógica de Blair era brindarles a los estudiantes de esta escuela del centro de la ciudad de Los Ángeles, una visión de la economía global del siglo veintiuno. Según el director ejecutivo, Howard fue el primer líder de negocios que decidió participar y apoyar el proyecto. Blair organizó al grupo de estudiantes y maestros de Crenshaw durante las reuniones con los líderes de negocios, empresarios y estudiantes chinos de una preparatoria. Según Blair, "Viajamos a Shanghái, Beijín y Tianjin. Abordamos el tren bala que viaja a más de trescientos kilómetros por hora, y pudimos ver cosas que les cambiaron la vida a estos chicos. La mayoría de los estudiantes de Crenshaw jamás había salido del condado de Los Ángeles, el noventa por ciento jamás se había subido a un avión, algunos de ellos jamás habían visto el mar a pesar de que vivían a solamente unos diez kilómetros." Al final del viaje Blair les preguntó a los estudiantes de su delegación por qué creían que se habían reunido con los mejores estudiantes de la preparatoria en China, y según nos relata, "Uno de los jóvenes levantó la mano y dijo, 'Porque algún día esos chicos van a gobernar China.' Luego el joven hizo una pausa y dijo, 'Y algún día nosotros vamos a gobernar Estados Unidos, y por eso tenemos que conocernos.' Cuando los muchachos regresaron, se veían a sí mismos como embajadores mundiales y futuros lideres, y no sólo como estudiantes de una escuela con bajo desempeño." Al año siguiente, Blair Taylor dejó su puesto de director ejecutivo de Los Ángeles Urban League y se convirtió en ejecutivo de comunidad en jefe de Starbucks, puesto en el que le ayudó a la marca a seguir proveyendo oportunidades inigualables para que los jóvenes elevaran sus expectativas y habilidades.

Los esfuerzos de Starbucks por promover un abastecimiento ético, mejoras globales en el acceso que tienen los niños al agua limpia, becas educativas y apoyo para las iniciativas de liderazgo para la juventud, tienen un rasgo en común. Cada una de estas actividades refleja la creencia de que un negocio debe aprovechar su tamaño y su prosperidad para hacer el bien. Tengo la sospecha de que tus clientes cada

REFLEXIÓN SOBRE LA CONEXIÓN

1. ¿Haz establecido lineamientos éticos y objetivos?

2. ¿Cómo manejarías a un proveedor que tiene acusaciones que atentan contra la seguridad del lugar de trabajo? ¿Tienes un proceso establecido para evaluar, solucionar y, en caso de ser necesario, sancionar cualquier relación con proveedores que no son transparentes o que atentan contra los derechos humanos de sus trabajadores?

3. ¿Tus iniciativas de responsabilidad social van más allá de las donaciones e implican la participación activa de tu gente? ¿Haz identificado los nichos clave de donaciones –como agua limpia, educación y liderazgo– para maximizar el impacto de los esfuerzos?

vez estarán más conscientes de los logros ambientales de los líderes y de su preocupación por los abastecedores y las comunidades a las que atienden. Esos esfuerzos pueden convertirse en un punto importante para un creciente número de consumidores. Las decisiones con conciencia social tal vez no solamente tengan un impacto en el éxito de ventas a corto plazo, sino también en el prometedor futuro. Los líderes deben desarrollar una perspectiva que tome en cuenta el bienestar de las generaciones futuras, cuyos miembros bien podrían convertirse en empleados o consumidores.

Creación de empleos

Abraham Lincoln les dio un sabio consejo a los líderes cuando dijo: "Asegúrense de poner los pies en el lugar correcto, y luego mantenerse firmes." Sin embargo, como sucede con muchos buenos consejos, es mucho más fácil entender la recomendación de Lincoln, que llevarla a cabo. Durante todo 2011, Howard Schultz se plantó en una serie de lugares muy riesgosos cuando escribió un memorándum para los *partners*, el cual tituló "El liderazgo en tiempos de incertidumbre", y una carta abierta dirigida a los estadounidenses, la cual se publicó como un anuncio de página completa en periódicos como el *New York Times*. En pocas palabras, Howard desafió a los lectores a actuar con rapidez y a plantarse bien en su sitio para que los negocios se involucraran más en la creación de empleos y en la disminución del estancamiento en el Congreso de Estados Unidos.

Su recomendación específica fue: "Digámosle a nuestro gobierno que haga a un lado el partidismo y que hable con la verdad respecto a los desafíos que enfrentamos. Pidamos a nuestros líderes de negocios que creen más oportunidades de empleo para la economía estadounidense. Y como ciudadanos, involucrémonos más. Por favor, no sean sólo observadores. Entiendan que tenemos la responsabilidad compartida de resolver los problemas de nuestra nación. No podemos esperar a Washington. En Starbucks estamos tratando de ponernos a la altura de nuestra responsabilidad por medio de un incremento en el servicio comunitario que realizamos y ayudando a promover la creación de empleos con el financiamiento de negocios pequeños a través de Create Jobs for USA. Nuestra empresa no es perfecta, y sabemos que podemos hacer más por Estados Unidos, pero necesitamos de su ayuda. Necesitamos su voz." Howard les pidió a los lectores que compartieran sus opiniones en blogs, que subieran imágenes inspiradoras a Pinterest y que propusieran ideas innovadoras en Facebook. También les pidió que incluyeran el *hashtag* #indivisible en sus publicaciones para que Starbucks pudiera recolectar y ampliar el alcance de las ideas.

Además de publicar el anuncio, facilitar la innovación en internet y promover que se compartieran ideas, Howard Schultz motivó a los donadores de campañas que retuvieran los fondos para cualquier partido político "hasta que el Congreso y el presidente vuelvan a Washington y les den a los estadounidenses un plan a largo plazo con disciplina fiscal para enfrentar la deuda y el déficit." Más de cien directores ejecutivos de las empresas más importantes de Estados Unidos y una veintena de otros contribuyentes atendieron el llamado de Howard para hacer que los funcionarios del gobierno se enfocaran en la reducción de la deuda y en la creación de empleos. En ese mismo momento, Starbucks se encontraba involucrado de lleno en su programa Create Jobs for USA.

Para lanzar Create Jobs for USA, en noviembre de 2011, la Fundación Starbucks donó cinco millones de dólares a instituciones financieras que apoyaban el desarrollo comunitario (CDFIs, por sus siglas en inglés). Lo hizo a través de Opportunity Finance Network, una red de CDFIs que invierten en oportunidades para beneficiar a las comunidades de bajos ingresos y poca riqueza, y a otras comunidades de Estados Unidos que se encuentran en desventaja. Joe Nocera, columnista de *New York Times*, explica, "A Starbucks no le tomó mucho tiempo encontrar al socio de negocios perfecto. Aunque no todas, la mayoría de las CDFIs son organizaciones sin fines de lucro y sus tasas típicas para préstamos son extremadamente bajas. Opportunity Finance Network funciona como un matriz para las mejores de estas organizaciones."

Luego Starbucks diseñó y puso a la disposición del público brazaletes de colores blanco, rojo y azul con la palabra INDIVISIBLE. Estos brazaletes eran para quienes quisieran hacer una contribución en las tiendas o por internet, de por lo menos cinco dólares para apoyar a Create Jobs for USA; el cien por ciento de las donaciones fueron dirigidas a Opportunity Finance Network para apoyar los préstamos en las comunidades de todo el país. En pocas palabras, Starbucks logró aumentar el acceso a préstamos para los propietarios de negocios pequeños con el objetivo de estimular la creación de empleos y el crecimiento económico. El programa Create Jobs for USA no solamente aprovechó la participación de los clientes de la empresa: también amplió el poder del capital. Joe Nocera añade, "Lo mejor de todo el plan es que las donaciones para Create Jobs for USA no serán usadas como préstamos para las CDFIs, sino convertidas en capital… y ese patrimonio se puede apalancar en una proporción de siete a uno… así que, si diez millones de clientes de Starbucks donan cinco dólares, eso respaldará los 350 millones de préstamos. Estamos hablando de grandes cantidades."

En junio de 2012, Starbucks aumentó las oportunidades para contribuir con Create Jobs for USA por medio de la fabricación y venta de una tasa de cerámica artesanal que decía INDIVISIBLE, y otros artículos con el mismo logo, como granos de café enteros y mercancía.

Parte de las ganancias por la venta de estos productos, también sería donada. La taza se produjo en uno de los dos únicos talleres de cerámica que todavía sobreviven en East Liverpool, Ohio, un pueblo que en el pasado fue la capital de la cerámica en Estados Unidos. Ulrich Honighausen, propietario de Hausenware, una empresa de menaje de Sonoma County, California, y proveedor de la taza INDIVISIBLE, comentó, "Soy un ciudadano de Estados Unidos y estoy criando a tres hijos en este país. Durante años quise hacer cerámica en Estados Unidos, y una semana después de que escuché a Howard Schultz hablar sobre la creación de empleos, ya estaba en una conferencia de artículos para el hogar, y comencé a preguntarle a la gente en dónde podría fabricar cerámica en el país. Cuando Starbucks lanzó oficialmente su programa Create Jobs for USA, pensé que tenía que colaborar, y eso me condujo a trabajar con una pequeña fábrica en East Liverpool. Me sentía tan inspirado por lo que vi en Ohio —la artesanía, la necesidad y las oportunidades que ahí había—, que eché a andar otra fábrica en esa misma zona para competir con los importadores de una manera más automatizada."

Para más detalles sobre East Liverpool, Ohio, y la taza INDIVISIBLE, por favor visita http://tinyurl.com/cmzr7ds, o desliza tu lector QR sobre el siguiente código:

Para abril de 2012, Howard tuvo la oportunidad de hablar sobre el éxito inicial de Create Jobs for USA en CBS News: "Estamos poniendo dinero en manos de las CDFIs (quienes luego), lo prestan a pequeños negocios para crear empleos en proyectos en ciernes y negocios ya establecidos. De hecho, el ochenta por ciento del dinero que hemos reunido ya se entregó. Y podemos documentar con toda transparencia a dónde están yendo los recursos y los empleos que hemos generado."

Gelato Fiasco es un ejemplo de los beneficios de financiamiento a través del programa de empleo de Starbucks. En 2007, Josh Davis tenía veinticinco años; él y su socio de negocios de veinticuatro años, Bruno Tropeano, abrieron una heladería Gelato Fiasco en Brunswick, Maine. Debido al éxito que tuvieron en Brunswick, una ciudad de aproximadamente 23 000 habitantes, Josh y Bruno pensaron en expandirse a Portland, la ciudad más grande de Maine, a veinticinco minutos al sur. Josh y Bruno encontraron un lugar perfecto para su nueva tienda, pero tuvieron que tomar la rápida decisión de aceptar un contrato de arrendamiento por diez años. Cuando llamaron a su banco, los jóvenes recibieron información financiera que los tranquilizó y los instó a firmar el contrato. Por desgracia, después de firmar, el banco y otros prestatarios les negaron los préstamos.

Como último recurso, Josh y Bruno fueron a una CDFI respaldada por el programa Create Jobs for the USA, y recibieron un préstamo de 140 000 dólares, el cual les permitió expandirse y contratar diez empleados nuevos (de medio tiempo y tiempo completo), para complementar su personal que ya era de veintiún empleados. Josh explica, "Starbucks convirtió algo que estaba destinado a ser un desastre sin freno, en una historia real de éxito." Gelato Fiasco no solamente pudo abrir en Portland, también consiguió quedarse en un local que se encontraba aproximadamente a una cuadra de una concurrida tienda de Starbucks. Ah, y por cierto, en Gelato Fiasco de Portland también se vende café. Entonces, ¿cuál fue la respuesta de Starbucks al vecino/competidor que había apoyado? Según Josh, "Los empleados de Starbucks colocaron un artículo sobre nuestro negocio en su tienda. A pesar de que estábamos poniendo un local a una cuadra de distancia, su actitud demostró que creían en la abundancia, no en la competencia."

Josh y Bruno estaban agradecidos por la confianza que depositaron en ellos, y decidieron "retribuirla". Para eso crearon un nuevo sabor de helado para su negocio al mayoreo (el cual distribuye el helado a supermercados en todo Maine y Nueva Inglaterra), y tomaron parte de las ganancias por las ventas de éste, para apoyar el programa Create Jobs for USA. Según Josh, "El lema de la ciudad de Portland, Maine, es 'Resurgam', que significa, 'Volveré a ponerme de pie'. Pensamos que el lema era aplicable a nuestra situación, y por eso bautizamos nuestro nuevo sabor de helado con el nombre Sweet Resurgam, y por cada medio litro que se vendía, donamos un dólar al programa Create Jobs for USA."

Muy pocos líderes de negocios hacen un llamado público a sus colegas y a los políticos para hacer a un lado las diferencias y actuar en pos de un bien mayor. Y muchos menos se enfocan en realizar trabajo en equipo con los clientes para generar soluciones que tengan beneficios económicos tangibles que, en ocasiones, pueden llegar a considerarse como un elemento de beneficio para la competencia. Muchas de las otras acciones que ha llevado a cabo Howard están más allá del alcance que tú podrías tener como líder, sin embargo, nos sirven como un recordatorio de que podemos hacer algo más que sólo quejarnos de los desafíos sociales. Nosotros podemos y tenemos la responsabilidad de ser un motor de impulso para producir cambios constructivos.

PUNTOS DE CONEXIÓN

- El liderazgo conlleva la responsabilidad de hacer que el mundo se convierta en un mejor lugar de lo que es ahora.

- Por lo general hay una fuerte interdependencia entre el desempeño, los valores y el impacto que tiene una empresa en las comunidades a las que atiende.

- En lo que se refiere a sustentabilidad, es importante fijarse objetivos ambiciosos; buscar opiniones de terceros para validar el logro de dichos objetivos; jugar un papel en la definición de dichos criterios para la industria en caso de que sea necesario; ejecutar las acciones indispensables para alcanzar las metas, y hacer reportes transparentes del progreso.

- Cuando a tus clientes les preocupa algún problema ambiental, éste tiene que ocupar un lugar más alto en tu lista de prioridades de proyectos.

- La sustentabilidad no es algo que se deba hacer como parte de una campaña de publicidad o comercialización, sino un compromiso auténtico con la viabilidad del negocio a futuro y con las siguientes generaciones de consumidores.

- Hablar de sustentabilidad no es suficiente. El verdadero liderazgo exige que haya disposición para invertir en la salud a largo plazo del negocio y para actuar en colaboración con otros por un sentido de la responsabilidad genuino.

- Ser una empresa humana y responsable es bueno para el negocio.

- Los líderes deben desarrollar una perspectiva que tome en cuenta el bienestar de las generaciones futuras, cuyos miembros bien podrían convertirse en empleados o consumidores.

- En palabras del presidente Lincoln, es fundamental que los líderes pongan los pies en el lugar correcto y luego se mantengan firmes.

- Tú puedes hacer algo más que quejarte de los desafíos sociales. Puedes y tienes la responsabilidad de ser un motor de impulso para producir cambios constructivos.

Capítulo 12

La creación de una verdadera conexión con el estilo de vida

Toma un momento para pensar en tus clientes ideales. Ahora imagínalos levantándose por la mañana para usar uno de tus productos en su casa. Camino al trabajo, se detienen en tu tienda, lo publican en Foursquare, abren tu aplicación y compran un artículo con el pago móvil. En la oficina, se toman un descansos y usan tus productos o entran a internet para revisar su página de Facebook y leer una publicación tuya en las noticias. Por la tarde se inscriben para participar con tu equipo en un proyecto de desarrollo comunitario en su día de descanso. Invitan a sus amigos a participar en el evento. Toman fotografías cuando están trabajando en el proyecto y suben las imágenes a Instagram, Twitter y Facebook. En el evento, también usan tus productos. Camino a casa se detienen en el supermercado; tus productos están en sus listas de mandado. Muy bien, ahora es momento de que vuelvas a la realidad.

Es importante recordar que Starbucks comenzó como una sola tienda y que, si tomamos las lecciones que hemos aprendido de esta empresa y las usamos como un impulso para pensar en cómo podemos innovar y expandir nuestros productos, servicios, herramientas de redes sociales, tecnologías y canales, cualquier cosa es posible. Los líderes de Starbucks también han demostrado lo que se puede llegar a hacer si se fomenta la pasión por el producto, si le enseñas a tu gente la importancia de las conexiones humanas, si tratas de alcanzar la eficacia y excelencia operativa, y si te comprometes en una búsqueda permanente del valor para el público.

Howard Schultz lo explica de esta manera: "En la actualidad, cualquier marca —ya sea Starbucks o un detergente como Tide— [debe] adquirir importancia en todos los aspectos de la vida de sus clientes. El precio de admisión no es suficientemente bueno si tu importancia y posición en el mercado sólo está en los lugares donde se vende el producto. Nos decimos a nosotros mismos que tenemos que tener tanta importancia social y digital como cuando el cliente se encuentra en nuestras instalaciones… las empresas que no entienden [eso], se van a quedar rezagadas."

En el sentido tradicional, cuando los comerciantes hablan sobre marcas de estilo de vida, se refieren a aquellas que se conectan con la identidad personal de los clientes. Son marcas que "promueven un estilo de vida" que los clientes valoran o al que aspiran. Ciertamente, Starbucks es un negocio que tiene todos los aspectos tradicionales de estas marcas porque sus líderes se han encargado de que la marca proyecte con autenticidad una imagen de pasión por el producto, preocupación por la conexión humana y los valores de la comunidad. No obstante, los líderes también han llevado su propuesta de valor a un nivel al que yo llamo "estilo de vida avanzado". Stabucks no solamente "proyecta un estilo de vida", también entra en la vida de sus clientes.

Normalmente Starbucks construye su conexión con los clientes a través de su bien distribuido canal principal: las tiendas al menudeo. De hecho, las investigaciones sugieren que el ochenta por ciento de los ciudadanos de Estados Unidos viven dentro de un perímetro de treinta kilómetros de distancia de una tienda Starbucks, y que lo más lejos que alguien tendría que viajar para llegar a una tienda de la empresa, sería 225 kilómetros (el estudio no incluía tiendas con licencia, por lo que la distancia podría ser menor). En cuanto se forjó la conexión a través del canal de la tienda, los líderes hicieron lo necesario para que la marca pudiera atender a sus clientes "en el camino", ya sea en la cima de una montaña, con los productos VIA, en una tienda naturista con los jugos Evolution Fresh, en un tren a Suiza o a través de una aplicación móvil en Beijín. Aimee Johnson, vicepresidenta de Comercio Digital y Contenidos, señala, "Nos hemos comprometido para entender a nuestros clientes en las tiendas y para conectarnos con ellos en maneras que sean adecuadas para quiénes son y en dónde se encuentran."

Por supuesto, la proliferación de una marca conlleva sus riesgos. Reuben Gregg Brewer, director de contenido digital de Value Line, advierte que existen "riesgos materiales para los recientes esfuerzos de expansión de Starbucks. Aunque crecer a nivel global es una idea grandiosa, salirse del nicho ha llegado a ser una acción desastrosa en algunos casos. En todo momento surgen conceptos nuevos en el ámbito del servicio de comida rápida. Los esfuerzos de Starbucks podrían terminar convirtiéndose en una falta de enfoque. Al moverse a más canales de distribución, la empresa podría estar arriesgándose a crear una saturación de su marca matriz y de todas las otras que ha añadido al grupo."

Muchos de los *partners* con quienes he hablado me dicen que confían en el futuro de Starbucks porque creen que los líderes tienen la capacidad de adaptarse a las cambiantes necesidades de los clientes. Y esta confianza no se limita a la gente que trabaja en la empresa. Después del lanzamiento del sistema Verismo, en 2012, Jim Cramer, autor de *bestsellers* y anfitrión del popular programa *Mad Money* de CNBC, señaló: "Yo apoyo a Schultz; ya no estoy en su contra porque fueron pésimas apuestas las que hice la primera y segunda vez, y porque creo que haría muy mal si volviera a apostar en su contra. Schultz preparó a Starbucks para una tercera ronda de crecimiento, y lo último que uno querría hacer sería quedarse viendo desde afuera." Desde mi perspectiva, el éxito siempre depende de tener productos de alta calidad, asegurarse de que los consumidores realmente los quieran y ofrecerlos en un ambiente acogedor que promueva las conexiones. Mientras Starbucks, o cualquier negocio, alcance esos objetivos, los clientes seguirán apoyándolos. Imagino que los líderes de Starbucks continuarán dirigiendo su marca hacia cualquier lugar donde los lleven las oportunidades y los clientes, pero estoy seguro de que no dejarán de recordarles a los *partners* que el futuro de la marca depende de las conexiones y de la creación de "momentos edificantes".

Estos momentos son como los que produce el barista Daniel Rowe. Daniel tenía una relación con Kelly Dietrich, un cliente frecuente. Kelly siempre ordenaba también un latte alto con leche *light* para su esposa. Daniel nos cuenta, "Un día Kelly compró un latte grande en lugar de uno alto. Me imaginé que tal vez ese día ella necesitaba un poco más de energía, así que escribí en el vaso: 'Espero que tu día mejore'."

Gini Dietrich, la esposa de Kelly, era directora ejecutiva y fundadora de Arment Dietrich —una agencia de comunicación de mercadotecnia integrada de Chicago—, y coautora del libro *Marketing in the Round*. Ella explica, "El hecho de que el barista de Starbucks supiera que tendría un día pesado porque ordené una bebida más grande es increíble. Tomé una fotografía del vaso, la subí a Facebook y pensé que hasta ahí llegaría la anécdota. Pero para mi sorpresa, un mes después mi esposo llegó a casa con otro vaso personalizado del barista Dan, en donde me preguntaba si yo era real."

Gini contestó "tal vez" en el vaso y añadió: "Depende de cómo definas 'real'." Dan no conocía a Gini, pero habían entablado una conexión

muy especial a través del esposo de ella y de los mensajes que se enviaban un par de veces a la semana en los vasos de Starbucks. Gini hizo crecer su contacto con Dan a través de su red de Facebook porque tomaba fotografías de los vasos y les pedía a sus amigos que votaran y opinaran sobre cómo debía responder a cada pregunta. Gini cuenta que se sintió muy triste cuando recibió un vaso en donde decía que Dan dejaría Starbucks en un mes: "Me tomé la molestia de pasar a conocerlo y a despedirme de Dan el último día que trabajó en la tienda, hasta antes de irse a continuar su carrera en Trump Tower. Creo que Dan es el ejemplo perfecto de lo mejor de Starbucks, particularmente porque se esforzó en mantener nuestro vínculo especial y porque siempre se preocupo por mí y por mi esposo."

Dan explica, "Trabajé seis años en Starbucks y ellos me motivaron a crecer y superarme. Desarrollé habilidades interpersonales y de administración que me enseñaron a dirigir una cocina. Ahí me enseñaron lo que significa enfocarse en el cliente. Estoy sumamente complacido de que Gini se tomara un rato para conocerme. En realidad yo nunca pensé que estaba haciendo algo especial, yo sólo hacía mi papel dentro de la cultura de Starbucks en donde uno se conecta de manera personal, incluso si la persona no está ahí físicamente."

¿Acaso necesito decir más? Permíteme hacer una última pregunta:

Bibliografía

Capítulo 1

"*Entrepreneur* coloca a la empresa entre los 10 negocios 'más confiables'": Andruss, Paula, "Secrets of the 10 Most-Trusted Brands", *Entrepreneur*, 20 de marzo de 2012, http://www.entrepreneur.com/article/223125.

"*Fortune* entre las marcas globales 'más admiradas'": *Fortune*, 21 de marzo de 2011, http://money.cnn.com/magazines/fortune/mostadmired/2011/full_list/.

"Antes de dar un importante discurso sobre el empleo, el presidente de Estados Unidos, Barack Obama, le llamó al presidente, jefe de la junta directiva y director ejecutivo de Starbucks, Howard Schultz, porque quería hablar con él sobre su liderazgo en la creación de empleos": Kaplan, David A., "Howard Schultz Brews Strong Coffee at Starbucks", *Fortune*, 17 de noviembre de 2011, http://management.fortune.cnn.com/2011/11/17/starbucks-howard-schultz-business-person-year/.

"La revista *Fortune* nombró a Howard Schultz hombre de negocios del año": McGill (Murphy), Richard, "2011 Businessperson of the Year", *Fortune*, 17 de noviembre de 2011.

Michelli, Joseph A., *The Starbucks Experience: 5 Principles for Turning Ordinary into Extraordinary*, Nueva York, McGraw-Hill, 2006.

"Aunque resulta evidente que nuestros resultados financieros están sufriendo el impacto de la reducción en la frecuencia de visitas a las tiendas en Estados Unidos": Schultz, Howard, "Financial Release: Starbucks Reports Second Quarter Fiscal 2008 Results and Announces Long-Term Financial Targets for 2009, http://investor.starbucks.com/phoenix.zhtml?c=99518&p=irol-newsArticle&ID=1137657&highlight.

Schultz, Howard y Gordon, Joanne, *Onward: How Starbucks Fought for Its Life without Losing Its Soul*, Nueva York, Rodale, 2011.

"El apego a estos siete pasos audaces ha generado los resultados esperados tal como lo muestran los trece trimestres consecutivos de crecimiento mayor al cinco por ciento en ventas en tiendas comparables a nivel global": Información desde Q2FY 13 provista por Starbucks, Q2FY13 Transcripción de ganancias.

"El número de declaraciones formales de bancarrota en los doce meses que terminaron en junio de 2010… aumentaron en un diez por ciento… y el incremento, de año a año, entre 2008 y 2009, fue del cincuenta por ciento": Dun&Y Bradstreet, "D&B U. S. Business Trends Report", octubre de 2010, http://www.dnb.com/content/dam/english/economic-and-industry-insight/us_business-trends-2010-10.pdf.

"La buena administración es, en gran medida, un asunto de amor. Pero si esta palabra te resulta incómoda, puedes usar la palabra cuidado porque una administración adecuada implica cuidar a la gente, no manipularla": Autry, James A., *Love and Profit: The art of Caring Leadership*, Nueva York, Avon Books, Inc., 1991.

"Las grandes marcas siempre hacen una conexión emocional con el público al que intentan llegar": Berry, Leonard L., *Discovering the Soul of Service: The Nine Drivers of Sustainable Business Success*, Nueva York, Free Press, 1999.

"El Consejo de la Ciudad organizó audiencias y pidió soluciones": Dvorak, Petula, "Encounter with a Homeless Man Touches a Virginia Starbucks Manager", *Washington Post*, 18 de junio de 2012, http://articles.washintonpost.com/2012-06-18/local/35460526_1_homeless-population-long-term-homelessness-dominic.

Capítulo 2

"Steve Chou, fundador de Bumblebee Linens, reporta que su tienda en línea pasó de cero ganancias, a obtener más de 100 000 dólares en un solo año": Chou, Steve, "Why You Don't Have to Love What You Sell when Starting an Online Store", mywifequitherjob.com, http://mywifequitherjob.com/why-you-dont-have-to-love-what-you-well/.

"No me apasionan los zapatos en absoluto": Michelli, Joseph A., *The Zappos Experience: 5 Principles to Inspire, Engage, and WOW*, Nueva York, McGraw-Hill, 2012.

"Tony ha dicho que él sólo tiene tres pares": Fenner, Justin, "You'll Never Guess How Many Shoes Zappos' CEO Owns", Styleite.com (blog), 17 de noviembre de 2010, http://www.styleite.com/media/tony-hsieh-three-shoes/.

"Le apasiona el servicio a clientes y la cultura de la empresa": Khoo, Valerie, "The Celebrity CEO: Zappo's Tony Hsieh", theage.com.au, 17 de febrero de 2012, http://m.theage.com.au/small-business/managing/blogs/enterprise/the-celebrity-ceo-zapposs-tony-hsieh-20120216-1ta85.html.

"La pasión es eso indefinible que crea y construye interés y emoción por parte del cliente", Harrison Troy, "Sales Without Passion Isâ€¦ Well, It Isnâ€™t Sales", salesforcesolutions.net (blog), 2013, http://www.salesforcesolutions.net/blog/hotsheets/sales-without-passion-isâ€¦well-it-isnâ€™t-sales.

"Como lo describió en su libro Onward, un año después alcanzó una conciencia enriquecida de la 'magia' del café", Schultz, Howard y Gordon, Joanne, *Onward: How Starbucks Fought for Its Life Without Losing Its Soul*, Nueva York, Rodale, 2011.

"Inspirar y nutrir el espíritu humano: una persona, una taza de café y una comunidad a la vez", Nuestra misión de Starbucks, http://www.starbucks.com/about-us/company-information/mission-statement.

"Nuestro café. Siempre ha tenido y siempre tendrá calidad", Nuestra misión de Starbucks, http://www.starbucks.com/about-us/company-information/mission-statement.

"Verter un espresso es un arte que exige que al barista le importe la calidad de la bebida", Schultz, Howard y Gordon, Joanne, *Onward: How Starbucks Fought for Its Life Without Losing Its Soul*, Nueva York, Rodale, 2011.

"Sucesos que comunican y refuerzan el desempeño y los valores deseados", Edmonds S. Chris, "Use Social Rituals to Reinforce Your Desired Culture", www.drivingresultsthroughculture.com, 20 de diciembre de 2010, http://drivingresultsthroughculture.com/?p=871.

"Hace tres años, cuando empecé a aprender sobre el café en un Starbucks de Connecticut, probé el Caffè Verona®", "Ratatouille Taught Me How to Taste Coffee", www.coffeeandthecity.com (blog), 17 de enero de 2011, http://www.coffeeandthecity.com/2011/01/ratatouille-taught-me-how-to-taste.html.

"Las recompensas pueden producir una extraña alquimia en el comportamiento: son capaces de transformar una tarea interesante en una carga", Pink, Daniel H., *Drive: The Surprising Truth About What Motivates Us*, Nueva York, Riverhead Books, 2009.

"Jim Collins... afirma que a las empresas visionarias las dirigen individuos", Collins, Jim, "Aligning Action and Values", www.jimcollins.com, junio de 2000, http://www.jimcollins.com/article_topics/articles/aligning-action.html.

"Fueron un enemigo peligroso en la batalla para transformar la empresa", Schultz, Howard y Gordon, Joanne, *Onward: How Starbucks Fought for Its Life Without Losing Its Soul*, Nueva York, Rodale, 2011.

"Estoy en proceso de convertirme en Coffee Master", Quinn, Paul, Comunidad Starbucks, http://community.starbucks.com/message/6853#6853.

Capítulo 3

"El mejor momento de Starbucks es cuando creamos relaciones duraderas y conexiones personales", Schultz, Howard y Gordon, Joanne, *Onward: How Starbucks Fought for Its Life Without Losing Its Soul*, Nueva York, Rodale, 2011.

"La Agenda de Transformación incluye volver a encender nuestro apego emocional con nuestros clientes por medio del vínculo que ellos tienen con ustedes, nuestro café, la marca y las tiendas", Schultz, Howard, "Transformation Agenda Communication #1", starbucks.tekgroup.com, http://starbucks.tekgroup.com/article_print.cfm?article_id=76.

"La información sobre el consumidor que se refleja de manera consistente en estudios como el American Express Global Customer Service Barometer, validan la perspectiva de que el servicio al cliente es una actividad caótica e impredecible que, además, está en declive", "2012 Global Customer Service Barometer: Findings in the United States", reporte de investigación preparado para American Express, Echo, about.americanexpress.com, http://about.americanexpress.com/news/docs/2012x/AXP_2012GCSB_US.pdf.

"Experiencias memorables", Pine II, B. Joseph, y Gilmore, James H., *The Experience Economy: Work Is Theater and Every Business a Stage*, Boston, Harvard Business School Press, 1999.

"El mismo modelo de negocios de Mcdonald's busca un enfoque altamente duplicable", Shook, John, "A Lean 'Teachable Moment': Starbucks in the Wall Street Journal", Lean Enterprise Institute, 7 de agosto de 2009, http://www.lean.org/shook/displayobject.cfm?o=1085.

"El objetivo es lograr que la mayor cantidad posible de procesos sean rutinarios para que los *partners* puedan pasar algunos instantes", Shook, John, "A Lean 'Teachable Moment': Starbucks in the Wall Street Journal", Lean Enterprise Institute, 7 de agosto de 2009, http://www.lean.org/shook/displayobject.cfm?o=1085.

"...para las empresas que buscan hacer una conexión emocional con sus clientes": Chiles, Nick, "Corporations Use Music to Make Emotional Connection to Consumers", *Atlanta Black Star*, 26 de julio de 2012, http://atlantablackstar.com/2012/07/26/corporations-use-music-to-make-emotional-connection-to-consumers/.

"Como parte de su compromiso para evolucionar y mejorar la experiencia del cliente con productos innovadores": "Starbucks Acquires Evolution Fresh to Establish National Retail and Grocery Health and Wellness Brand", news. starbucks.com, 10 de noviembre de 2011, http://news.starbucks.com/article_ display.cfm?article_id=587.

"Nuestra intención es construir una marca nacional de salud y bienestar aprovechando nuestras dimensiones, recursos y experiencia en productos de alta calidad": "Starbucks Acquires Evolution Fresh to Establish National Retail and Grocery Health and Wellness Brand", news.starbucks.com, 10 de noviembre de 2011, http://news.starbucks.com/article_display.cfm?article_id=587.

"Evolution Fresh es la nueva propuesta de Starbucks para la comida saludable": Emily K., yelp.com, 30 de julio de 2012, http://www.yelp.com/filtered_review s/666xh85KxFjcBVFqsTQy0w?fsid=r8JwQGC9dQ2YFYcbr0g3bg.

"Tazo, la empresa de Oregon que alguna vez aspiró a ser el Starbucks del té, acaba de ser adquirida": "Company News: Starbucks Acquires Tazo, a Tea Retailer in Oregon", *New York Times*, 13 de enero de 1999, http://www.nytimes.com/1999/01/13/business/company-news-starbucks-acquires-tazo-a-tea-retailer-in-oregon.html.

"A partir de una compra de 8.1 millones de dólares en 1999": Baertlein, Lisa, "Starbucks Plans to Open Tazo Tea Store This Year", Reuters.com, 20 de junio de 2012, http://www.reuters.com/article/2012/06/20/us-starbucks-tea-idUSBRE85J17620120620.

"En una marca con ventas por más de 1.4 mil millones de dólares": Blessing, Kelly, "Starbucks to Open Tazo Tea Store", Bloomberg.com, 20 de junio de 2012, http://www.bloomberg.com/news/2012-06-20/starbucks-to-open-tazo-tea-store.html.

Capítulo 4

"Creemos que la justicia social comienza en casa": The Learning Network, "Jan.5, 1914: Henry Ford Implements the $5-a-Day-Dage", *New York Times*, 5 de enero de 2012, http://learning.blogs.nytimes.com/2012/01/05/jan-5-1914-henry-ford-implements-5-a-day-wage/.

"Esta crisis de falta de confianza en las instituciones básicas es demasiado problemática precisamente porque, en muchos de los casos, las mismas instituciones provocaron la suspicacia": Seidman, Dov, "The Case for Ethical

Leadership", *Academy of Management Executive*, 18, núm. 2, 2004, http://home.sandiego.edu/~pavett/docs/gsba532/ethical_leadership.pdf.

"Los resultados fueron deprimentes. Más de dos tercios (setenta y un por ciento) de los estadounidenses encuestados": Seidman, Dov, "The Case for Ethical Leadership", *Academy of Management Executive*, 18, núm. 2, 2004, http://home.sandiego.edu/~pavett/docs/gsba532/ethical_leadership.pdf.

"Si piensas en los cursos que tomaste en la preparatoria o en la universidad, es posible que recuerdes el ensayo de 1943 de este psicólogo: 'Teoría de la motivación humana'": Maslow, A. H., "A Theory of Human Motivation", *Psychological Review*, 50, 1943, pp. 370-396.

"¿La gente percibe que eres competente?": O'Boyle, Ed, "B2B Customers Have Feelings Too", *Gallup Business Journal*, 14 de mayo de 2009, http://businessjournal.gallup.com/content/118339/b2b-customers-feelings-aspx.

"En mi libro *The New Gold Standard* se ofrece una exploración detallada de las once preguntas que utiliza Gallup en la herramienta CE-11": Michelli, Joseph A., *The New Gold Standard: 5 Leadership Principles for Creating a Legendary Customer Experience Courtesy of The Ritz-Carlton Hotel Company*, Nueva York, McGraw-Hill, 2008.

"La virtud siempre ha sido, y seguirá siendo, su propia recompensa": Seidman, Dov, "The Case for Ethical Leadership", *Academy of Management Executive*, 18, núm. 2, 2004, http://home.sandiego.edu/~pavett/docs/gsba532/ethical_leadership.pdf.

"Estábamos a punto de realizar cambios importantes y nuestra gente quería saber cuál sería el impacto en ellos y sus empleos": Schultz, Howard y Gordon, Joanne, *Onward: How Starbucks Fought for Its Life without Losing Its Soul*, Nueva York, Rodale, 2011.

"La gente no es el activo más importante de una empresa": Jackson, Ira A. y Nelson, Jane, "Values-Driven Performance: Seven Strategies for Delivering Profits with Principles", citado de un discurso de Adrian Levy, fundador de RLG International, marzo de 2001, *Ivey Business Journal*, noviembre/diciembre 2004, http://www.humanresourcesoncall.ca/coach/coach-quotes.htm.

"Watson Wyatt muestra que la ganancia total para los accionistas de empresas con un alto nivel de confianza": Covey, Steven, M. R., *The Speed of Trust: The One Thing That Changes Everything*, Nueva York, Free Press, 2008.

"¿Pero Starbucks realmente reemplazaría *cualquier cosa*? Para averiguarlo": Hargrave, John, "The Starbucks Prank: Will Starbucks Really Return Anything?", Zug.com, 24 de agosto de 2009, http://www.zug.com/live/82273/ The-Starbucks-Return-Prank-Will-Starbucks-Really-Return-ANYTHING. html.

"Los psicólogos Daniel Kahneman y Amos Tversky empezaron una revolución en la economía al enfocarse en el papel que juega el comportamiento emocional del cliente en la toma de decisiones": Laibson, David y Zeckhauser, Richard, "Amos Tversky and the Ascent of Behavioral Economics", *Journal of Risk and Uncertainty*, 16, núm. 1, abril de 1998, 7-47, http://link.springer.com/ article/10.1023%2FA%3A1007717224343-page-1.

"Una marca que recomiendas abiertamente a tus amigos, incluso con fanatismo": Newlin, Kate, Passion Brands: *Why Some Brands Are Just Gotta Have, Drive All Night For, and Tell All Your Friends About*, Nueva York, Prometheus Books, 2009.

Capítulo 5

"En las últimas dos décadas, Starbucks ha sido uno de los únicos minoristas que han contado con un programa de entrega de acciones que incluye a los *partners* que trabajan medio tiempo", Schultz, Howard, memorándum interno a los *partners*, 2011. El memorándum nos fue proporcionado por Starbucks.

"En 2012, el veintiocho por ciento de todas las empresas que ofrecían prestaciones de salud, las hacían extensivas a los empleados de medio tiempo", "2012, Employer Health Benefits Survey", Kaiser Family Foundation/Health Research & Educational Trust (HRET), 2012, www.kff.org/insurance/ ehbs091112nr.cfm.

"Puedo decir, completamente en serio, que le debo la vida a Starbucks", Barista-Berry, blogs.starbucks.com, 29 de marzo de 2011, http://blogs.starbucks. com/blogs/costumer/archive/2011/03/29/onward.aspx.

"Originalmente este artículo se iba a llamar 'Por qué amo a Starbucks'. Yo fui barista de la empresa.", Muir, Caitlin, "33 Companies That Can Save You From College Debt", *collegeplus.org* (blog), http://www.collegeplus.org/blog/33-companies-that-can-save-you-from-college-debt.

"Como respuesta a la pregunta '¿Mi organización reconoce la excelencia?', las empresas que quedaron en los cuatro últimos lugares tuvieron una rentabilidad financiera promedio", Gostick, Adrian y Elton, Chester, *The Carrot Principle:*

How the Best Managers Use Recognition to EngageTheir People, Retain Talent, and Accelerate Performance, Nueva York, Free Press, 2009.

"Las organizaciones que tienen empleados involucrados, obtienen, en cinco años, una rentabilidad total de los accionistas", "The Impact of Employee Engagement", Kenexa Research Institute, 2008, http://www.kenexa.com/getattachment/8c36e336-3935-4406-8b7b-777flafaa57d/The-Impact-of-Employee-Engagement.aspx.

"Al incrementar los niveles de participación de los empleados, las organizaciones pueden esperar también un incremento en el desempeño de hasta veinte puntos porcentuales", "Driving Performance and Retention Through Employee Engagement", Junta Ejecutiva Corporativa, mckpeople.com. au, 2004, http://www.mckpeople.com.au/SiteMedia/w3svc161/Uploads/Documents/760af459-93b3-43c7-b52a-2a74e984cla0.pdf.

"Dado que otros distribuidores al menudeo de comida rápida pierden personal a tasas de hasta el cuatrocientos por ciento anual, la tasa del sesenta y cinco por ciento de Starbucks, es relativamente baja", Andrew Lowery (citando a Richard Lofthouse, escritor de *CNBC Business*), "The Changing Landscape in the Restaurant Industry", *Restaurant Industry 1.0* (blog), 9 de noviembre de 2012, http://restaurantindustryblog.wordpress.com/2012/11/19/the-changing-landscape-in-the-restaurant-industry/.

"Se estiró sobre la barra, estrechó ligeramente mi mano y me dijo que la casa nos invitaba las bebidas", "Better Before", blogs.starbucks.com, 31 de marzo de 2011, http://blogs.starbucks.com/blogs/customer/archive/2011/03/29/onward.aspx.

Capítulo 6

"Tal vez a algunas personas les agrade que las llamen por su nombre de pila, pero creo que a muchos les dará lo mismo, e incluso, habrá quienes se sientan incómodos", Barford, Vanessa, "Will You Tell Starbucks Your Name?", *BBC News Magazine*, 14 de marzo de 2012, http://www.bbc.co.uk/news/magazine-17356957.

"Todos queremos que nuestra fidelidad como clientes sea reconocida. Starbucks es una empresa a la que otros ven como modelo", Lieber, Ron, "The Card-Carrying Starbucks Fan", *New York Times*, 7 de junio de 2008, http://www.nytimes.com/2008/06/07/business/yourmoney/07money.html?pagewanted=all.

"En abril de 2012, casi 60 000 *partners* y clientes, organizaciones locales y miembros de la comunidad proveyeron más de 700 000 actos individuales de servicio comunitario que provocaron cambios en más de 34 países", "Community Service: Every Starbucks Store Is a Part of a Community, and We're Committed to Strengthening Neighborhoods Wherever We Do Business", Starbucks.com, http://www.starbucks.com/responsibility/community/community-service.

"Otro ejemplo de un programa que tuvo alcances tanto en Estados Unidos como en otros países, fue la alianza que se forjó entre los líderes de Starbucks y la Red HandsOn (HandsOn Network)", "Starbucks I'm In! Campaign", handsonnetwork.org, http://www.handsonnetwork.org/starbucks.

"El elegante interior, los cómodos sillones y la animada música no solamente diferencian a Starbucks de la competencia", Wang, Helen H., "Five Things Starbucks Did to Get China Right", *Forbes*, 10 de agosto de 2012, http://www.forbes.com/sites/helenwang/2012/08/10/five-things-starbucks-did-to-get-china-right/1/.

"¡Hoy es el día! Nos detuvimos en nuestro Starbucks favorito del vecindario, y ahí… deslícense en la pantalla y miren la fotografía… la Madre nodriza… El Vaso Rojo del día", Chrissy, "Starbucks Red Cup Day Is the Happiest Day of the Year", *thymeinmygarden.com* (blog), 2 de noviembre de 2010, http://www.thymeinmygarden.com/starbucks-red-cup-day-is-the-happiest-day-of-the-year/.

"En los pasados diez días, sudorosas filas de hasta cincuenta personas se han formado afuera de un antiguo edificio colonial en el centro de Mumbai", Asokan, Shymantha, "India's First Starbucks Branches Draw Long Queues", guardian.co.uk, 29 de octubre de 2012, http://www.guardian.co.uk/world/2012/oct/29/india-first-starbucks-long-queues.

"Como sucedía en Estados Unidos antes de Starbucks, en Latinoamérica hay pocos lugares", Yuk, Pan Kwan, "Starbucks in LatAm: Selling Ice to Eskimos?", blogs.ft.com, 21 de junio de 2012, http://blogs.ft.com/beyond-brics/2012/06/21/starbucks-in-latam-selling-ice-to-esimos/#axzz2Ab61xixC.

"Con márgenes altos en tiendas y una penetración baja", Peterson, Kim, "Starbucks' Next Growth Area: Asia", *MSN Money*, 13 de agosto de 2012, http://money.msn.com/investment-advice/article-2.aspx?post=53fc5012-8606-4debble6-adf22572a73d.

Capítulo 7

"La raíz del problema estuvo en nuestra prematura decisión de no construir los productos basándonos en un análisis profundo de los distintos países", Beier, Chris y Wolfman, Daniel, "Intuit's Scott Cook on Failed Global Expansion: 'We Should've Known Better'", *Inc.com*, http://www.inc.com/chris-beier-and-daniel-wolfman/intuit-quicken-scott-cook-global-expansion-failed.html.

"En años recientes, los estudios antropológicos han ayudado a construir una sólida teoría empírica... [que] con frecuencia, los consumidores se apropian de los significados de las marcas globales para lograr sus propios objetivos", Thompson, Craig J. y Arsel, Zeynep, "The Starbucks Brandscape and Consumers' (Anticorporate) Experiences of Glocalization", *Journal of Consumer Research*, 31, 2004, http://zeyneparsel.files.wordpress.com/2010/06/thompson-arsel-jcr.pdf.

"Contrató a gente de cada localidad para sumergirse, entender al cliente a fondo y diseñar las soluciones necesarias", Beier, Chris y Wolfman Daniel, "Intuit's Scott Cook on Failed Global Expansion: 'We Should've Known Better'", *Inc.com*, http://www.inc.com/chris-beier-and-daniel-wolfman/intuit-quicken-scott-cook-global-expansion-failed.html.

"[India] es un mercado muy difícil de abordar. En algún momento pensamos que podíamos venir solos porque subestimamos la complejidad", Krishna, Sonali, "India's Coffee Market Competiton Is Ferocious: Howard Schultz, Starbucks", *Economic Times*, 25 de octubre de 2012, http://articles.economictimes.indiatimes.com/2012-10-25/news/34729911_1_starbucks-howard-schultz-tatas.

"Les están ofreciendo una experiencia sin igual a los clientes de India", Miller, Mark J., "Starbucks Expands to India with Mumbai Flagship Opening", brandchannel.com, 19 de octubre de 2012, http://www.brandchannel.com/home/post/2012/10/19/Starbucks-Opens-India-Store-101912.aspx.

"Esta tienda de Starbucks es característica de cierta forma porque se apoya, en primer lugar, en un enfoque principal en el Dazaifutenmangu", Kengo Kuma and Associates, "Starbucks Coffee at Dazaifu Tenman-gû", *Dezeen.com*, 23 de febrero de 2012, http://www.dezeen.com/2012/02/23/starbucks-coffee-at-dazaifu-tenman-gu-by-kengo-kuma-and-associates/.

"Poco después, apareció este encabezado en el periódico *Telegraph* de Londres: 'Las ventas de Starbucks en el Reino Unido aumentan con una carga adicional de espresso'", Thomas, Nathalie, "Starbucks' UK Sales Boosted by Extra Shot of Espresso", *Telegraph*, Londres, 26 de abril de 2012, http://www.telegraph.

co.uk/finance/newsbysector/retailandconsumer/9229791/Starbucks-UK-sa-
les-boosted-by-extra-shot-of-espresso.html.

"Aunque su origen todavía se debate, parece que la primera referencia impresa
a la frase 'ubicación, ubicación, ubicación', fue un anuncio de bienes raíces
en el *Chicago Tribune*, en 1926", Safire, William, "Location, Location, Location", On Language, *New York Times*, 26 de junio de 2009, http://www.nytimes.
com/2009/06/28/magazine/28FOB-onlanguage-t.html?_r=0.

"Con el objetivo de atender a la joven clase urbana china y de funcionar como
un refugio para descansar de los estrechos departamentos", Nawaz, Moe,
"'Starbucks-China' Plans to Open 8,000 Branches", mastermindcoach.com,
http://www.mastermindcoach.com/business-ideas/starbucks-china-plans-to-
open-8000-branches/.

"Liz Muller, diseñadora holandesa y directora de concepto de diseño de Starbucks, trabajó con treinta y cinco artesanos y artistas para lograr que esta
tienda subterránea tuviera relevancia local y fuera sustentable", Dave, "Starbucks 'the Bank' Concept Store in Amsterdam", *Contemporist*, 6 de marzo de
2012, http://www.contmporist.com/2012/03/06/starbucks-the-bank-concept-
store-in-amsterdam/.

"Todos los escaparates, materiales y diseño, son de los Países Bajos. El espacio
está diseñado para estimular la interacción", Dibeehi, Qaalfa, "The Destination
Starbucks—a Concept Customer Experience", *beyondphilosophy.com* (blog), 5
de septiembre de 2012, http://www.beyondphilosophy.com/blog/destination-
starbucks-concept-customer-experience.

"China no es un mercado homogéneo", Wang, Helen H., "Five Things Starbucks Did to Get China Right", *Forbes*, 10 de agosto de 2012, http://www.
forbes.com/sites/helenwang/2012/08/10/five-things-starbucks-did-to-get-
china-right/2/.

 "Cuando visité el lugar (de hecho, fui tres veces en un fin de semana)", Mancini, Nicole, "Frappes, Lattes, & Liquid Gold: Starbucks Opens in Disney's
California Adventure", DIS Unplugged, 11 de agosto de 2012, http://www.
disunplugged.com/2012/08/11/frappes-lattes-liquid-gold-starbucks-opens-
in-disneys-california-adventure/.

Capítulo 8

"En una encuesta de 2012 de la revista *Time*, se forzó a la gente a elegir un
artículo para llevar al trabajo: su cartera, el almuerzo o el celular", Encuesta de

movilidad de *Time*, en cooperación con QUALCOMM, "Poll Results", agosto de 2012, http://www.qualcomm.com/media/documents/time-mobility-poll-cooperation-qualcomm.

Michelli, Joseph A., *The Starbucks Experience: 5 Principles for Turning Ordinary into Extraordinary*, Nueva York, McGraw-Hill, 2006.

"En 2011, por ejemplo, la empresa fue seleccionada por *Forbes* como una de las veinte empresas de mayor innovación", "The World's Most Innovative Companies", *Forbes*, http://www.forbes.com/special-features/innovative-companies-list.html.

"Fue reconocida en el reporte QSR MediaMatch de General Sentiment, como la empresa de mayor valor de impacto", "Starbucks Named Top QSR in Media Impact Value", *QSR*, 13 de junio de 2012, http://www.qsrmagazine.com/news/starbucks-named-top-qsr-media-impact-value.

"Debido a su apertura y a su enfoque inmaculado, Square en Starbucks está en la mejor posición, por encima de cualquier otra tecnología", Wohlsen, Marcus, "Square Launches at Starbucks—You Think You Won't Use It, but You Will", WIRED.com, 8 de noviembre de 2012, http://www.wired.com/business/2012/11/square-launches-at-starbucks/all/.

"El uso de mecánicas lúdicas en negocios que no tienen que ver con el juego, con el objetivo de aumentar la eficacia, la lealtad de los clientes y el compromiso", Shah, Amish, "The Art and Science of Gamification", *ipadbiz.ulitzer.com*, 2 de agosto de 2012, http://ipadbiz.Ulitzer.com/node/2323173.

"Al revisar la cuenta de Twitter de Starbucks, se hace evidente que la mayoría de los tuits están dirigidos a", Wakefield, Kylie Jane, "How Twitter Helps Starbucks Brew Up an Excellent Customer Experience", *contently.com* (blog), 23 de febrero de 2012, http://contently.com/blog/2012/02/23/starbucks-twitter-strategy/.

"Starbucks expande sus canales de contenido de manera constante y explora nuevos formatos para vincularse con sus clientes", Wesson, Matt, "How to Use Content to Raise the Bar for Branding", Content Marketing Institute, 12 de julio de 2012, http://contentmarketinginstitute.com/2012/07/content-raises-the-bar-for-branding/.

"Para alcanzar esta participación tan exitosa en redes sociales, Starbucks enfocó su página de internet, la de Facebook y los anuncios por televisión", "Starbucks Rates Number 1 in Study of Most Socially Engaged Companies by Research Firm PhaseOne", PhaseOne, 28 de marzo de 2012, http://www.phaseone.net/

news/Starbucks-rates-number-1-in-study-of-most-socially-engaged-compa-nies-by-research-firm-phaseone/.

"Mientras que las empresas tradicionales lanzan mensajes y productos, estas otras empresas atraen a sus clientes. En lugar de tratarlos como blancos pasi-vos, los tratan como participantes activos", Bonchek, Mark, "How Top Brands Pull Customers into Orbit", *Harvard Business Review Blog Network*, 5 de marzo de 2012, http://blogs.hbr.org/cs/2012/03/how_top_brands_pull_customers.html.

"En mi opinión, los anuncios iniciados por los consumidores son el futuro de la publicidad, no sólo en Facebook, sino también en las otras redes sociales", Williams, Dave, "How to Work Your Facebook Following", *blog.creamglobal.com*, 23 de febrero de 2012, http://blog.creamglobal.com/right_brain_left_brain/2012/02/how-to-work-your-facebook-following.html.

"Gracias en gran medida al cuidado que ha tenido Howard Schultz para de-sarrollar y promover la experiencia Starbucks, la empresa ha podido sacar ventaja de la creciente fortaleza de la marca", Gulati, Ranjay; Huffman, Sarah y Neilson, Gary, "The Barista Principle: Starbucks and the Rise of Relational Capital", *Strategy+Business*, núm. 28, http://www.auburn.edu/outreach/ecdi/documents/wfd_barista-principal.pdf.

"Ni siquiera estoy seguro de que la gente sepa que tostamos café", "Star-bucks Chairman Says Trouble May Be Brewing", Media and Marketing, *Wall Street Journal*, 24 de febrero de 2007, http://online.wsj.com/article/SB117225247561617457.html.

"Starbucks captura, a nivel global, tan sólo una pequeña porción del mercado del café, el té y las bebidas listas para llevar, el cual tiene un valor de cien mil millones de dólares", Lillegard, Robert, "How to Win in Retail", *QSR*, julio de 2012, http://www.qsrmagazine.com/growth/how-win-retail.

"La clave es elegir un socio. Todo mundo cree que la mayoría de las asociacio-nes tienen éxito, pero sucede todo lo contrario", como fue citado en Lillegard, Robert, "How to Win in Retail", *QSR*, julio de 2012, http://www.qsrmagazine.com/growth/how-win-retail.

"Incluso las relaciones comerciales de mucho tiempo pueden agriarse. Star-bucks y Kraft tuvieron una separación muy desagradable en 2011 porque esta gran empresa del café declaró que su distribuidor no estaba haciendo lo sufi-ciente", Lillegard, Robert, "How to Win in Retail", *QSR*, julio de 2012, http://www.qsrmagazine.com/growth/how-win-retail.

"Starbucks está colocando VIA como un producto opuesto a su propio café recién hecho, y de esta manera desafía a la gente a notar la diferencia", Tobak, Steve, "Starbucks Via: How to Blow a Turnaround", CBS Money Watch, 30 de septiembre de 2009, http://www.cbsnews.com/8301-505125_162-28242944/starbucks-via-how-to-blow-a-turnaround/.

"Gracias a esta colaboración, Starbucks es ahora la marca exclusiva de más alto nivel con licencia para las cafeteras tradicionales Keurig y Vue de GMCR", "Starbucks Corporation and Green Mountain Coffee Roasters, Inc. Enter into Strategic Manufacturing, Marketing, Distribution and Sales Relationship", news.Starbucks.com, 10 de marzo de 2011, http://news.starbucks.com/article_display.cfm?article_id=504.

"Una encuesta de 2012 de Reuters sugiere que cerca del diez por ciento de la fuerza de trabajo realiza sus labores desde la casa", Reaney, Patricia, "About One in Five Workers Worldwide Telecommute: Poll", Reuters, 24 de enero de 2012, http://www.reuters.com/article/2012/01/24/us-telecommuting-idUS-TRE80N1IL20120124.

"Anunciamos que Starbucks presentaría un café instantáneo para brindarles a nuestros clientes el gran sabor de nuestro café en cualquier lugar y momento", Schultz, Howard, "Staying Real in an Instant", *Huffington Post*, 17 de febrero de 2009, http://www.huffingtonpost.com/howard-schultz/staying-real-in-an-instan_b_167381.html.

"Sé que algunos cuestionarán nuestra decisión, y puedo entender esta reacción. Las expectativas que tiene la gente respecto a una marca como Starbucks son muy altas", Schultz, Howard, "Staying Real in an Instant", *Huffington Post*, 17 de febrero de 2009, http://www.huffingtonpost.com/howard-schultz/staying-real-in-an-instan_b_167381.html.

"El período de muestreo es un método comprobado que facilita que los clientes prueben el producto. Como Starbucks tiene control total en sus propias tiendas, organizó un proceso de muestreo del café VIA", Celentano, Domenick, "Most Memorable New Product Launches Part 2", foodbeverage.about.com, febrero de 2009, http://foodbeverage.about.com/od/Food_Entrepreneur_Spotlight/a/Most-Memorable-N.

"Uno no puede sustraerse del hecho de que las redes sociales son muy fuertes en la promoción de alimentos y, como quienes trabajan en Starbucks son genios de la mercadotecnia", Celentano, Domenick, "Most Memorable New Product Launches Part 2", foodbeverage.about.com, febrero de 2009, http://foodbeverage.about.com/od/Food_Entrepreneur_Spotlight/a/Most-Memorable-N.

"Y, como el cuarto peligro, la combinación de la sobreexposición de la marca (es decir, que los productos de Starbucks se distribuyan a través de demasiados canales del mercado) con el hecho de que se deje de vincular a la bebida con el icónico ritual", Genova, Jane, "Starbucks, Humbled in the Grocery Aisle?", *beta.fool.com* (blog), 28 de marzo de 2012, http://beta.fool.com/jane-genova/2012/03/28/starbucks-humbled-grocery-aisle/3185.

Capítulo 10

"Asunciones que les impidieron a los líderes de la gerencia ajustarse a las nuevas realidades del mercado", Nagy Smith, Andrea, "What Was Polaroid Thinking?", *Yale Insights*, noviembre de 2009, http://qn.som.yale.edu/content/what-was-polaroid-thinking.

"En 'las primeras etapas de crecimiento', 'la segunda entrada de un juego de nueve'", Michelli, Joseph A., *The Starbucks Experience: 5 Principles for Turning Ordinary into Extraordinary*, Nueva York, McGraw-Hill, 2006.

"En 2012, drippler.com, una fuente de noticias sobre artefactos electrónicos, reportó un incremento sustancial en el número de visitantes del sitio", "iPod and Other MP3 Player Sales Fade as iPhones, Androids and Other Smartphones Take Over as the Digital Music Players of Choice", PR Web, 29 de febrero de 2012, http://www.prweb.com/releases/gadgets/iphone/prweb9236591.htm.

"Starbucks ya no parece creer que su futuro depende de la habilidad de clonar su concepto fundamental de tienda de manera infinita", Gertner, Jon, "For Infusing a Steady Stream of New Ideas to Revive its Business", *Fast Company*, 2012, http://www.fastcompany.com/most-innovative-companies/2012/starbucks.

"Su innovador diseño les permitirá a los baristas preparar bebidas artesanales de espresso con más eficiencia y consistencia", "Fact Sheet: New Milk Steaming Pitcher", news.starbucks.com, 6 de marzo de 2012, http://news.starbucks.com/article_display.cfm?article_id=627.

"La implementación del pago con celulares en el Drive Thru involucró más aspectos que los que tuvimos que considerar para su uso dentro de las tiendas. Para empezar, necesitábamos algo que le permitiera al cliente", K., Dana, "The Starbucks App Is Now Drive Thru Friendly!", *starbucks.com/blog*, 26 de marzo de 2012, http://www.starbucks.com/blog/the-starbucks-app-is-now-drive-thru-friendly-/1172.

"Acabamos de hacer algo en China, que me parece que es de lo más innovador en nuestra historia", "Howard Schultz on Global Reach and Local Relevance at Starbucks: An Interview with the CEO", *BCG Perspectives*, 17 de octubre de 2012, https://www.bcgperspectives.com/content/videos/leadershipmanagement_two_speed_economy_howard_schultz_global_reach_and_local_relevance/.

"Era absolutamente delicioso. Le gustó a mucha gente", Overton, Melody, "Starbucks Sorbetto: The 2008 Delicious Test Product That Didn't Make It (A Piece of Starbucks History)", *starbucksmelody.com* (blog), 20 de octubre de 2010, http://www.starbucksmelody.com/2010/10/20/starbucks-sorbetto-the-2008-delicious-test-product-that-didnt-make-it-a-piece-of-starbucks-history/.

"La tasa de cambio está subiendo en el mundo. Está subiendo con rapidez y está afectando a las organizaciones de una manera increíble", Kotter, John, "Can You Handle an Exponential Rate of Change?", *Forbes*, 19 de julio de 2011, http://www.forbes.com/sites/johnkotter/2011/07/19/can-you-handle-an-exponential-rate-of-change/.

"El concepto del Café Starbucks incluye meseros, asientos para sesenta y cinco personas y un menú que cubre todas las comidas del día, comenzando con desayunos completos", Harper, Roseanne, "Starbucks Percolates Its Third Full-Service Restaurant", *Supermarket News*, 30 de noviembre de 1998, http://supermarketnews.com/arcive/starbucks-percolates-its-third-full-service-restaurant.

"Rodeada de los costosos *lofts* nuevos de San Francisco, [Circadia] resucita la atmósfera de las cafeterías de Greenwich Village de los sesenta", Gimein, Mark, "Behind Starbucks' New Venture: Beans, Beatniks, and Booze", *Fortune*, 15 de mayo de 2000, http://money.cnn.com/magazines/fortune/fortune_archive/2000/05/15/279773/index.htm.

"Starbucks lanzó un nuevo plan de juego… una serie de desayunos "más saludables", con menos calorías y más proteína", Zimmer, Erin, "Starbucks Introduces a New Line of 'Healthier' Breakfast Foods", *Serious Eats*, 4 de septiembre de 2008, http://www.seriouseats.com/2008/09/starbucks-new-healthy-breakfast-options-html.

"Dieta Starbucks", "Woman Claims She Lost 74 Pounds on 'Starbucks Diet'", *New York Daily News*, 17 de septiembre de 2012, http://articles.nydailynews.com/2012-09-17/news/33907123_1_diet-starbucks-woman-claims.

"A veces sólo quieres una copa de vino y algo delicioso de comer", "Starbucks Evenings", Starbucks.com, http://www.starbucks.com/coffeehouse/starbucks-stores/starbucks-evenings.

"Starbucks abrió una tienda nunca antes vista. Aquí no hay sillones de piel ni tomas de corriente con electricidad gratuita", Wilson, Mark, "An Experimental New Starbucks Store: Tiny, Portable, and Hyper Local", Fast Company Design, http://www.fastcodesign.com/1670889/an-experimental-new-starbucks-store-tiny-portable-and-hyper-local#1.

"La divergencia más reciente de Seattle's Best Coffee de su empresa madre, Starbucks", Allison, Melissa, "Seattle's Best Coffee Plans Thousands of Drive Thru-Only Cafés", *Seattle Times*, 13 de noviembre de 2012, http://seattletimes.com/html/businesstechnology/2019676822_seattlesbestxml.html.

"Ya sea grande o pequeña; para consumidores, o perteneciente a otro rubro, cualquier empresa que vaya a darle la bienvenida al *status quo*", Schultz, Howard, "Innovation", YouTube.com, 16 de mayo de 2011, http://www.youtube.com/watch?v=ll-64gNuT3E.

Capítulo 11

Kouzes, James, y Posner, Barry, *A Leader's Legacy*, Hooken, Nueva Jersey, John Wiley & Sons, 2006.

"Desde los primeros días de Starbucks, he creído que hay un fuerte vínculo entre el desempeño de nuestra empresa, nuestros valores y el impacto", Schultz, Howard, "2012 Global Responsibility Report, Message from Howard Schultz", Starbucks.com, 2012, http://www.starbucks.com/responsibility/global-report/leadership-letter.

"Los escépticos de la construcción ecológica a veces argumentan que es difícil, o incluso imposible, construir de manera ecológica sin pagar un costo adicional", Natural Resources Defense Council, "Fact Sheets: How Much Does Green Building Really Cost?", http://www.nrdc.org/buildinggreen/factsheets/cost.asp.

Green Building Design Award, Christian, Bonnie, "Global Green USA Honors Adrian Grenier, Stabucks with Sustainable Design Awards", Huffington Post, 15 de noviembre de 2011, http://www.huffingtonpost.com/2011/11/15/global-green-usa-adrian-grenier_n_1095304.html.

2012 Good Design Is Good Business Award, Lentz, Linda, "2012 Good Design Is Good Business Award Winners", *Architectural Record*, 23 de abril de 2012, http://archrecord.construction.com/news/2012/04/2012-Good-Design-is-Good-Business-Award-Winners.asp.

Green Power Leadership Award winner, "Starbucks Liste don EPA'S Top 50 Green Organizations", FastCasual.com, 24 de abril de 2012, http://www.fast-casual.com/article/193480/Starbucks-listed-on-EPA-s-Top-50-green-organizations.

"En la nueva manga no se hacen concesiones respecto a las propiedades térmicas, pero se usa un treinta y cinco por ciento menos de papel y está fabricada con un ochenta y cinco por ciento de fibras recicladas después de consumo", "New Starbucks EarthSleve™ Blends Performance with Environmental Sensibiity", news.starbucks.com, 19 de julio de 2012, http://news.starbucks.com/article_display.cfm?article_id=681.

"Asegurarnos de que, para 2015, el cien por ciento de nuestro café se obtenga a través de un abastecimiento ético", "Starbucks Global Responsibility Report: Goals and Progress 2011", http://globalassets.starbucks.com/assetsc007fb257 82442ac8283b154364c1016.pdf.

"Gracias a nuestra asociación con Starbucks, pudimos servir como un catalizador económico para la creación de empleos", "Starbucks Acquires Remaining Interest in Magic Johnson Enterprises' Urban Coffee Opportunities (UCO)", news.starbucks.com, 21 de octubre de 2010, http://news.starbucks.com/article_display.cfm?article_id=452.

"Starbucks se asoció con dos organizaciones que hacen un trabajo heroico", "Stabuck Announces Store *Partner*ship Model with Community Organizations in Harlem and Los Ángeles", news.starbucks.com, 4 de octubre de 2011, http://news.starbucks.com/article_display.cfm?article_id=574.

Schultz, Howard, y Jones Yang, Dori, *Pour Your Heart into It: How Starbucks Built a Company One Cup at a Time*, Nueva York, Hyperion, 1997.

"Ethos Water, que ahora es subsidiaria de Starbucks, ha conseguido más de siente millones de dólares en donaciones para apoyar su misión", "2012 Global Responsibility Report: Year in Review", Starbucks.com.

"Hay más de 1.2 mil millones de jóvenes entre 15 y 24 años, es decir, éste es el grupo de jóvenes más grande a nivel global de la historia", "Youth Leadership Grants", starbucks.com, http://www.starbucks.com/responsibility/community/youth-action/grant.

"Digámosle a nuestro gobierno que haga a un lado el partidismo y que hable con la verdad respecto a los desafíos que enfrentamos", Schultz, Howard, "An Open Letter: How Can America Win This Election?", starbucks.com, 29 de junio de 2012, http://www.starbucks.com/blog/an-open-letter-how-can-america-win-this-election/1207.

"Hasta que el Congreso y el presidente vuelvan a Washington y les den a los estadounidense un plan a largo plazo con disciplina fiscal para enfrentar la deuda y el déficit", Joseph, Cameron, "100 CEOs Promise No Campaign Contributions", The Hill (blog), 25 de agosto de 2011, http://thehill.com/blogs/ballot-box/presidential-races/178211-100-ceos-promise-no-campaign-contributions.

"A Starbucks no le tomó mucho tiempo encontrar al socio de negocios perfecto", Nocera, Joe, "We Can All Become Job Creators", New York Times, 17 de octubre de 2011, http://www.nytimes.com/2011/10/18/opinion/nocera-we-can-all-become-job-creators.html?_r=0.

"Estamos poniendo dinero en manos de las CDFIs (quienes luego), lo prestan a pequeños negocios para crear empleos en proyectos en ciernes y negocios ya establecidos", "Starbucks CEO Touts Program to Create U.S. Jobs", *CBSNews.com*, 3 de abril de 2012, http://www.cbsnews.com/8301-505268_162-57408557/starbucks-ceo-touts-program-to-create-u.s.-jobs/.

Capítulo 12

"En la actualidad, cualquier marca —ya sea Starbucks o un detergente como Tide—... [debe] adquirir importancia", Gertner, John, "Starbucks CEO Howard Schultz on Connecting With Customers Everyday, All Day", *Fast Company*, 26 de noviembre de 2012, http://www.fastcompany.com/3003147/starbucks-ceo-howard-schultz-connecting-customers-everyday-all-day.

"Riesgos materiales para los recientes esfuerzos de expansión de Starbucks. Aunque crecer a nivel global es una idea grandiosa, salirse del nicho", Brewer, Reuben G., "The Good and Bad of the Cool Caffeine Store's Expansion", *Motley Fool Blog Network*, 20 de noviembre de 2012, http://beta.fool.com/reubengbrewer/2012/11/20/the-good-and-bad-of-the-cool-caffeine-stores-expan/16903/.

"Yo apoyo a Schultz; ya no estoy en su contra porque fueron pésimas apuestas", Sandholm, Drew, "Starbucks CEO draws Comparison to Steve Jobs", Mad Money w/Jim Cramer, CNBC, 20 de septiembre de 2012, http://www.cnbc.com/id/49111861.

Buena parte del contenido de este libro surgió de reuniones en persona, entrevistas telefónicas y otras formas de apoyo en las que estuvieron involucrados *partners* de Starbucks. Entre ellos se encuentran, aunque no solamente:

Acam Brotman, Adam Novsam, Aimee Johnson, Al Griggs, Alex Wheeler, Alisa Martinez, Alison Edwards, Andrea Bader, Andrew Linneman, Anna Konope, Annie Young-Scrivner, Anthony Perez, Arthur Rubinfeld, Barbara McMaster, Belinda Wong, Ben Packard, Blair Taylor, Brad Anderson, Brad Nelson, Brett Buchanan, Carlos Jimenez, Carol Wise, Carolina Morales, Catherine Chu, Cecilia Carter, Cecilia DeFranco, Cecile Hudon, Charles Cain, Charles Douglas III, Chris Bruzzo, Chris Carr, Christina McPherson, Christina Ryan Foster, Clarice Turner, Cliff Burrows, Corey duBrowa, Corey Lindberg, Craig Russell, Curt Garner, D. Major Cohen, Dan Berger, Dan Kassa, Diana Barnes, Diana Kelly, Dirk Nickolaus, Dub Hay, Elisha Trombley, Emma Evans, Erns Florian, Feng Bao, Frank Wubben, Gabe Wiborg, Gina Woods, Heidi Durham, Heidi Peiper, Howard Schultz, Janeen Simmons, Jean-Marie Shields, Jenny Cui, Jim Hanna, Jim Olson, Joe Young, John Culver, Juan Rivers, Kalen Holmes, Katie McMahan, Kaycee Kiesz, Kelly Goodejohn, Kevin Petrisko, Kimberlee Sherman, Kris Engskov, Laura Baker, Linda Mills, Lionel Sussman, Lisa Passé, Lissa Law, Liz Muller, Maggie Jantzen, Marthalee Galeota, Megan Adams, Meredith Bell, Michelle Bonam, Michelle Gass, Mick James, Mike Peck, Paula Boggs, Peter Gibbons, Rebecca Alexander, Rich Nelsen, Rob Naylor, Rob Porcarelli, Rob Sopkin, Rodney Hines, Ruth Anderson, Ryan Hudson, Samantha Yarwood, Sandra Bucher, Shao Wei, Stacy Speicher, Stephen Gillett, Tam Marpoe, Thom Breslin, Thomas Mayer, Tina Olsson Schulz, Tom Barr, Troy Alstead, Valerie O'Neil, Virgil Jones, Vivek Varma y Wang Bin Wolf.

Este ejemplar se terminó de imprimir en Junio de 2014,
En COMERCIALIZADORA DE IMPRESOS OM S.A. de C.V.
Insurgentes Sur 1889 Piso 12 Col. Florida
Alvaro Obregon, México, D.F.